刊行にあたって

　本書は，銀行業務検定試験「法務3級」（CBT方式を含む）の受験参考書として刊行されたものです。過去の試験問題については『法務3級問題解説集』（銀行業務検定協会編）に収載されておりますが，本書は，試験問題を解くための必要知識について，その基礎もふまえながら解説し，試験合格に向けてのサポート役として活用していただくことを第一義に編集しています。

　金融機関の行職員にとって，法務知識は日常業務のバックボーンとなるものです。正確・迅速な処理が求められる金融機関の事務処理においては，確実な業務知識の習得とそれにもとづく機敏な応用動作の鍛錬が不可欠です。銀行業務検定試験「法務3級」は，金融機関行職員の標準的な金融法務知識の習得度を判定しようとするものですが，法務知識を日頃より身に付け研鑽し，銀行業務検定試験「法務3級」にチャレンジすることは，堅確な事務処理および業務運営の遂行のためにも有用であり，これを広く推奨する所以です。

　本書を『法務3級問題解説集』と併せて有効に活用し，銀行業務検定試験「法務3級」に合格され，日常業務活動に，より一層邁進されることを祈念してやみません。

2023年2月

経済法令研究会

目次

第1編 預 金

1	預金の法的性質と預金規定	2
2	預金取引と取引時確認（犯罪収益移転防止法）	6
3	預金の受入れ	15
4	預金の管理	19
5	預金の支払	26
6	偽造・盗難カード預貯金者保護法	33
7	振り込め詐欺救済法	40
8	預金の消滅時効	43
9	預金者の死亡（相続預金の支払）	47
10	預金の差押え	61
11	預金の譲渡・質入	71
12	普通預金の強制解約	74
13	各種預金	77
14	総合口座	88
15	定期積金	93
16	預金保険制度	96
17	休眠預金等活用法	100

第2編 融 資

1	融資取引約定書	102
2	自然人との融資取引	105

3	法人との融資取引	111
4	証書貸付	115
5	手形貸付	118
6	手形割引	123
7	当座貸越	127
8	支払承諾	131
9	保　証	134
10	連帯保証	139
11	根保証	143
12	信用保証協会の保証	148
13	債権担保	154
14	代理受領・振込指定	158
15	抵当権	160
16	根抵当権	164
17	根抵当権の元本の確定	171
18	個人融資先の死亡	176
19	貸出金債権の消滅時効	181
20	時効の完成猶予・更新	184
21	時効の効力	187
22	第三者の弁済	189
23	相　殺	194
24	債務引受	202
25	抵当権の実行	204
26	仮差押え	209
27	法的整理手続	211

第3編 決 済

1	為替取引の法律関係	220
2	振 込	225
3	振込規定	228
4	振込における仕向銀行の取扱い	231
5	振込における被仕向銀行の取扱い	233
6	取引解約後口座宛ての振込	235
7	依頼人の受取人名誤記による誤入金と預金の成否	236
8	振込の入金通知	237
9	振込の組戻し	238
10	代金取立	241
11	代金取立の法的性質と代金取立規定	244
12	代金取立における委託銀行の取扱い	246
13	代金取立における受託銀行の取扱い	250
14	代金取立の組戻し	252
15	手形・小切手の法的性質	254
16	手形・小切手の署名	258
17	手形・小切手の記載事項	261
18	白地手形・小切手	267
19	手形・小切手の裏書	271
20	手形の支払呈示	276
21	小切手の支払呈示	279
22	線引小切手	283
23	自己宛小切手(預手)	287
24	手形・小切手の偽造・変造	290
25	手形・小切手の遡求	294

26	手形交換・不渡事由・不渡情報登録	296
27	取引停止処分	300
28	公示催告・除権決定	303
29	電子記録債権	306

第4編 銀行取引関連法

1	付随業務	310
2	貸金庫	312
3	株式関係事務	316
4	法律行為	319
5	条件・期限・期間	322
6	成年後見制度	327
7	株式会社の機関	333
8	金融商品取引法と銀行取引	339
9	金融サービス提供法	345
10	消費者契約法	350
11	個人情報保護法	354
12	独占禁止法	360

	重要用語索引	363

☆ 本書の内容等に関する追加情報および訂正等について ☆

本書の内容等につき発行後に追加情報のお知らせおよび誤記の訂正等の必要が生じた場合には，当社ホームページに掲載いたします。

（ホームページ 書籍・DVD・定期刊行誌 メニュー下部の 追補・正誤表 ）

本書の利用のしかた

　本書は，銀行業務検定試験「法務3級」受験（CBT方式を含む）のための受験参考書です。

　本試験問題は五答択一式50問となっています。出題範囲および各問題数は「預金」10問，「融資」15問，「決済」15問，「銀行取引関連法」10問です。

　本書各編でとりあげる項目（テーマ）は，すべて過去の試験問題に出題され，その頻度の高いものを精選していますので，必ず一度は目を通し理解するまで読まれることをおすすめします。

　なお，本書には次の特長を設けています。

〈巻頭　出題項目一覧〉直近5回試験の出題テーマを一覧にしています。

〈本文　直近5回試験の出題頻度〉直近の出題傾向を5つ星で表しています。頻度が高いものほど★マークが多くなっています。

〈本文　学習のポイント（吹き出し）〉要点整理や理解を深めるためのポイントを記載しています。

〈本文　理解度チェック〉本文の内容の理解度をはかるために設けています。問題を解きながら要点を押さえましょう。

〈側注　関連過去問題〉銀行業務検定試験で過去に実際に出題され，本文に関連する問題の出題年と問題番号を掲載しています。

〈側注　重要用語〉本文を理解するうえで押さえておきたい用語をピックアップして，一部には解説を加えているものもあります。

〈側注　補足〉本文の説明を補足する内容またはポイント等をまとめています。主に理解を深めるために役立つものを扱っています。

〈側注　参照〉その箇所が他の編にも関連している場合に，参照として付記しています。また，本文の参考となる文献や出典についても付記しています。

〈側注　注意〉とくに留意すべき点をまとめています。

〈巻末　重要用語索引〉重要用語（上記参照）を索引で引くことができます。

　本書を読まれ内容につき理解されましたら，過去の試験問題にチャレンジしてみましょう。そのためには，別に刊行されている『法務3級問題解説集』（銀行業務検定協会編）を利用されることをおすすめします。実際の問題を解いてみて，誤ったところは再度本書で確かめてください。その繰返しの学習により理解は一層深まるでしょう。

出題範囲　法務3級 (※2018年度より科目構成が変更されています)

▶ 預　金 〈10問〉

通則／受入／管理／支払／時効／相続／差押え／譲渡・質入／当座勘定／各種預金／定期積金　ほか

▶ 融　資 〈15問〉

共通事項／取引の相手方／各種の融資取引／保証／担保／債権の管理／任意回収／強制回収　ほか

▶ 決　済 〈15問〉

手形・小切手（①通則，②振出・記載事項，③引受・裏書・保証，④呈示・支払，⑤線引小切手・自己宛小切手，⑥利益相反・時効，⑦偽造・変造・事故届・善意取得）／内国為替／電子記録債権　ほか

▶ 銀行取引関連法 〈10問〉

銀行法（付随業務）／民法／商法／会社法／経済法　ほか

※この試験に適用される約定書・規定類の内容は、原則として、これまでに全国銀行協会において作成されたもの（ひな型・試案・修正例・参考例等）にもとづきます。

●過去5回の出題項目

分野		出題項目	2022年10月(第153回)	2022年6月(第152回)	2021年10月(第150回)	2021年6月(第149回)	2021年3月(第148回)
預金	通則	預金債権等の法的性質	○	○			○
		預金の成立時期			○		
		預金通帳・証書の法的性質				○	
		普通預金規定にもとづく強制解約	○				
		普通預金規定の内容		○			○
		金融機関における顧客等の取引時確認(本人確認)	○	○	○	○	○
		金融機関における疑わしい取引の届出	○	○	○	○	
		預金保険制度		○	○	○	○
	管理	銀行の守秘義務	○			○	
		預金の残高証明書		○			○
		振り込め詐欺救済法	○	○		○	
		偽造・盗難カード預貯金者保護法			○		○
		休眠預金等活用法					○
	支払・時効	預金債権の消滅時効			○	○	
	相続・差押え・譲渡等	相続預金の取扱い	○	○		○	
		相続手続における遺言書の取扱い			○		
		民事執行法による預金の差押え	○	○	○	○	○
		預金の仮差押え	○			○	
		預金の譲渡・質入れ			○		
	当座勘定	当座勘定取引の解約	○		○		○
融資	取引の相手方	融資取引の相手方	○	○	○	○	○
	各種の融資取引	銀行取引約定書	○			○	
		証書貸付		○			
		手形貸付	○			○	
		手形割引と割引手形の買戻請求権		○	○	○	
		当座勘定取引に付帯する当座貸越		○	○		
		消費者ローン契約書	○			○	○
	保証	普通保証と連帯保証		○		○	○
		連帯保証	○		○		
		個人根保証契約・個人貸金等根保証契約		○		○	
		信用保証協会保証付貸付		○	○		
		保証人の死亡			○		
		支払承諾(保証債務)	○				
		経営者保証に関するガイドライン		○	○		○
	担保	預金担保	○				
		動産・債権譲渡特例法	○				
		抵当権		○		○	
		普通抵当権と根抵当権の異同			○		○
		根抵当権の元本の確定		○			○
		譲渡担保			○		

分　　野		出題項目	2022年10月(第153回)	2022年6月(第152回)	2021年10月(第150回)	2021年6月(第149回)	2021年3月(第148回)
融資	債権の管理	融資先の死亡と債務の相続	○			○	○
		債権譲渡の対抗要件	○			○	
		消滅時効	○		○	○	○
	任意回収	債務の弁済		○		○	○
		第三者の弁済(と代位)					○
		債権者代位権			○		
		相殺	○		○	○	○
		債務引受	○	○			○
	強制回収	担保権の実行と強制執行	○			○	
		仮差押え		○	○		
		抵当権の実行		○			○
		破産手続	○				○
		民事再生手続				○	
		破産手続と民事再生手続の異同			○	○	
決済	内国為替	内国為替取引の当事者の法律関係	○	○	○		○
		内国為替取引の組戻しの取扱い					○
		振込における仕向銀行の取扱い	○	○	○	○	○
		振込における被仕向銀行の取扱い		○		○	
		先日付振込の取扱い	○		○	○	
		代金取立の当事者の法律関係					
		代金取立における委託銀行の取扱い	○	○			○
		代金取立における受託銀行の取扱い				○	
		代金取立手形の不渡り時の取扱い			○		
	通則	手形・小切手の有価証券としての法的性質					○
	振出・記載事項	小切手用法			○		
		手形・小切手の法的性質		○	○		
		手形・小切手の(必要的)記載事項	○				
		手形の署名	○			○	○
		小切手の振出				○	○
		白地手形		○	○		
	引受・裏書・保証	手形の裏書		○	○	○	
		手形の裏書の抹消	○				
	呈示・支払	約束手形の支払呈示期間	○			○	○
		小切手の支払呈示期間		○			
		遡求権	○				
	線引小切手・自己宛小切手(預手)	線引小切手	○	○	○		○
		自己宛小切手(預手)	○	○		○	
	手形・小切手の時効	手形・小切手の消滅時効期間	○			○	○
	偽造・変造・無権限者による取引時	手形の偽造・変造		○	○	○	

過去5回の出題項目

分 野		出題項目	2022年10月 (第153回)	2022年6月 (第152回)	2021年10月 (第150回)	2021年6月 (第149回)	2021年3月 (第148回)
決済	手形交換・ 不渡処分	不渡事由と不渡届		○		○	○
		不渡事由の重複			○		
		取引停止処分制度		○	○	○	○
	公示催告·除権決定	公示催告・除権決定	○		○		○
	電子記録債権	電子記録債権	○	○	○	○	○
		電子記録債権と手形の異同・比較	○	○	○	○	○
銀行取引関連法	銀行法 (付随業務)	銀行の固有業務・付随業務	○	○	○	○	○
		貸金庫	○	○	○	○	○
		株式の払込事務	○	○	○	○	○
	民法	制限行為能力者	○		○	○	
		期限の利益	○	○	○	○	○
		民法上の意思表示		○		○	○
		民法上の代理	○				
		民法上の委任		○	○		
		無効・取消					○
	会社法	株式会社の機関	○	○	○	○	○
	その他	金融商品取引法		○		○	
		金融商品販売法					○
		消費者契約法	○	○	○	○	
		独占禁止法		○			○
		個人情報の保護				○	
		出資法	○		○		○
		景品表示法	○				
		貸金業法			○		

第1編

預 金

直近5回試験の出題頻度 ★★★★★

1 預金の法的性質と預金規定

関連過去問題
- 2022年10月 問1
- 2022年6月 問1・問3
- 2021年10月 問1
- 2021年6月 問1
- 2021年3月 問1・問3

1 預金契約の法的性質

　預金取引では，預金者には金銭を銀行に預ける意思があり，一方，銀行では受け入れた金銭を運用して，後日預金者から返還の請求があったときに同額の金銭を返還する意思がある。このように寄託された金銭その他の物を消費し，後日それと同種，同等，同量の物を返還することを内容とする契約を「消費寄託契約」という（民法666条）。預金契約はこの消費寄託契約の法的性質を有するが，近時はこれに口座振替などの委任契約が付加されることが多い。

　この消費寄託契約は法律上「諾成契約」という契約類型に属しており，預金契約の場合には「預けましょう」，「預かりましょう」という当事者の合意だけで成立し（民法657条），実際に金銭の授受が行われてはじめて預金の払戻請求権（預金債権）が発生する（同法666条1項）。この金銭の授受については，現実の金銭の授受のほかに，これと同一の経済的効果の生じる手形・小切手の取立代り金や振込による預金口座への入金などによっても満たされる。預金契約に係る消費寄託については，消費貸借の規定が準用され（同法666条3項），これにより受寄者である銀行は返還時期の定めの有無にかかわらずいつでも金銭を返還できる。

　なお，預金契約は契約の双方の当事者が互いに対価的な意味を有する債務を負担する双務契約でもなく，契約上の意思表示が一定の方式で行われたときに成立する要式契約でもない。

補足
預金契約は「消費寄託契約」であり，当事者の合意によって契約が成立する。

重要用語
消費寄託契約

重要用語
諾成契約

2　第1編　預　金

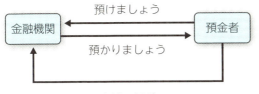

① 契約の合意 ⟶ 「預金契約」が成立
② 金銭の授受 ⟶ 預金者は「預金債権」を取得し、金融機関は「預金債務」を負う。

 預金契約は消費寄託契約の法的性質を有しますが、この消費寄託契約は法律上「諾成契約」という契約類型に属しています。

2 預金債権の法的性質

　預金契約が成立すると，預金者は銀行に対して預け入れた金銭の返還請求権を取得することになるが，この返還請求権が預金債権である。預金者が銀行に対して有する預金債権は金銭債権であり，しかもその金銭の預入をした特定の預金者が預金債権をもっていることになる。
　また，預金債権は預金規定により譲渡，質入が禁止されている（民法466条の5参照）。

3 預金通帳・証書の法的性質

　預金を受け入れると，銀行は，預金者に預金通帳・証書を発行するとともに，預金者が預金の払戻請求をするときには，これを提出させるものとしているが，この預金通帳・証書の法的性質は，預金契約が成立して預金債権が存在することを証明する証拠とな

補足
預金通帳・証書は，「証拠証券」であり，「免責証券」である。

る「証拠証券」の性質を有する。また，預金の払戻しにあたって銀行は，届出印の押捺された払戻請求書等とともに預金通帳・証書の提出を求め，その持参人に善意・無過失で預金の支払をしたときは，無権利者に対して支払ってしまったとしても預金約款等で銀行は免責されることになっていることから，「免責証券」としての性質も有していることになる。

預金通帳・証書は，権利と証券が一体となっている有価証券ではないため，それを喪失した場合に公示催告を行って除権決定を得ることはできない。また，預金契約が不成立であれば，預金通帳・証書が発行されたとしても預金債権は生じない。手形・小切手のように，預金の成立のために預金通帳・証書の交付は必要とされないから設権証券でもないし，誤記帳をした場合にその誤記帳をした金額で預金は成立せず，実際に授受のあった金額で成立するから文言証券でもない。

預金通帳・証書は、「証拠証券」「免責証券」の法的性質を有している。

4 各種の預金規定

民法の消費寄託に関する定めや商慣習だけでは預金者と銀行との間の権利や義務に関することすべてを律することはできないので，実際の預金取引をするにあたっての具体的な取決めを預金者と銀行の間で契約（合意）をすることが必要になる。しかし，預金取引の相手方は不特定多数であり，銀行は預金者1人1人と個別に契約を結ぶことは困難である。このため，銀行はあらかじめ各種の預金規定として定型的な契約内容を定めておき，これを預金者に承諾してもらってから取引をするようにしており，預金者はこの銀行の定めた約款に従わなければ，事実上預金取引を行うこ

とができないことになっている。このような約款を普通取引約款といい，このような契約形態を「付合契約」という。

2020年4月に施行された改正民法では，現代社会で広く使われている(普通取引)約款の意義を認め，そのうち一定の要件を満足するものを「定型約款」と定義した(民法548条の2)。定型約款とは，定型取引において，当事者の一方によって契約の内容とすることを目的として準備された条項の総体をいう。預金取引であれば，金融機関が定める各種の預金規定が定型約款に該当する。定型約款を契約の内容とする旨を合意したとき，および定型約款を準備した者があらかじめその定型約款を契約の内容とする旨を表示していたときは，定型約款が契約の内容となる。また，一定の要件を満足すれば，定型約款の変更について合意があったものとみなされ，定型約款の準備者は個別に契約の相手方と合意することなく，契約変更をすることができるものとされた(同法548条の4)。

重要用語
付合契約

重要用語
定型約款

預金取引であれば、金融機関が定める各種の預金規定が「定型約款」に該当する。

理解度チェック

❶ 預金契約は，銀行と預金者の合意のみにより契約が成立する諾成契約である。
❷ 預金契約は，銀行と預金者が相互に対価的な債務を負う双務契約である。
❸ 預金契約は，消費寄託契約である。

解答 ❶ ○
　　　　❷ ×　預金者は対価的な債務を負うことはない。
　　　　❸ ○

直近5回試験の出題頻度 ★★★★★

2 | 預金取引と取引時確認
（犯罪収益移転防止法）

1 概要・経緯

関連過去問題
- 2022年10月 問2・問3
- 2022年6月 問3・問4
- 2021年10月 問2・問4
- 2021年6月 問3・問4
- 2021年3月 問2

📖 **重要用語**
マネー・ロンダリング

📖 **重要用語**
犯罪収益移転防止法

📖 **重要用語**
取引時確認

　麻薬や銃器等に係わる組織犯罪への資金供与やこれらの犯罪に関する不法な収益を，あたかも正当な取引によって得た「きれいな資金」であるかのような外観を有する財産に洗浄するために，銀行の口座を経由する等の方法により偽装・隠匿することを**マネー・ロンダリング**といい，その防止のための対策をとることが，国際的に求められるようになった。これを受けて，金融取引において「本人確認」と「疑わしい取引の届出」が義務づけられたが，「犯罪による収益の移転防止に関する法律」（以下，「**犯罪収益移転防止法**」という）のもとで，本人確認等を行わなければならない事業者や対象取引が拡大され，さらに①取引時の確認事項の追加，②ハイリスク取引の追加，③取引の際の確認等を的確に行うための措置の追加などが行われた。この取引に際して行う確認を「**取引時確認**」という。また，取引時確認をしたときには，「確認記録」を作成のうえ保管することが義務づけられている。

　マネー・ロンダリング防止の取組みや経緯について，その概要を押さえておきましょう。

6　第1編 預金

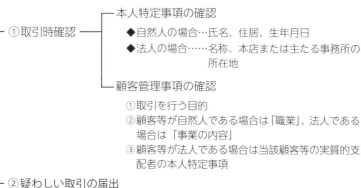

● 取引時の確認の目的：マネー・ローンダリングの防止

2 取引時確認が必要な預金関連取引

　金融取引において取引時確認が必要とされる取引（特定取引という）は次のとおりである。
① 　各種の預金口座の開設，貸金庫の貸与，保護預り等の継続的な取引を開始するとき
② 　200万円を超える現金の受入れ，または払出しにかかる取引
③ 　10万円を超える現金振込みや小切手等の窓口による現金払いを行うとき
④ 　なりすましの疑いがある取引
⑤ 　本人特定事項を偽っていた疑いがある顧客等との取引
⑥ 　特定国（イラン，北朝鮮）に居住・所在している顧客等との取引
⑦ 　**外国PEPs**等（外国政府等において重要な公的地位にある者等）との取引

外国PEPs

重要用語
特定取引

重要用語
大口取引

重要用語
ハイリスク取引

補足
ハイリスク取引に該当する場合、政令で定める額（200万円）を超える資産の移動を伴うときは、顧客の資産および収入の状況を確認しなければならないが、ハイリスク取引に該当しなければ、確認する義務はない。

補足
外国為替令では、200万円以下の取引は除外されている。

重要用語
本人特定事項

　上記のうち①から③を「**特定取引**」といい、②を「**大口取引**」というが、これには小切手、旅行小切手、無記名公社債の本券または利札の受払いを含む。また、②および③の取引において、同一の顧客との間で、現金の受払い、預金等の払戻し等を同時または連続して行うとき、1回当たりの取引金額を減少させるために意図的に取引を分割していることが明らかな場合には、それらを一つの取引とみなして判断する必要がある。また、④から⑦を「**ハイリスク取引**」という。なお、取引時確認が原則として必要ではない取引についても、疑わしい取引であるとか、同種の取引の態様と著しく異なる態様で行われる取引である場合には、取引時確認を要することとされている。

　取引時確認の対象となる取引については、原則として、取引の都度、取引時確認をすることが必要となる。ただし、取引時確認済の顧客については、確認済であることを通帳・カード等で確認できれば、ハイリスク取引を除き、都度確認することは不要である。

　なお、本人確認に関しては、外貨と邦貨の両替をはじめ非居住者との預金契約の締結等における確認や確認記録の保存等について「外国為替及び外国貿易法」（外為法）にも同様の定めがある。

取引時確認が必要とされる取引について、整理しておきましょう。

3　取引時確認事項

　特定事業者である金融機関は、特定取引を行う際に、顧客または手続者（実際に金融機関と特定取引を行う個人）の**本人特定事項**および個人・法人の区分に応じて、次の事項を確認する義務を負う。

① 本人特定事項

自然人については「氏名」,「住居」,「生年月日」。法人については,「名称」,「本店または主たる事務所の所在地」
② 取引を行う目的
③ 顧客が自然人である場合は「職業」, 法人である場合は「事業の内容」
④ 顧客が法人である場合は, その実質的支配者の有無とその本人特定事項

①の確認方法については次項で述べるが, ②は, 顧客から申告を受ける方法, ③は, 個人については顧客等から申告を受ける方法, 法人については登記事項証明書, 定款等の書類またはその写しを確認する方法, ④は, 顧客等の代表者等から実質的支配者の本人確認事項について申告を受ける方法によって確認することとされている。

取引時に確認する事項は、確実に押さえておきましょう。

4 本人特定事項等の確認

金融機関が本人特定事項を確認する際に必要となる公的証明書等（本人確認書類）および本人特定事項の確認方法については, 自然人と法人とに区分して次のとおり定められている。なお, 有効期限のある公的証明書等については, 金融機関が提示または送付を受ける日において有効なものであること, また有効期限がない公的証明書等については, 原則として, その6か月以内に作成されたものであることが必要である。

(1) 顧客（手続者を含む）が自然人の場合
① 運転免許証, 運転経歴証明書, 在留カード, 特別永住者証

補足

本人確認書類が印鑑登録証明書で, 実印を取引印として使用するときは, 印鑑登録証明書の提示を受ける方法により本人特定事項の確認を行うことができる。

明書，マイナンバーカード，旅券（パスポート）その他官公庁発行書類等で，住居，生年月日の記載があり，顔写真が貼付されているもの

② 各種健康保険証，国民年金手帳，母子健康手帳，特定取引等に使用している印鑑に係る印鑑登録証明書

③ 上記②以外の印鑑登録証明書，戸籍謄本・抄本，住民票の写し，住民票記載事項証明書，その他官公庁発行書類等で氏名，住居，生年月日の記載があり，顔写真のないもの（マイナンバーカードの通知カードを除く）

対面での本人特定事項の確認方法としては次のものがある。

㋐ 上記①の本人確認書類の提示を受ける方法

㋑ 上記②の本人確認書類の提示を受けるとともに，ⅰ）本人確認書類に記載されている顧客等の住居宛に，取引関係書類を書留郵便等により，転送不要郵便物等として送付する。または，ⅱ）提示を受けた本人確認書類以外の本人確認書類または補完書類（納税証明書，社会保険料領収書，公共料金領収書，官公庁発行書類等）の提示を受ける。または，ⅲ）提示を受けた本人確認書類以外の本人確認書類もしくは補完書類または，その写しの送付を受ける方法等

非対面での本人特定事項の確認方法としては次のものおよび特定事業者である金融機関が提供するソフトウェアを使用して本人確認用画像情報の送信を受けて行う方法などがある。

㋐ 上記①の本人確認書類の送付を受けるとともに，本人確認書類に記載されている顧客等の住居宛に，取引関係文書を書留郵便等により，転送不要郵便物等として送付する方法

㋑ 上記①の本人確認書類（現在の住居の記載があるもの）2通の写しの送付を受けるとともに，本人確認書類の写しに記録されている顧客等の住居宛に，取引関係文書を書留郵便等

により，転送不要郵便物等として送付する方法等

(2) **顧客が法人の場合**
・登記事項証明書，印鑑登録証明書その他官公庁発行書類等で法人の名称および本店または主たる事務所の所在地の記載があるもの

対面での本人特定事項の確認方法としては，顧客の代表者等から上記本人確認書類の提示を受ける方法等がある。

有効期限がない公的証明書等については、原則として、6か月以内に作成されたものである必要があります。

5 銀行等の免責

銀行は，顧客等または代表者等が取引時確認に応じないときは，顧客等がこれに応じるまでの間，預金契約の締結等の特定取引にかかる義務の履行を拒むことができる（犯罪収益移転防止法5条）。

6 確認記録の作成・保存

銀行が取引時確認を行った場合には，ただちに確認記録を作成することとされている（犯罪収益移転防止法6条1項）。そして，この確認記録は，預金の受入れなどの取引が終了した日から7年間保存しなければならないことになっている（同条2項）。

銀行は，すでに取引時確認を行い，この確認記録を保存している場合には，顧客から記録されている者と同一であることを示す書類等の提示または送付を受けるか，顧客本人しか知りえない事項（たとえばパスワード等）の申告を受け，または面識があり本人であることが明らかな相手方について，取引時確認済みであることを確認できれば，改めて取引時確認を行う必要はないとされ

重要用語

確認記録

ている。

7　疑わしい取引の届出

重要用語
疑わしい取引の届出

　「疑わしい取引の届出」は，麻薬取引等の犯罪行為から生じる不法な収益を銀行間で送金したり，架空名義等の預金口座を通じて真の資金の出所や所有者を隠蔽したりして，正当な資金にみせかけるマネー・ローンダリング行為を取り締まるため，「組織的犯罪処罰法」によって金融機関等に対する義務として定められた。

重要用語
特定事業者

　現在は，犯罪収益移転防止法の施行により，対象を拡大し，銀行等の「特定事業者」（ファイナンスリース事業者，クレジット事業者等を含む）が，特定業務において収受した財産が犯罪による収益である疑いがある，または顧客等が特定業務に関し組織的犯罪処罰法もしくは麻薬特例法の犯罪収益の仮装，隠匿の罪に当たる行為を行っている疑いがあると認められる場合においては，速やかに所定の事項を行政庁に届け出ねばならないとされている（犯罪収益移転防止法8条）。

注意
銀行は，疑わしい取引の届出を行おうとすること，または届出を行ったことを顧客等またはその関係者に漏らしてはならない。

　この疑わしい取引の届出による情報は，その後，主務官庁において整理，分析をしたうえ，関係する捜査機関に情報として提供されるものであるから，届出を行おうとすることまたは届出を行ったことを顧客等またはその関係者に漏らしてはならない（犯罪収益移転防止法8条3項）。なお，「顧客等」とは，取引が成立した相手方であることは必ずしも必要ではなく，たとえば仮名口座の開設を企図したとして口座開設を断ったときでも届出の対象になる。

　届出の対象になる金融機関等の業務は，預金，融資，内国為替，外国為替，証券取引，信託取引，貸金庫などすべての金融機関の業務である。

　どのような場合に「疑わしい取引」として届出の対象になるか

についての判断は個々の場合には困難な面もあり，金融庁では「疑わしい取引の参考事例」を公表して，銀行等が疑わしい取引の届出義務を履行するにあたり，とくに注意すべき取引の類型を例示し，その判断の基準を示している。

「疑わしい取引の参考事例」では，架空名義の口座または借名口座であるとの疑いが生じた口座を使用した入金は，疑わしい取引に該当する取引として，とくに注意を払うべき類型のひとつとされている。

しかし，この参考事例はすべての類型を網羅的に列挙したものではないことに留意し，疑わしい取引に該当すると判断されるものは届出の対象としなければならない。また，この参考事例に形式的に合致するものすべてが疑わしい取引に該当するものではない。金融機関が疑わしい取引にあたらないと判断した場合には届出の対象とはならない。また，金融機関は，取引が「疑わしい取引」に該当するかどうかについて，取引の客観的な状況，顧客の属性のほか，取引時確認の結果，当該取引の態様その他の事情および犯罪収益移転危険度調査書の内容を勘案して判断することとされている。

> **注意**
> 金融庁の「疑わしい取引の参考事例」の類型に合致しない取引であっても，疑わしい取引に該当すると判断されれば届出の対象となることに留意が必要である。

重要用語
犯罪収益移転危険度調査書

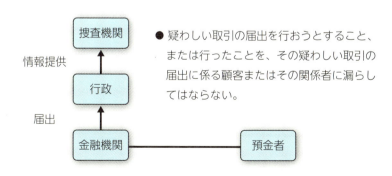

● 疑わしい取引の届出を行おうとすること，または行ったことを，その疑わしい取引の届出に係る顧客またはその関係者に漏らしてはならない。

取引が不成立であっても、疑わしい取引に該当すると判断した場合には、届出の対象となる。

直近5回試験の出題頻度 ★☆☆☆☆

3 | 預金の受入れ

1 預金者の認定

　預金は，預金者と金融機関との間で成立するが，預金者が他人
の名義を使ったり，他人に預入手続を行わせたりした場合に，真
の預金者は誰か争われることがある。このような場合に誰が預金
者であるかを決めることが，預金者の認定の問題であり，その基
準をめぐり次のような諸説がある。

> ① 自らの出捐により自己の預金とする意思をもって本人自ら
> または代理人・使者・機関等を通じて預金契約をした者が預
> 金者であるとする客観説（出捐者説）
> ② 預入行為者が預入に際して，他人が預金者であることを明
> 示または黙示の意思表示をしたような特別の事情がないかぎ
> り，預入行為者が預金者であるとする主観説（預入行為者説）
> ③ 原則的には客観説の立場に立ちながら，預入手続をとった
> 者が明示または黙示の意思表示をもって自分が預金者である
> ことを表示したときは，預入手続をとった者が預金者である
> とする折衷説

　この問題については，判例は，客観説の立場をとっているもの
とみられている（最判昭和52・8・9金融・商事判例532号6頁）。
　客観説によると，出捐者が預金者であるから，ＢがＡから盗ん
だ金銭をもってＢ名義の預金をした場合にはＢが預金者になる。
　なお，取引時確認の厳格化による架空名義預金の消滅や無記名
定期預金の取扱い禁止によって，受入時の預金者の認定の問題は

3　預金の受入れ　15

解消されつつある。

預金者の認定基準においては，①客観説の出捐者説，②主観説の預入行為者説，③折衷説があります。

2 預金債権の発生時期

重要用語
預金契約の成立時期

　預金契約は，消費寄託契約の法的性質を有しており，諾成契約であるから，預金契約の成立時期は，預金をする意思と受け入れる意思が合致した時である。ただし，預金債権が発生するのは，金銭その他これと同一視できるものの銀行への引渡しがあった時である。この引渡しは，現実に金銭の授受がなくても取引上授受があったと同一視することができれば，それによって預金債権が発生すると解される。

　実際には，預金規定でも定めているとおり，預金には，現金のほか，手形や小切手等の証券類，振込金なども受け入れている。そこで，各場合ごとの預金債権の発生時期をみると次のとおりとなる。

⑴ 現　金

① 店頭で現金入金する場合には，顧客が現金を窓口に差し出した段階では発生せず，預金の受入権限のある窓口係員が現金を受け取って計算確認した時に発生すると解されている。顧客が銀行の店頭カウンター上に金銭を差し出して窓口係員がこれを了知したものの，その金銭に手を触れずに放置していた場合には，預金債権は発生していないことになる（大判大正12・11・20法律新聞2226号4頁参照）。

　　また，銀行の窓口係員が普通預金口座に入金するためAから預かった現金を誤ってBの普通預金口座に入金記帳してし

まった場合は，窓口係員がＡから現金を預かってその金額を確認した時に，Ａの預金通帳に入金記帳されていなくてもＡの預金債権は発生しているとされる。なお，この場合，誤入金分を訂正記帳するには，Ｂの承諾を得る必要はない。誤入金分がＢの預金口座から払い出されている場合には，銀行はＢに対して不当利得の返還請求をすることができる。

② 預金の受入権限のある取引先担当者が店舗外で集金による受入れを行った場合には，受入れを承諾した時に預金契約が成立し，集金した時に預金債権が発生すると考えられる。

③ ATM（現金自動預払機）による場合には，預金者が機械に現金を投入し，機械が現金を計算してその金額をディスプレイ面に表示し，預金者がこれを確認した時に，預金債権が発生すると解される。

⑵ 当店券

受入店が支払店になっている当店券については，銀行が当店券の取立を終了した時に預金債権が発生すると解される（東京高判昭和62・3・23金法1163号28頁参照），当座勘定規定でも，当店でその日のうちに決済を確認したうえで支払資金とする旨を定めている（当座勘定規定2条2項）。

⑶ 他店券

他店が支払店になっている他店券を預金として受け入れた場合の預金債権の発生時期については，取立委任説と譲渡説がある。取立委任説は，他店券による預金の受入れは，取立委任契約であって，他店券が取立済になってはじめて預金債権として成立するものとする。これに対して譲渡説は，他店券の受入れを譲渡とみて，受入時点で預金債権の成立を認め，他店券が不渡りになったときは，預入時にさかのぼってその分の預金契約が解除されるとする。

判例は取立委任説によっており（最判昭和46・7・1金融・商事判例273号6頁），実務も取立委任説を前提にして，他店券を受け入れた場合には，受入店で取り立て，不渡返還時限の経過後その決済を確認したうえでなければ支払資金としないこととし，この旨を普通預金規定（4条1項），当座勘定規定（2条1項）等において定めている。

なお，受入他店券の取立前に，その他店券が決済されることを見込んで支払う場合（他店券見込払い）は，取立委任説によれば，預金の払戻しではなく貸付と解釈され，譲渡説によれば，預金の払戻しと解釈される。

(4) 振込・振替

振込入金および貸付代り金から預金，定期預金の解約代り金等から預金への振替入金については，当該口座に入金記帳された時に，預金が成立するとされている。

「現金」「当店券」「他店券」「振込・振替」のそれぞれの場合の預金債権の発生時期について，確認しておきましょう。

理解度チェック

❶ 預金債権の成立時期は，店頭入金の場合，窓口係員が顧客から入金の申出を受けた時点である。
❷ 預金債権の成立時期は，店頭入金の場合，顧客の預金口座元帳に入金が記帳された時点である。
❸ 他行宛ての振込による預金債権の成立時期は，振込依頼人が仕向銀行の窓口において振込を依頼し，窓口係員が現金を確認した時点で受取人の預金が成立する。

解答　❶ ×　窓口係員が現金を受け取って計算確認した時に成立する。
　　　❷ ×　同上
　　　❸ ×　被仕向銀行が受取人の預金口座元帳に入金記帳した時に成立する。

直近5回試験の出題頻度 ★★★★☆

4 | 預金の管理

1 預金通帳の喪失

　普通預金規定7条では，預金通帳を喪失した場合は，ただちに書面によって口座開設店に届け出ることを定めるとともに，この届出前に生じた損害について銀行は責任を負わない旨を定めている。そして，預金の払戻し，解約または通帳の再発行は，銀行所定の手続をした後に行い，この場合，相当の期間を置き，また保証人を求めることがあることを定めている。

　預金通帳の喪失届を受理する際には，預金者本人からの届出であることを確認することが必要である。なお，預金者本人であることが確認できれば預金通帳を再発行する前であっても預金の払戻しをすることは可能であるが，来店者が届出印を持参しているというだけでは，ただちに預金通帳の再発行に応じなければならないということにはならない。

　預金通帳のない便宜扱いであっても受領権者としての外観を有する者に対する弁済の規定（民法478条）が適用されるが，払戻しの際の銀行の注意義務の程度は通帳による払戻しに比べて加重されると解されている。

2 預金者の同一性

　個人の預金者が結婚したり，会社が商号を変更したり，預金者に変化が生じた場合に，その預金者は変更されるかという問題が，預金者の同一性の問題である。

関連過去問題
✎ 2022年10月
　問4
✎ 2022年6月
　問10
✎ 2021年6月
　問2
✎ 2021年3月
　問4

第1編

補足

婚姻，養子縁組，商号変更，代表者死亡，会社の組織変更，合併によっては預金者の同一性は失われない。

4 預金の管理　19

婚姻の場合に，夫婦は，夫または妻のいずれかの氏を称することになり，養子縁組による養子は，養親の氏を称することになる。一方，離婚や離縁の場合には，氏を改めた者が前の氏に復し，配偶者が死亡した場合にも生存配偶者は前の氏に復することができる。預金者についていずれの場合も法律上の人格には変更がなく，預金者の同一性に変更はないことになる。法人の場合も，商号等の名称が変更されても法人としての同一性には変更がなく，預金者としての同一性も変更はない。組織変更をした場合にも会社の人格が変わるものではないので，預金者の同一性が変更されることはない。

　以上に対して，預金者が死亡して相続が開始された場合には，預金者はその預金を相続した者に変更されるので，預金者の同一性は失われる。

　転付命令が確定した場合も，預金は転付債権者に移転し，従来の預金者は預金者の地位を失うので，預金者の同一性を失うことになる。

　なお，株式会社が他の株式会社を吸収合併した場合には，これにより消滅会社の権利・義務は存続会社に包括的に承継されることから，預金取引についても存続会社に承継されることとなり，預金者の同一性は失われない。

預金者の同一性が変更される場合とされない場合について、整理しておきましょう。

3　銀行の秘密保持義務

(1)　秘密保持義務の意義と銀行の責任

　銀行は，取引を通じて，顧客の資産，信用，プライバシーに関する事項など各種の情報を知りうる立場にあるが，顧客はこれら

の情報は外部に漏らされないとの前提で取引をしている。そこで，銀行は，顧客との取引およびこれに関連して知りえた情報を他に漏らしてはならない義務を負うものとされている。これを銀行の秘密保持義務（守秘義務）という。その法的根拠については，①取引先との契約説，②信義則説，③商慣習説がある。

重要用語

秘密保持義務
（守秘義務）

いずれの説によるとしても，銀行は法的責任を負い，銀行が第三者に顧客の秘密を漏らし顧客に損害を生じた場合には，債務不履行ないしは不法行為による損害賠償責任を負うとされている。さらに，当該顧客は取引を解約することもでき，真実に反する情報が漏れて信用を害された顧客は，銀行に対して原状回復に必要な措置を求めることもできる。

⑵ 秘密保持義務の免除

銀行が負う秘密保持義務は，顧客との間の信頼関係にもとづく顧客のためのものであるから，顧客の明示または黙示の承諾があれば，秘密保持義務は免除される。たとえば，個人信用情報センターに対する一定の範囲に属する顧客情報の登録ならびに会員による取引判断のための顧客情報の利用について，顧客から同意文言の差入れを受けている場合には，秘密保持義務は免除される。このほか，次の各場合にも免除される。

①　法令の規定にもとづき公権が発動された場合……裁判所の証拠調べ（民事訴訟法190条＝証人義務，同220条＝文書提出命令，同226条＝文書送付の嘱託，刑事訴訟法128条＝検証，同143条＝証人尋問等），裁判官の令状にもとづく捜査機関の押収，捜査（刑事訴訟法99条1項・2項＝差押え，提出命令，同102条＝捜査），監督官庁による調査・検査（銀行法24条・25条・26条など），税務官庁による検査・捜査（国税通則法74条の2，国税徴収法141条・142条など）。

②　銀行が自らの利益を守る場合……たとえば訴訟の当事者と

して権利を主張する場合にも免除される。
③ 銀行間の信用照会制度……銀行が取引先から持ち込まれた手形を割り引く場合や交換呈示した他店券を引当に見込払いをする場合，支払銀行に電話または文書により手形・小切手の決済見込みなどを照会する制度で，商慣習上認められている。

この制度は，不良取引先の排除という目的と銀行間の便宜のために実施されているものであるので，回答内容は必要最小範囲に限るべきものとされており，預金や貸出金の具体的な金額まで当然に回答してよいというものではない。この制度を利用して知りえた結果を第三者に漏らしてはならない。また，照会に対する回答は義務として行われるものではないから，回答銀行が故意または重大な過失によって間違った回答をした場合を除き，間違った回答をしても，回答銀行に責任が生じることはないと解されている。

なお，個人情報保護法の施行に伴い，個人を対象とする信用照会は廃止されている。

預金の管理等における秘密保持義務において，①法令の規定にもとづき公権が発動された場合，②銀行が自らの利益を守る場合，③銀行間の信用照会制度などについては免除されます。

4　残高照会と残高証明書の発行

秘密保持義務との関係で実務上注意すべき事項として，預金者について相続が開始した場合に，その相続人や遺言執行者等の利害関係人，預金者の債権者などから預金の残高照会や残高証明書の発行依頼を受けた際の対応がある。

まず，相続の場合，相続人は相続開始時の被相続人のいっさいの権利・義務を承継し，預金も相続人が引き継ぐことになるが，負債などの消極財産もあることから，相続を単純承認するか，限定承認するかまたは放棄するかを決める必要がある（民法915条1項）。そこで，相続人は，被相続人の遺産の内容を把握し，この判断をするために相続財産を調査できることになっており（同条2項），それを理由として相続人から銀行に対して被相続人の預金の残高照会や残高証明書の発行依頼をすることができる。

　この相続人からの残高照会や残高証明書の発行依頼に対しては，相続が開始したことおよび依頼人が相続人であることを確認したうえであれば，これに応じることは秘密保持義務に反しない。

　また，共同相続人の1人から相続預金の残高証明書の発行依頼があった場合には，他の相続人の同意を得ないで発行することができる。さらに，遺言執行者からの照会・依頼についても，遺言執行者は遺言の執行に必要ないっさいの行為をすることができるので（民法1012条），相続人の場合と同様，遺言執行者からの依頼であることを確認のうえ応じてもよいことになる。

　これに対して，被相続人の債権者やその弁護士であるとか，被相続人と離婚した先妻であるなど，そもそも相続権が認められない者からの残高照会や残高証明書の発行依頼に応じると，秘密保持義務違反となる。

　後見人からの依頼については，後見人は被後見人の財産を管理し，かつ，その財産に関する法律上の行為について被後見人を代表するため，一定の例外を除いて被後見人の財産に関する行為を行う権限を有することから，預金者たる被後見人の承諾を得ないで残高証明書の発行依頼に応じてもよい。

　さらに，預金者の勤める会社の経営者や上司からの依頼や第三者から弁護士，税理士等を通じて照会・依頼があった場合も，こ

第1編

4　預金の管理　23

れに応じることは本人の承諾のない限り，秘密保持義務違反となる。これに対して，預金者の破産管財人から残高証明書の発行依頼があったときは，破産管財人は破産財団に属する財産の管理処分権があるので，これに応じる義務がある。

なお，残高証明書は，預金者から発行日の前日以前の「〇年〇月〇日現在の残高」と証明日を明示して発行が依頼され，銀行は依頼された証明日の最終残高により発行するのが一般的である。

ところで，銀行が残高証明書の金額を誤ったために，これを信じて取引を行った第三者に損害が生じた場合には，銀行は不法行為による損害賠償責任を問われることがある。しかし，残高証明書に記載した金額で預金債務を負担することはない。

共同相続人の1人からの相続預金の残高証明書の発行依頼があった場合、他の相続人の同意を得ないで発行することができる。

5 取引経過の開示

共同相続人の1人が被相続人の預金口座について生前の取引経過明細を金融機関に開示請求した事案で，最高裁は，「預金口座の取引経過は，預金契約に基づく金融機関の事務処理を反映したものであるから，預金者にとって，その開示を受けることが，預金の増減とその原因等について正確に把握するとともに，金融機関の事務処理の適切さについて判断するために必要不可欠であるということができる」。したがって，「金融機関は，預金契約に基づき，預金者の求めに応じて預金口座の取引経過を開示すべき義務を負うと解するのが正当である」とし，預金者の共同相続人の1人は，他の共同相続人全員の同意がなくても，共同相続人全員に帰属する預金契約上の地位にもとづき，被相続人名義の預金口

座の取引経過の開示を求める権利を単独で行使することができるとした（最判平成21・1・22金融・商事判例1309号62頁）。

なお，被相続人の内縁の妻から相続預金の取引経過の開示請求があっても，銀行はこれに応じる必要はない。また，預金者の配偶者が取引明細について開示請求した場合，銀行が預金者の承諾を得ないでこれに応じると秘密保持義務違反となる。

理解度チェック

❶ 預金の残高証明書は，発行日の前日以前の残高について，証明日を明記して発行すべきである。

❷ 誤った金額の残高証明書を発行した場合，それによって銀行は当該預金者に対し残高証明書に記載された金額の預金債務を負担することになる。

❸ 共同相続人の1人が単独で被相続人の預金残高の開示を請求してきた場合，他の共同相続人の同意なく銀行がこれに応じると銀行の秘密保持義務に違反する。

解答　❶ ○
　　　❷ ×　銀行がその金額の債務を負担することはない。
　　　❸ ×　各相続人は，預金契約上の地位にもとづき預金残高の開示を請求することができるので，銀行は秘密保持義務に違反しない。

直近5回試験の出題頻度 ★☆☆☆☆

5 | 預金の支払

1 預金の弁済の場所

　債務の弁済は，債務者が債権者のところへ持参する「持参債務」を原則としているが（民法484条，商法516条），預金に関する債務の弁済については，債権者である預金者が債務者である銀行店舗に出向いて払戻請求をする「取立債務」が商慣習になっている。

2 無権利者に対する弁済と銀行の免責

　不特定多数の者を取引相手とする銀行としては，誰が預金者であるかを識別するのは困難であり，預金者らしく振る舞う外観を有する者が現れると，この者に預金を払い戻してしまうことが生じる。この場合に，後日，真の預金者から払戻請求があると，二重払いをしなければならないとすれば，銀行はこのリスクを避けるため払戻しのつど請求者の権限につき入念なチェックを行い，真の預金者からの払戻請求であることを確認することが必要となるため，窓口での円滑な預金の払戻事務に大きな支障となる。そこで，預金の払戻しに際しては，一定の要件のもとに弁済を有効として，銀行を保護することが必要になる。

　この預金の払戻しに対する銀行の免責は，当事者の特約（約款）によるものと，債権一般に対する免責を定める民法の規定によるものとがある。まず，当事者の特約（約款）によるものは，①各種預金規定上の免責約款であり，民法の規定によるものは，②受領権者としての外観を有する者に対する弁済（後記参照）と，③

26 第1編 預金

受取証書の持参人に対する弁済の規定がある。

（1）**免責約款**

　預金取引においては，各種の預金規定のなかに「払戻請求書，諸届その他の書類に使用された印影（または署名・暗証）を届出の印鑑（または署名鑑・暗証）と相当の注意をもって照合し，相違ないものと認めて取扱いましたうえは，それらの書類につき偽造，変造その他の事故があってもそのために生じた損害については，当行は責任を負いません」との規定がおかれている。このような規定を一般に**免責約款**という。

　しかし，印鑑照合をして相違ないと認めればどのような場合でも免責されるわけではなく，銀行に過失があれば免責約款は適用されない。

　判例は，銀行において必要な注意義務を尽くさなかったため，銀行に過失があるとされるときは，免責約款を援用することは許されない，すなわち，免責約款は銀行の本来尽くすべき注意義務の程度を軽減するものではないとしている（最判昭和46・6・10金融・商事判例267号7頁）。したがって，払戻請求者について正当な受領権限を疑わせる不審な事情があるにもかかわらず，これを見過ごした場合には銀行に過失があり，免責されないことになる。免責約款の存在意義は，大量の預金業務を迅速かつ簡便に処理するために，注意の払われるべき事項を印鑑照合という作業に定型化したことにあり，とくに疑うべき事情のないかぎり，銀行は預金通帳または証書の提出と印鑑照合により預金者を確認すればよいことになる。

　なお，払戻請求書の筆跡と届出署名の筆跡を照合しなかった場合でも，払戻請求者が正当な権限者でないと疑うべき特段の事情がある場合を除き，銀行に過失があるとは認められず，銀行は免責されると解されている。また，男性名義の預金を女性が払戻請

補足

預金の払戻しが免責されるためには，銀行が払戻しにつき善意・無過失でなければならない。

重要用語

免責約款

求することは（反対の場合もある），日常的に行われるので，銀行の係員が払戻請求者の権限に疑念を抱かないで払戻請求に応じても，それだけで銀行に過失があるとは認められず，銀行は免責されると解されている（最判昭和42・4・15金融・商事判例62号2頁）。

⑵ 受領権者としての外観を有する者に対する弁済（民法478条）

重要用語
受領権者としての外観を有するもの

民法478条では，「取引上の社会通念に照らして**受領権者としての外観を有するもの**」に対する弁済は，弁済者が善意で過失がなかったときにはその効力を有する旨を定めている。この定めは，一般に債権者らしい外観を有する者に対してなした弁済は，受領権者としての外観を有する者に対する弁済として，真正な債権者ではない無権利者に対してなされた場合であっても，その弁済は有効となることを定めたものである。銀行預金の場合には，銀行が預金債権について，受領権者としての外観を有する者に善意で過失なく預金を払い戻したときは，この定めにより銀行は免責されることになる。預金通帳または証書および届出印鑑（届出印が押捺された払戻請求書）を所持する者は預金債権について受領権者としての外観を有する者といえる。

しかし，預金通帳または証書および届出印鑑を持参した者であればいかなる場合も免責されるというわけではなく，払戻請求をした者が無権利者であることを知らないこと，すなわち，真の預金者本人かその正当な代理人または使者であると信じたこと（善意），かつ権限があると信じたことについて無過失であるときに免責される。

実務上どのような注意義務を尽くせば無過失として免責されるか，以下にその主要な事項について解説する。

① 印鑑照合の程度
② 便宜払いと免責
③ 定期預金の期日前解約と免責
④ 預金担保貸出と免責
⑤ 総合口座の貸越取引による支払と免責

① 印鑑照合の程度

印鑑照合の一般的な基準について，判例は，「銀行の照合事務担当者に対して社会通念上一般に期待されている業務上相当の注意をもって慎重に事を行うことを要し，かかる事務に習熟している銀行員が相当の注意を払って熟視するならば肉眼をもって発見しうるような印影の相違が看過されたときは，銀行に過失の責任がある」としている（前掲最判昭和46・6・10）。

重要用語
印鑑照合

また，印鑑照合の方法については，特段の事情のない限り，折重ねによる照合や拡大鏡等による照合をするまでの必要はなく，肉眼による平面照合の方法をもってすれば足りるとしている。

② 便宜払いと免責

便宜払いとは，預金通帳・証書または届出印鑑の双方，またはいずれか一方のない場合の払戻しをいう。便宜払いの場合には免責約款が適用されないことになるので，民法の一般規定によることになる。

重要用語
便宜払い

届出印のみで預金証書のない便宜払いについて，判例は，銀行員にその者を預金者と信じさせるような客観的な事情があり，それが預金証書の所持と同程度の確実さをもってその者に預金が帰属することを推測させるものであるときは，その者も預金債権について，受領権者としての外観を有する者であるということができるとしている（最判昭和53・5・1金融・商事判例550号9頁）。

そこで，便宜払いをしても民法478条で免責される余地がある

といえるが，判例は，便宜払いについて厳しい態度をとっている。

　なお，真の預金者またはその正当な代理人や使者に支払った場合には，もとよりその弁済は有効であり，民法478条の問題ではない。

　③　定期預金の期日前解約と免責

　判例は，定期預金契約の締結の際に，期日前解約における弁済の具体的な内容が，あらかじめ当事者間の合意により確定されているときは，民法478条が適用されるとしている（最判昭和41・10・4金融・商事判例29号5頁）。

　銀行が定期預金の期日前解約に応じる際に尽くすべき注意義務の程度について，判例は，定期預金の満期における払戻請求や普通預金の払戻請求の場合に比較して，より加重された注意義務を負うとしている。そして，預金者と払戻請求者の同一性に疑念を抱かせる特段の不審事由がないかぎり，㋐預金通帳・証書と届出印の所持人からの払戻請求であること，㋑期日前解約の理由を聴取して，やむをえない事由があると判断したこと，㋒事故届のないこと，㋓払戻請求書と届出印鑑票のそれぞれに記載された住所・氏名および各押捺された印影とを比較して同一であることを確認することをもって足りるとしている（最判昭和54・9・25金融・商事判例585号3頁）。

　以上に加え，実務上は，届出の連絡先に電話をしたり，運転免許証等の本人確認資料の提出を求めるなどしている。

　④　預金担保貸出と免責

　定期預金を担保に貸出を行い，後日これを相殺することを予定している場合について，期日における相殺を前提に預金担保貸出を行うことは，実質的には定期預金の期日前解約と同視することができるから，銀行が相当の注意義務を尽くして預金担保貸出を行った以上，民法478条の類推適用により相殺をもって真実の預

金者に対抗できるとした（最判昭和48・3・27金融・商事判例360号2頁）。

⑤　総合口座の貸越取引による支払と免責

　総合口座貸越は預金担保貸出の一形態であるが，総合口座取引における無権利者に対する貸越について，相殺予定の預金担保貸出と同様に，貸越時に銀行として尽くすべき相当の注意を尽くしたときは，民法478条の類推適用により，相殺をもって預金債務の消滅を真実の預金者に対抗することができる（最判昭和63・10・13金融・商事判例808号3頁）。そして，この場合における銀行の注意義務の程度については，普通預金を払い戻すに際して尽くすべき注意義務とおおむね同程度の注意義務を尽くせば足りるとしている。

3　自動支払（口座振替）

⑴　自動支払（口座振替）の法律関係

　一般的な口座振替は，銀行と預金者，銀行と収納企業および預金者と収納企業のそれぞれの契約にもとづいて行われている。

　①　預金者と銀行の口座振替契約は，預金契約の存在を前提として，預金者が銀行に対して当該料金等の支払を委託する委任契約である。このため，委任者である預金者が死亡した場合には，委任契約は終了するので（民法653条），相続人と新たに契約をし直す必要がある。なお，実務上はすでに発生している費用等，生前になされた委任については，委任者の死亡によっても終了しないとの判例もあるので，相続人の同意あるいは依頼によりさしあたり請求のあったものについては従前どおり引落ししている。

　また，委任契約は，当事者においていつでも解約することができることになっているので（民法651条），預金者の都合で解約するにあたり，収納企業の承諾を得る必要はない。

②　銀行と収納企業との契約は，収納企業からの請求にもとづいて利用者の預金口座から支払請求額を引き落とし，収納企業の預金口座に入金することを内容とする委任契約である。通常，支払請求額に対して預金額が不足しても，利用者に対する入金の督促を行う義務は負っていない。

以上のことから，銀行は，預金者，収納企業のそれぞれに対して委任契約の受任者として善良なる管理者の注意をもって委任事務を処理する義務を負うことになる。

③　預金者と収納企業との関係は，電気・ガスなどの利用等の原因関係を基礎とする対価の支払・受領関係にある。

⑵　自動支払の利用可能預金

自動支払をすることができる預金は，当座預金，普通預金など預金者が支払委託（口座振替依頼書等によりあらかじめ指定）した口座であるが，貯蓄預金は，その名のとおり貯蓄を目的とする預金であることから，各種料金の自動支払口座や給与・年金等の自動受取口座としては利用できないことになっている（貯蓄預金規定7条）。

直近5回試験の出題頻度 ★★☆☆☆

6 偽造・盗難カード預貯金者保護法

平成15年後半以降，偽造キャッシュカード等による預貯金の払戻しの被害が多発していることを背景に，平成18年2月1日から「偽造カード等及び盗難カード等を用いて行われる不正な機械式預貯金払戻し等からの預貯金者の保護等に関する法律」（以下「偽造・盗難カード預貯金者保護法」という）が施行された。また，全国銀行協会でも「カード規定試案」の一部改正等が行われた。なお，本法による保護の対象は個人預貯金者であり，法人は含まず，紛失したカードによる払戻しも含まない。

1 偽造カードによるATMからの預貯金の払戻し等の場合

偽造・盗難カード預貯金者保護法は，偽造カードによって現金自動支払機からの預貯金払戻しや金銭借入が行われた場合には，民法478条は適用されないことを定めている（偽造・盗難カード預貯金者保護法3条）。

現金自動支払機により偽造カード等を用いて行われた預貯金払戻し等については，①預貯金者の故意により払戻し等が行われたものであるとき，②預貯金払戻し等について，金融機関が善意・無過失であって，当該預貯金者の重大な過失によるときはその払戻しは有効となること，および同借入についても当該預貯金者が責任を負うことを定めた（同法4条）。この4条の定めは，偽造カード等が使用されたことによる損害は，原則として金融機関が負担することとし，預貯金者の責に帰すべき重大な事由がある場合には，預貯金者の負担とすることを定めたものである。すなわち，

関連過去問題
- 2021年10月 問3
- 2021年3月 問5

重要用語
偽造・盗難カード預貯金者保護法

参照
民法478条 受領権者としての外観を有する者に対する弁済

第1編

預貯金者に故意または重大な過失がない場合には，金融機関が責任を負い，カードの偽造またはその使用について，預貯金者に故意または重大な過失があることを金融機関が立証した場合には，預貯金者が負担するということを定めている。

本人の重大な過失となりうる場合とは，「故意」と同視しうる程度に注意義務に著しく反する場合であって，その事例は，典型的には以下のとおりである。

① 本人が他人に暗証を知らせた場合
② 本人が暗証をキャッシュカード上に書き記していた場合
③ 本人が他人にキャッシュカードを渡した場合
④ その他，本人に①から③までの場合と同程度の著しい注意義務違反があったと認められる場合

「重大な過失」となりうる場合について、確認しておきましょう。

2　盗難カード等を用いて行われた預貯金の不正な払戻し等

盗難カード等による預貯金の不正な払戻し等が行われた場合の損害の負担については，偽造・盗難カード預貯金者保護法5条で次のことを定めている。

金融機関に過失がない場合でも，下記内容を行うことを条件に，金融機関に盗難の通知がされた日からさかのぼって30日以内の被害額を，原則として金融機関が負担することになる。

① 預貯金者は自己の真正カード等が盗取されたことを認め，速やかに金融機関に盗難にあったことを通知する（盗難届の届出）

② 金融機関の調査への協力（盗取された事情，状況の十分な説明）
③ 捜査機関への被害届の提出

　以上の原則に対する例外として，5条2項ただし書により，当該払戻しが盗難カードを用いて不正に行われたことについて，金融機関が善意・無過失であること，および当該払戻しが当該預貯金者の過失（重大な過失を除く）により行われたことを証明したときは，補てん金額は4分の3に相当する金額に減額される。

　なお，上記の場合に，金融機関が，①不正な払戻しでないこと，②預貯金者の故意により行われたこと，③金融機関の善意・無過失，④当該払戻しが当該預貯金者の過失によること，について立証責任を負うものとしている（金融機関が立証できないと全額の補てん責任を負う）。

　しかし，盗難カード等を用いて不正な預貯金の払戻しが行われたことについて，金融機関が善意・無過失であり，かつ，次のいずれかに該当した場合には，金融機関は補てん責任を負わないことになっている（同法5条3項）。

① 当該払戻しが預貯金者の重大な過失により行われた場合
② 当該払戻しが預貯金者の配偶者，2親等内の親族，同居の親族その他の同居人または家事使用人により行われた場合
③ 当該預貯金者が，当該盗取が行われるに至った事情その他の当該盗取に関する状況についての金融機関への十分な説明において，重要な事項について偽りの説明を行った場合

　以上のほか，盗難カード等の盗取が戦争，暴動等著しい社会秩序の混乱に乗じた場合またはこれに付随して行われた場合も，金融機関は責任を負わないことになっている。なお，以上は盗難カ

ード等を用いての金銭の借入についても適用される。

同居人や家事使用人が預貯金の不正な払戻しをした場合、金融機関が善意・無過失であれば、金融機関は補てん責任を負わない。

　ところで，盗難カードの場合には，偽造カードの場合と異なり民法478条の適用を排除する規定はなく同条は適用される。また，紛失したカードによる払戻しについては盗難ではないので偽造・盗難カード預貯金者保護法の適用対象ではない。

　金融機関が，預貯金者本人に「過失がある場合」を立証したときは，金融機関の補てん金額は4分の3になるが，この場合，「過失がある場合」の内容について法律等には定めがないので，全銀協の申し合わせでは，「本人の過失になる場合」の事例として，①金融機関から生年月日等の類推されやすい暗証番号から別の番号に変更するように個別的，具体的，複数回にわたる働きかけが行われたにもかかわらず，生年月日，自宅の住所・地番・電話番号，勤務先の電話番号，自動車などのナンバーを暗証にしていた場合であり，かつ，キャッシュカードをそれらの暗証を推測させる書類等（運転免許証，健康保険証，パスポートなど）とともに携行・保管していた場合，②暗証を容易に第三者が認知できるような形でメモなどに書き記し，かつ，キャッシュカードとともに携行・保管していた場合をあげている。

　以上のほか「暗証の管理」に関して，「暗証をロッカー，貴重品ボックス，携帯電話など金融機関の取引以外で使用する暗証としても使用していた場合」をあげ，「キャッシュカードの管理」として，「①キャッシュカードを入れた財布などを自動車内など他人の目につきやすい場所に放置するなど，第三者に容易に奪われる状態においた場合，②酩酊等により通常の注意義務を果たせなくな

るなど，キャッシュカードを容易に他人に奪われる状況においた場合，および，③以上と同程度の注意義務違反があると認められる場合」をあげている。

なお，盗難カードにおける補てん請求権は，本来の預金債権とは別の請求権であるため，補てんは払戻しが預金の弁済として有効か無効かにかかわりなく行われる。

「本人の過失になる場合」についても、その内容を確認しておきましょう。

3　全銀協における盗難預金通帳等の不正払戻しへの対応

「偽造・盗難カード預貯金者保護法」の趣旨を踏まえ，全銀協では平成20年2月に個人顧客を対象に安心して銀行を利用できるための取組みを強化するために「預金等の不正払戻しへの対応について」をとりまとめ，盗難通帳による不正な払戻し等に関する普通預金規定（個人用）の参考例を公表した。

この個人用普通預金規定の参考例は，基本的には「偽造・盗難カード預貯金者保護法」の盗難カードによる補償の場合に準じた内容になっており，その主たる内容は次のとおりである。

補償の対象は個人に限られており，①すみやかに銀行に通知すること，②銀行の調査に対する十分な説明がなされること，③警察への被害届を提出していること，の要件を満たしている場合には，不正な払戻しの額に相当する金銭の補てんを請求できることになっている（規定9条1項）。

そして，この補てん請求は預金者の故意による場合を除き，銀行への通知が行われた日の30日前の日以降になされた払戻し額等が補てん対象額になる（同2項）。なお，銀行が善意・無過失で預金者に過失（重過失を除く）があることを銀行が証明した場合に

は，補てん対象額は4分の3になる（同2項ただし書き）。

　また，銀行が善意・無過失で当該払戻しが預金者の重大な過失により行われたことや，預金者の配偶者・親族などにより行われたことを銀行が証明した場合には，補てんしないことなどを定めている（同4項）。この補てん請求については，銀行への盗難通知が，この通帳が盗取された日から2年経過後に行われた場合には適用されないことになっている（同3項）。

　なお，預金者の重大な過失となりうる場合の例として，次のとおりあげている。

> ①　預金者が他人に通帳を渡した場合
> ②　預金者が他人に記入・押印済みの払戻請求書，諸届けを渡した場合
> ③　その他預金者に①および②の場合と同程度の著しい注意義務違反があると認められる場合
>
> また，預金者の過失となりうる場合の例として，
> ①　通帳を他人の目につきやすい場所に放置するなど，第三者に容易に奪われる状態に置いた場合
> ②　届出印の印影が押印された払戻請求書，諸届けを通帳とともに保管していた場合
> ③　印章を通帳とともに保管していた場合
> ④　その他本人に①から③の場合と同程度の注意義務違反があると認められる場合

（注）　同時にインターネット・バンキングによる預金等の不正払戻しへの対応についても申し合わせを行っている。

偽造・盗難カード預貯金者保護法の対象は個人預貯金者であり、法人は対象となりません。

- 偽造カードによる預金払戻し
  …民法 478 条が適用されない
- 盗難カードによる預金払戻し
  …民法 478 条が適用される
- 民法 478 条…「受領権者としての外観を有する者」に対する弁済は、金融機関が善意・無過失であれば、当該弁済は有効

〔民法 478 条〕

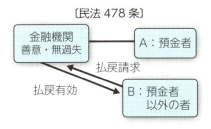

預金者の主観	偽造カード	盗難カード
故意	補償なし	補償なし
重過失	補償なし	補償なし
軽過失	100% 補償	75% 補償
無過失	100% 補償	100% 補償

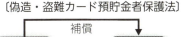

〔偽造・盗難カード預貯金者保護法〕

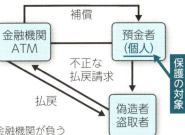

預金者に過失があった等の立証責任は、金融機関が負う

7 振り込め詐欺救済法

直近5回試験の出題頻度 ★★★★☆

関連過去問題
- 2022年10月 問10
- 2022年6月 問6
- 2021年10月 問8
- 2021年6月 問5

重要用語
振り込め詐欺救済法

重要用語
振込利用犯罪行為

　犯罪利用預金口座等に係る資金による被害回復分配金の支払等に関する法律（以下「振り込め詐欺救済法」という）は，預金口座への振込を利用して行われた詐欺等の犯罪行為により被害を受けた者に対する被害回復の支払等のために，預金等にかかる債権の消滅手続や被害回復分配金の支払手続等を定めた法律である。

　この法律による「振込利用犯罪行為」（救済の対象になるもの）とは，オレオレ詐欺，架空請求，融資保証金詐欺，還付金等詐欺などの人の財産を害する犯罪行為であって，財産を得る方法としてその被害を受けた者からの預金口座への振込が利用されたものをいう。家族を装った者から電話を受けた被害者が自宅の玄関口において，その家族の使者と称する者に現金を渡した場合など振込利用以外の方法による犯罪行為は含まれない（振り込め詐欺救済法1条・2条3項）。

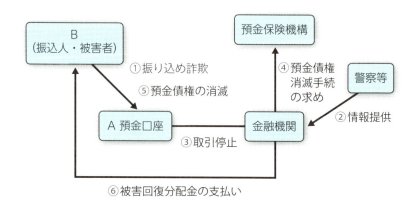

この法律では，振込利用犯罪行為による被害者の救済のための措置として次のようなことを定めている。

① 金融機関は，捜査機関からの情報提供があったことその他の事情を勘案して，その預金口座が犯罪利用預金口座である疑いがあると認めるときは，その預金口座の取引の停止等の措置を取らなければならない。また，捜査機関から情報提供があったこと，被害の状況や名義人についての調査の結果，預金口座の取引の状況を勘案して，預金口座が犯罪利用預金口座であると疑うに足りる相当な理由があると認めるときは，速やかに，その預金口座の取引停止の措置をとるとともに預金保険機構に対し預金債権の消滅手続の開始の公告を行うことを求めなければならない。この場合，金融機関はその預金口座の全額について消滅手続を行わなければならない。

② 預金保険機構は，預金債権の消滅手続が開始されたこと，権利行使の期間（公告のあった日の翌日から起算して60日以上）および届出の方法を公告し，期間内に届出がないとき，かつ金融機関より犯罪利用預金口座ではないことが明らかになった旨の通知がないとき，預金債権は消滅する。

③ 金融機関は預金債権が消滅したとき，速やかに，預金保険機構に対し被害回復分配金の支払手続に関する公告を求める。それを受けて，預金保険機構は被害回復分配金の支払手続が開始されたこと，申請方法等を公告する。

金融機関は，被害者から被害回復分配金の支払申請があり，支払いを決定したら，消滅した預金債権の額に相当する金銭を原資として被害回復分配金を支払う。

なお，被害回復分配金の支払については，すべての被害額相当の金銭があれば問題ないが，支払該当者の決定により定めた犯罪被害額の総額が消滅預金債権の総額を超える場合には，債権者平

補足

犯罪利用預金口座については，名義人が当該口座を生活口座として利用していた場合でも，預金債権全額について消滅手続がとられる。

補足

振り込め詐欺救済法による預金等に係る債権の消滅手続は，すでに対象となる預金口座に係る預金等の払戻しを求める訴えが提起されていたり，強制執行，仮差押え，仮処分等の手続きが行われているときは開始されない。

7 振り込め詐欺救済法 41

補足
被害金額の総額が犯罪利用預金口座に滞留していた残高を超えるときでも、預金保険機構が不足額を補てんするわけではない。

等の原則にもとづき、支払該当者に対して、被害額に応じた按分比例によって分配金が支払われる（同法16条2項）。

また、この法律により定める手続により消滅した預金債権の額が1,000円未満の場合には、被害回復分配金の支払は行われず（同法8条3項）、消滅した預金債権の額に相当する額の金銭が預金保険機構に納付される（同法19条1号）。

なお、被害回復分配金は、当該対象犯罪行為に関連して不正な利益を得た者には支払われない。

振り込め詐欺救済法は、預金口座への振込を利用して行われた犯罪行為を対象とし、直接、現金を手渡した場合は対象とならない。

理解度チェック

❶ 振込利用犯罪行為により被害を受け、財産を失った者は、振り込め詐欺救済法によりその損害額の全額の補てんを受けることができる。

❷ 振り込め詐欺救済法は、預金口座等への振込を利用して行われた詐欺等の犯罪行為により被害を受けた者の財産的被害の迅速な回復等に資することを目的としている。

❸ 振り込め詐欺救済法上、当該対象犯罪行為に関連して不正な利益を得た者は、被害回復分配金の支払を受けることはできない。

解答 ❶ × 対象被害者は必ずしもその損害額の全額の補てんを受けられるわけではない。
　　　 ❷ ○
　　　 ❸ ○

直近5回試験の出題頻度 ★★★☆☆

8 | 預金の消滅時効

　時効とは，一定の状態が一定の期間継続した場合に，その状態を尊重し，ある者に一定の権利を取得させたり，あるいは失わせたりする制度であり，前者が取得時効，後者が消滅時効である。

　時効は，権利を行使することができる時から進行し，その期間は民法や商法等に定められていたが，以下のとおり民法が改正された。銀行業務上で問題となり重要であるのは，消滅時効である。

関連過去問題
- 2022年6月 問5
- 2021年6月 問6
- 2021年3月 問9

📖 **重要用語**

時効

1 時効期間

　改正民法では債権の消滅時効については，次のとおりとし，短期消滅時効や商事消滅時効が廃止された（民法166条）。

> ① 債権者が権利を行使できることを知った時から5年（主観的基準）
> ② 債権者が権利を行使することができる時から10年（客観的基準）

　預金や貸出金の一般の消滅時効は上記①か②により判断することになり，これまでの信用金庫，信用組合等の金融機関の債権についても銀行と同じように上記①か②により判断することになる。

2 時効の援用と時効の完成猶予・更新

　時効の援用とは，時効によって利益を受ける者が時効期間等が経過して時効が完成したことを主張して，時効の利益を受けることをいう。そして，この時効による利益は，当事者がこれを援用

📖 **重要用語**

時効の援用

8　預金の消滅時効　43

しなければ裁判所はこれによって裁判をすることができないことになっている（民法145条）。ただし，銀行では，特別の事情のない限り，預金債権の時効が完成しても時効を援用しないのが一般的な慣行になっている。もっとも，銀行は預金口座開設時に預金者との間であらかじめ時効を援用しないことを合意することはできない。

重要用語
時効の完成猶予

一方，**時効の完成猶予**とは，一定期間，時効の完成を猶予することをいい，裁判上の請求，支払督促，和解・調停，破産手続参加，再生手続参加および更生手続参加（民法147条1項）等がある場合その事由が終了するまでの間は，時効は完成しない。預金債権についても，これらの事由が生じると時効の完成は猶予され，完成猶予事由が終了するまでの間は，時効は完成しない。

重要用語
時効の更新

これに対し，**時効の更新**とは，それまでに経過した時効期間が無意味になることをいい，上記完成猶予事由が終了した時（裁判が確定した時，支払督促が確定した時，和解・調停が成立した時など）に時効が更新され，その時から新たに時効期間が進行する（同条2項）。

3 時効の起算点

⑴ 普通預金

普通預金は要求払預金であり，預金者はいつでもその払戻請求をすることができるので，最初の預入があった時から時効が進行するが，その後，入金・出金，通帳記入があったときには，そのつど債務の承認があったことになるので（民法152条1項），時効が更新され，その時から再び進行することになる。したがって，普通預金の場合には，最後の預入または払戻しのあった時から時効期間が進行することになる。なお，利息を元加しても，たんに銀行の元帳に記入しただけでは，債務の承認とはならず，時効は

更新されないが，預金者が預金通帳を記帳することにより，銀行は預金者に対して預金債務を承認したことになるので，時効は更新される。

(2) **通知預金**

通知預金は，一定の据置期間が経過した時から払戻請求をすることができるので，この据置期間が経過した時から時効が進行する。

(3) **当座預金**

当座預金契約は，当座勘定規定にもとづく手形・小切手の支払委託契約と当座預金の預入による消費寄託契約の複合契約の性格を有しており，預金者は小切手の振出によってのみ払戻請求ができることになっている（当座勘定規定7条2項）ことから，当座勘定契約が存続中は時効は進行することなく，当座勘定契約の終了時から時効が進行すると解されている。

> 参照
> 大判昭和10・2・19

(4) **定期預金**

定期預金は，支払期日を定め，その期日（満期日）が到来するまで預金の払戻しができないので，満期日から時効が進行する。なお，自動継続定期預金の時効については，最高裁平成19年4月24日判決（金融・商事判例1267号17頁）で「預金者による解約の申入れがされたことなどにより，それ以降自動継続の取扱いがされることのなくなった満期日が到来した時から進行するもの」とされた。

各種預金の時効の起算点について、押さえておきましょう。

理解度チェック

❶ 普通預金の消滅時効は，銀行が口座元帳上で利息の元金組入を記入しても更新されない。
❷ 当座預金の消滅時効は，最後に入金または手形・小切手の決済が行われた時から進行する。
❸ 通知預金の消滅時効は，預入れの時から進行する。

解答 ❶ ○
❷ × 当座勘定契約が終了した時から進行する。
❸ × 預入れ後，据置期間を経過した時から進行する。

直近5回試験の出題頻度 ★★★★☆

9 預金者の死亡
（相続預金の支払）

　預金者が死亡すると相続が開始し（民法882条），遺言がないときは被相続人（預金者）の権利・義務は，民法の規定に従って死亡時に法定相続人に承継され（同法896条），預金についても相続財産として相続人に承継される。このため，銀行としては，預金者が死亡したことを知ったときは，預金の払戻しを停止し，正当な相続人等権利者を確認のうえ名義変更等の手続をとることになる。ただし，銀行が預金者の死亡を知らないで，かつそのことにつき過失がなく，預金通帳・証書および届出印の持参人に支払った場合には，受領権者としての外観を有する者に対する弁済として免責されることはある。なお，この場合，著名人の死亡のようにその事実が報道されているなど預金者の死亡を銀行が知りうべき事情があるときは免責されない。

1 共同相続と預金債権の承継

　預金者の法定相続人が1人の場合には，その相続人が預金債権を相続するので問題がないが，複数の相続人がいる場合には，預金債権はどのように相続されるかをめぐり難しい問題がある。

　判例は，古くから，性質上可分な金銭債権は相続開始と同時に共同相続人に相続分に応じて当然分割承継されるとしていたが（最判昭和29・4・8，預金債権につき最判平成16・4・20），平成28年12月19日の最高裁大法廷は，「共同相続された普通預金債権，通常貯金債権及び定期貯金債権は，いずれも，相続開始と同時に当然に相続分に応じて分割されることはなく，遺産分割の対

関連過去問題

- 2022年10月 問5
- 2022年6月 問9
- 2021年10月 問5
- 2021年6月 問7

第1編

💡 補足

預金者が死亡した場合，その預金は他の相続財産と同様に，相続人に承継される。

● 判例（平成 28・12・19）
共同相続された普通預金債権、通常貯金債権及び定期貯金債権は、いずれも相続開始と同時に当然に相続分に応じて分割されることはなく、<u>遺産分割の対象となる</u>ものと解するのが相当である。

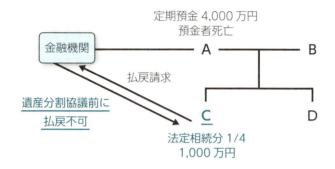

象となるものと解するのが相当である」と判示して，従来の判例（前掲最判平成16・4・20）を変更した。

なお，銀行の実務では，相続によるトラブルを避けるため，遺産分割協議前の相続預金の払戻しについては，相続人全員の同意（同意書は，通常各相続人の印鑑証明書を付けた実印による）のある請求でないかぎり，拒否する取扱いが慣行になっている。

最高裁平成28年12月19日決定は重要な判例ですので、必ず確認しておきましょう。

2 法定相続人と相続分

(1) 法定相続人

重要用語
法定相続人

法定相続人には配偶者と血族があり，配偶者はつねに相続人になる（民法890条）。血族は，①子，②父母等直系尊属，③兄弟姉妹の順で相続人になる。

被相続人の子が相続開始以前に死亡していたり，相続欠格や廃除により相続人になる権利を失ったときは，その者の子（孫など）

が代わって相続人となる（民法887条2項）。これを代襲相続といい，子の代襲者については何代でも代襲することができる（同条3項）。なお，相続を放棄した者はその相続に関しては初めから相続人とならなかったものとみなされるので（同法939条），代襲相続の対象にならない。この代襲相続も含めて相続人となる子がいないときに，はじめて第2順位の父母・祖父母等直系尊属が相続人となり，これに該当する者がいないときに，第3順位の兄弟姉妹が相続人となる。なお，この兄弟姉妹についても代襲相続の規定が準用されるが，被相続人の甥・姪までが最終の相続人となる（同法889条2項）。

代襲相続

子には実子と養子がいるが，普通養子縁組による普通養子は，実親と養親の双方の相続人となる。特別養子縁組による養子は，実親の血族との親族関係が終了し，実親との親子関係も終了するので，養親が死亡した場合にはその相続人になれるが，実親が死亡した場合にはその相続人にはなれない。

普通養子縁組

特別養子縁組

さらに，夫が死亡した場合において，その先妻との間の子は，後妻との間の子と同様の立場で相続人となるが，後妻が死亡した場合には，先妻との間の子は後妻がその子を養子としていないかぎり，後妻の相続人にはなれない。

婚姻中に生まれた子（嫡出子という）であれば問題ないが，婚姻外に生まれた子（非嫡出子という）は，その父が自分の子であることを認知しない限り，その父に対する相続人になれない。この場合，認知したか否かは父の戸籍に記載されるので，戸籍簿で確認することができる。父が認知した場合には嫡出子と同一資格の相続人となり，法定相続分が嫡出子の2分の1ということはない。

なお，子については胎児にも相続権があり，死体で生まれたときを除き相続人になる（民法886条）。

補足

法定相続分の割合は、配偶者と子→½・½、配偶者と直系尊属→⅔・⅓、配偶者と兄弟姉妹→¾・¼であり、同順位の者が数人いれば頭割りとなる。

兄弟姉妹にも代襲相続の規定が準用されるが、被相続人の甥・姪までである。

(2) 法定相続分

相続分は、遺産に対する相続人の持分で、民法900条以下に次のように法定されている。

① 配偶者と子が相続人であるときは、配偶者が2分の1、子が2分の1である。数人の子がいるときは各人の相続分は平等の割合となる。
② 配偶者と直系尊属が相続人であるときは、配偶者が3分の2、直系尊属が3分の1である。
③ 配偶者と兄弟姉妹が相続人であるときは、配偶者が4分の3、兄弟姉妹が4分の1である。

なお、配偶者がいない場合には、血族相続人が前記の順位により相続することになり、同順位の者が数人いるときは、各人の相続分は均等とされる。ただし、父母の一方のみを同じくする兄弟姉妹は、父母の双方を同じくする兄弟姉妹の2分の1となる（民法900条4号）。

(3) 指定相続分

被相続人は、この法定相続分の定めにかかわらず遺言で共同相続人の相続分を指定し、または第三者にその指定を委託することができる（民法902条1項）。遺言による指定相続分は、借入債務などの債務については債権者の利益保護のため債権者に対抗できないが、預金などの債権は法定相続分に優先する。

法定相続分の割合は、確実に押さえておきましょう。

3 相続の承認と放棄

相続は，被相続人のすべての財産が対象になり，このなかには借金等の消極財産も含まれる。そこで，民法では，相続人は相続するかしないかを選択することができることにしている。それには2つの方法があり，その1は，相続人たる地位から離脱する方法であり，はじめから相続人でなかったことになるもので，これを相続の放棄という。その2は，積極財産の限度内で消極財産の弁済義務を負うという条件付きで相続する方法であり，これを限定承認という。相続人が数人あるときは，限定承認は共同相続人全員で行わなければならない。共同相続において限定承認があった場合には相続財産管理人が相続預金を管理する（民法936条，926条）。

限定承認・放棄のいずれも，原則として，自己のために相続の開始があったことを知った時から3か月以内に，家庭裁判所に対してその旨申述することになっており（民法915条・924条・938条），この期間内に限定承認または放棄をしなかったときは，単純承認したものとみなされる（同法921条2号）。

相続の放棄をした者は、その相続に関して初めから相続人とならなかったものとみなされる。

4 遺言と遺言執行者

(1) 遺言

遺言は遺言者が一定の方式に従い単独でなす行為で，本人の死亡後の法律関係を定める意思表示として，その本人の死亡によって法律効果が生じる。

遺言は死亡するまで何回もすることができ，前の遺言に抵触す

重要用語
相続の放棄

重要用語
限定承認

補足
遺言の方式には，普通方式として，①自筆証書遺言，②公正証書遺言，③秘密証書遺言があり，特別方式として，死亡危急者，伝染病隔離者，在船者，船舶遭難者の遺言がある。

る新たな遺言をしたり，そのほかの処分行為をしたときは，その限度で前の遺言を撤回したものとみなされる（民法1022条以下）。

遺言者が内容の抵触する自筆証書遺言と公正証書遺言を各1通作成していた場合は，銀行は作成日の後の日付の遺言に従い，公正証書遺言が優先するわけではない。また，共同相続人は被相続人が遺言で禁止している場合を除き遺産分割協議をすることができる（同法907条）ので，遺言の内容と異なる遺産分割協議が行われたときは，この協議内容に従って相続手続をする。

遺言の方式には，普通方式として，①自筆証書遺言，②公正証書遺言，③秘密証書遺言があり，特別方式として，死亡危急者，伝染病隔離者，在船者，船舶遭難者の遺言がある。

預金の払戻し等実務上，多く関係するのは普通方式の遺言である。

重要用語
自筆証書遺言

自筆証書遺言については，その要件が緩和され，自筆証書遺言と一体のものとされた財産目録については自書することを要せず，パソコン・ワープロによる作成文書や預金通帳の写し等もこれら目録のページごとに遺言者が署名・捺印することで可とされている。また，遺言書の所在が不明とならないように，**法務局による遺言書保管制度**が設けられており，それを利用した場合は家庭裁判所の検認は不要となる。

重要用語
法務局による遺言書保管制度

重要用語
公正証書遺言

公正証書遺言は，証人2人以上の立会いのもとに，公証人が遺言者の口述を筆記して公正証書として作成するものである（民法969条）。この公正証書遺言は，他の方式による遺言と異なり，家庭裁判所の検認手続は不要とされている。

なお，検認手続を経た遺言書でも遺言者の意思にもとづいて作成されたものではないと疑うべき事情があるときは，その遺言書が検認手続を経ていたとしても，銀行は，それに従うべきではない。

重要用語
秘密証書遺言

秘密証書遺言は，遺言者が署名・捺印した遺言書を封印して，

証人2人以上の立会いのもとに，公証人に本人の遺言である旨を封紙に記載してもらうものである（民法970条）。この遺言は，遺言があることは明らかにしておくものの，その内容は秘密にしておきたいときに利用するものである。

なお，預金者の相続人から預金の払戻請求があった際，銀行は，遺言の有無については，特段の事情のないかぎり相続人に一応確認すればよく，それ以上特別の調査をする義務はないと解されている。

自筆証書遺言の要件が緩和されています。その内容を確認しておきましょう。

(2) 遺言執行者

遺言執行者は，遺言の内容を実現するために，その執行をする者として指定または選任された者で，遺言者は，遺言で指定，または第三者にその指定を委託することができる（民法1006条）。なお，遺言執行者は必須の機関ではなく，また，申立により家庭裁判所の審判で選任されることもある（同法1010条）。遺言執行者は，未成年者，破産者以外の者であればなれる資格であり，弁護士に限られるものではない。遺言執行者は，遺言の内容を実現するため，相続財産の管理その他遺言の執行に必要ないっさいの行為をする権利・義務を有する（同法1012条1項）。また，遺言執行者がいる場合には，遺贈の履行は，遺言執行者のみが行うことができ（同条2項），相続人は相続財産の処分その他遺言執行を妨げる行為をすることができないとされており（同法1013条1項），これに反する相続人の処分行為は無効とされる（同条2項）。

重要用語

遺言執行者

法人も遺言執行者になることができます。

5　遺　贈

重要用語

遺贈

　遺言者は，包括または特定の名義で財産の全部または一部を処分することができる。これを遺贈といい，遺産の全部またはその2分の1とか3分の1といったように具体的な遺産を指定しない包括遺贈と，具体的に遺産を指定した特定遺贈がある。

　包括遺贈における受遺者は，その割合をもって相続人と同一の権利・義務を有することになる（民法990条）が，遺留分はなく，代襲相続もなく，相続人と同じというわけではない。

　特定遺贈は，たとえば「甲に預金をすべて与える」というものから，「甲にＡ銀行Ｘ支店の定期預金100万円を与える」といったものまでがありうる。

　この預金の特定遺贈を債務者である銀行に対抗するためには，債権譲渡の対抗要件（民法467条1項）を備えることが必要であり，債務者である銀行に遺贈義務者から通知するか，銀行の承諾が必要である（最判昭和49・4・26金融・商事判例524号41頁）。

　なお，一般に相続人以外の第三者に対してなされるものを遺贈というが，判例および多数説は，相続人に対する遺贈もありうると解している。

6　「相続させる」旨の遺言

補足

特定の遺産を特定の相続人に「相続させる」趣旨の遺言は，遺産分割の方法が指定されたものと解すべきであり，当該遺産はその相続人に承継される。

　ところで，近年，遺産中の特定の財産を特定の相続人に「相続させる」といった旨の遺言がよくみられる。これについて最高裁判例は，特段の事情がない限り，当該遺産を当該相続人に単独で相続させる遺産分割の方法が指定されたものと解すべきで，特段の事情がない限り，何らの行為を要せずして，当該遺産は，被相続人の死亡の時に直ちに承継される」とした（最判平成3・4・19金融・商事判例871号3頁）。

したがって、特定の銀行の預金を特定の相続人に「相続させる」旨の遺言があった場合には、当該相続人が権利を主張するときはその者に支払うことは可能といえる。しかし、実務上は、遺言執行者の指定があるときは、特定遺贈に準じて、遺言執行者と当該相続人との連署で払戻請求をしてもらい、遺言執行者の指定がないときは、できるだけ他の共同相続人の了解を得て支払うようにする。

7 遺産の分割

遺産の分割には、**指定分割**、**協議分割**、**審判分割**がある。

指定分割

(1) 指定分割

被相続人は、遺言で遺産の分割方法を定め、もしくはこれを定めることを第三者に委託することができる（民法908条）。この指定がある場合には、これに従って分割することになる。これによって相続分に変更をきたす場合には、同時に相続分の指定であるとみられるが、遺留分を害することはできない。なお、遺留分を侵害する遺言があっても、不利益を受ける相続人が了承していればよいので、その遺言は無効ではなく、この遺言に従って取り扱うことができる。また分割方法の指定があっても、遺言執行者がいないときは、共同相続人全員の協議によってそれと異なる分割をしてもよい。

協議分割

審判分割

(2) 協議分割

分割について被相続人が遺言で遺産の分割を禁止する旨の記載がなく、遺産の分割方法を指定しないときは、共同相続人全員の協議により、共有関係を解消し、各人に帰属させることができる（民法907条）。相続人の1人が遺産分割の請求をすれば、他の相続人は協議に応じなければならない。分割の協議は、共同相続人全員が参加しなければならず、一部の相続人を除外してなされた

> **補足**
> 遺産の協議分割では、未成年者とその親権者がいると利益相反の問題が生じるので、未成年者のための特別代理人の選任が必要となる。

協議は無効である。また、相続人のなかに未成年者がいて、その親権者がいる場合には、分割協議は利益相反行為になるので、未成年者のために特別代理人を選任することが必要となる（同法826条）。相続人全員の意思によった場合には、協議の結果、相続人の1人が全部または大部分を取得したり、ある者がゼロとなったりしても有効である。

(3) 審判分割

共同相続人間の協議が調わないか、協議することができないときは、各共同相続人は家庭裁判所に分割を請求することができ（民法907条2項）、これによる分割を審判分割という。

遺留分を侵害する遺言があっても、不利益を受ける相続人が了承していればよく、遺言が無効となることはない。

8 相続預金の払戻手続

(1) 遺言のない場合

預金者の死亡により相続預金の払戻しあるいは名義変更を行うときは、相続人等を確認する必要があり、そのため、①預金者本人の死亡を証明する戸籍謄本または除籍謄本、②全相続人の範囲を証明する戸籍謄本、③戸籍謄本や預金通帳・証書、届出印を持参した者が相続人（またはその代理人）であることを確認するための相続人本人の印鑑証明書等の各書類を提出してもらう。

なお、遺産分割前に共同相続人の1人から預金の払戻請求あるいは名義変更の申出を受けたときは、前記の書類を徴求して相続人であることを確認するとともに、共同相続人全員の連署による依頼書（相続預金受取書の場合もある）により手続を行う。

遺産分割後の場合には，前記書類のほか遺産分割協議書により確認して，これにより指定された預金の相続人に払戻しまたは名義変更をする。

また，配偶者とその親権に服する未成年の子が共同して相続預金の払戻しをする場合には，相続財産の内容が預金から現金に代わるだけであるので相続人間に利害の対立が生じないので，特別代理人を選任する必要はない。

⑵　遺言のある場合

遺言があり，被相続人の預金の遺贈を受けた者から払戻請求等を受けたときは，まず遺言が有効であるかどうかを確認する必要がある。とくに公正証書遺言以外の遺言については，原則として家庭裁判所の検認を得ていることを確認することが必要である。

なお，法務局による遺言書保管制度を利用した遺言書は，検認は不要であり，遺言書情報証明書により相続手続を行うことができる。

ところで，判例は「預金債権が特定遺贈された場合には，遺贈義務者（遺贈の履行をする義務を負う者をいう，すなわち遺言者の全相続人）の債務者（銀行）に対する通知又は債務者の承諾がなければ，受遺者は遺贈による債権の取得を債務者に対抗することができない」としているので（最判昭和49・4・26），受遺者が特定受遺者の場合には，受遺者と相続人との共同請求により，または相続人の同意を得て支払うのが実務の取扱いである。

被相続人は，遺言で共同相続人の相続分を定め，またはこれを定めることを第三者に委託することができるので（民法902条1項：遺言による相続分の指定），銀行は，指定相続分が法定相続分と異なることを知っている場合には，指定相続分の割合の相続預金を払い戻さなければならない。

また，遺言執行者がいて，遺言執行者から請求があったときは，

9　預金者の死亡（相続預金の支払）

遺言書の有効性確認のほか，遺言書または審判書謄本により遺言執行者であることを確認する。

遺産分割について，相続開始の時から5年を超えない期間を定めて禁止する旨の遺言が残されている場合は，銀行はその期間内に行われた遺産分割協議に従った相続手続は避けなければならない。

⑶ 遺産分割前の預金の払戻し

相続預金が遺産分割の対象となったことで，遺産分割協議の成立前は，相続人全員の同意がなければ相続預金の払戻しができないこととなったが，遺産分割協議が成立するまでに，相続人が相続預金から葬儀費用や生活費の支払を受けたい，または被相続人の債務を弁済したいという場合に応じるため，次の2つの制度が設けられた。

① 遺産分割前の相続預金の払戻制度

各相続人は，相続預金のうち預金口座ごと(定期預金の場合は明細ごと)に預金額の3分の1に法定相続分を乗じた額，ただし1金融機関当たり150万円を上限として，他の相続人の同意がなくても単独で払戻しを受けることができる(民法909条の2)。

② 家庭裁判所の判断による払戻制度

家庭裁判所に遺産分割の審判や調停を申し立てている場合に，各相続人は家庭裁判所に申し立てて，その審判を得ることにより，保全処分として相続預金の全部または一部を仮に取得し，金融機関から単独で払戻しを受けることができる。

9 実務上留意すべき事例

⑴ 葬儀費用の便宜払い

預金者が死亡した場合に，葬儀費用その他緊急に支払う必要のある費用について相続預金からの便宜払いを求められることがあ

る。この場合，相続預金の仮払い制度も利用することができるが，判例には，被相続人の社会的地位に応じた葬儀費用は相続財産の負担としてその財産のなかから支出することも許されるとしたものがある。

　したがって，預金者の死亡および払戻請求者が法定相続人であることが確認できたとき，その相続分の範囲内で領収書や念書を徴求して葬儀費用の払戻しをすれば，銀行は免責される可能性がある。

⑵　公共料金の口座振替

　電気・ガス・水道料金等公共料金の口座振替については，相続開始後の使用分については相続債務に含まれず，また口座振替の委任契約は，法的には委任者の死亡によって終了する（民法653条）ので，厳格に解すれば問題があるが，日常生活に必要なものであることを考慮すれば，相続人の同意あるいは依頼があり，相続人の相続分の範囲内であれば，とりあえず決済してもよいといえよう。

　判例は，被相続人から税金の口座振替の依頼を受けていた銀行が，その死亡を知った後に自動振替を行ったことにつき，特別なことがないかぎり事務管理として有効としたものがある。

⑶　当座預金からの手形・小切手の引落し

　当座勘定取引は委任契約を含んでいることから，取引先の死亡により取引は終了し（民法653条1号），銀行はその後に呈示された手形・小切手を支払う義務を負わない。手形・小切手の引落しはできなくなるが，相続人全員からの依頼があれば支払ってもさしつかえない。

　なお，委任の終了は，善意の受任者に対抗できないとされているので（民法655条），銀行が取引先の死亡を知らないで決済した場合には免責される。

補足

公共料金の口座振替契約は委任契約であり，預金者の死亡によって法律上終了するが，相続人の同意や依頼があれば引き続き決済してさしつかえない。

第1編

9　預金者の死亡（相続預金の支払）　　**59**

実務上は，銀行が当座勘定取引先の死亡を知ったときは，その後の決済は原則として行わず，当座勘定規定でも，取引終了後は終了前に振り出された小切手，約束手形または引き受けられた為替手形の支払義務を負わないことを定めている（当座勘定規定24条1項）。また，手形交換においても，取引先の死亡後に交換呈示された手形・小切手は「振出人等の死亡」の事由で不渡返還し，不渡処分の対象外としている。

⑷　**相続人が不存在の場合**

　相続人が不存在の場合には，相続財産は法人となり（民法951条），家庭裁判所により選任された相続財産管理人（同法952条1項）が，国庫に帰属するまで管理する（同法953条・959条）。

預金者が死亡したことを知ったときは，預金の払戻を停止し，正当な相続人等権利者を確認のうえ名義変更等の手続をとります。

理解度チェック

❶ 遺産分割について相続開始の時から5年を超えない期間を定めて禁止する旨の遺言が残されている場合には，銀行はその期間内に行われた遺産分割協議に従った相続手続は避けなければならない。

❷ 相続開始時に胎児であった者は，その後生まれたとしても相続権はない。

解答　❶ ○
　　　　❷ ×　胎児には相続権があり，相続開始後に生まれた被相続人の子は相続人となる。

直近5回試験の出題頻度 ★★★★★

10 預金の差押え

1 民事上の強制執行による差押え

(1) 強制執行・債務名義の意義

強制執行は、国家権力の発動によって債権者の満足を強制的に実現するための制度で、誰でもが勝手にできるものではなく、債権者が強制執行を国に請求するためには、その債権について公的に証明されたものを有していることが必要であり、この公的に証明されたものを**債務名義**という。

債務名義は、強制執行に関する手続を定めた民事執行法22条に定められており、確定判決、仮執行宣言付判決、仮執行宣言付支払督促、強制執行認諾文言付公正証書（執行証書）などがある。

この強制執行は、動産や不動産だけでなく、債務者が第三者（第

関連過去問題
- 2022年10月 問7・問9
- 2022年6月 問8
- 2021年10月 問6
- 2021年6月 問8・問9
- 2021年3月 問10

重要用語
強制執行

重要用語
債務名義

● 民事執行法による債権執行手続き
　債権者が、債務者の預金のある金融機関を第三債務者として当該預金を差押え、それを直接取り立てることにより、債権の回収を図る手続きをいう。

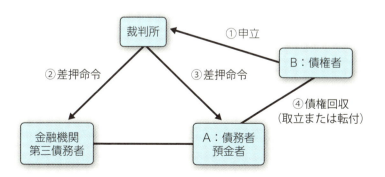

三債務者という）に対して有する債権も対象になり，銀行を第三債務者とする預金や異議申立預託金については，債権者による強制執行の対象とされることが多い。

⑵　差押命令

債務者ＺのＹ銀行に対する預金債権について，Ｚの債権者Ｘが差押えの申立をした場合を例に以下に説明する。

預金債権に対する強制執行は，原則として債務者Ｚの住所地を管轄する地方裁判所に対して申し立て，差押命令を出してもらうことにより開始される。差押命令は，債務者Ｚと第三債務者であるＹ銀行の双方に送達され（民事執行法145条3項），第三債務者であるＹ銀行に送達された時にその効力が生じる（同法145条5項）。その内容は，債務者Ｚに対してはＹ銀行に対する預金債権の取立その他の処分を禁止し，Ｙ銀行に対しては預金者Ｚに対する預金債務の弁済を禁止することを命じるものである（同法145条1項）。

このため，差押債権者は，差押命令の申立時に銀行がすみやかにかつ確実に被差押債権を識別できる程度に差押債権を特定しなければならない。

銀行としては，差押命令を受けたときは，ただちに差押預金等の支払を禁止することになる。もし，銀行がこれに反して差押預金等を預金者に支払うと，銀行は差押債権者に二重払いをしなければならないことになる（民法481条）。

なお，差押命令の効力は，第三債務者であるＹ銀行に送達された時に生じるので，差押命令の送達時点は重要な意味をもち，普通預金や当座預金に入金や振込入金があった場合には，差押命令の送達時より前であれば差押えの効力が振込金にも及び，送達時より後の振込であれば及ばないことになる。また，差押後に生じる利息にも及ぶことになるが，差押前にすでに発生している利息はあらためて差押債権としなければその効力は及ばない。したが

> **補足**
>
> 預金に対する差押命令は，銀行と債務者（預金者）の双方に送達され，銀行に送達された時に差押えの効力が生じ，債務者に送達されてから1週間経過後に取立権が生じる。

って、利息支払期前に差押えがあれば、差押後に発生する部分についてのみ差押えの効力が及ぶ。これらのことから、銀行としては、差押命令が送達された場合、その年月日のほか、送達時刻まで正確に記録しておくことが必要になる。

さらに、通常、差押命令は、差押対象の預金のある店舗に送達されるが、支店にある預金の差押命令が本店に送達されたり、本店に支店名の記載のない差押命令が送達されたりした場合、これらはいずれも有効であるので注意する必要がある。なお、全国に支店のある銀行に対し、店舗を特定せず全店を対象として差押えを申し立てることは、店舗別に順位付がなされていても差押債権の特定を欠き不適法とされている。

預金等を差し押さえた差押債権者は、債務者に差押命令が送達された日から1週間を経過したときは、これを取り立てることができる（民事執行法155条1項）。この1週間の期間は、債務者（預金者）に不服を申し立てる期間を与えるためのものである。ところで、定期預金が差し押さえられた場合には、銀行は定期預金の満期前に差押債権者から払戻請求を受けても満期が到来するまでは、期限の利益を主張することができ、これに応じる必要はないと解されている。また、他の差押えとの競合の有無にかかわらず、差押えにかかる預金金額を供託所に供託することができる。なお、租税の滞納処分が行われている預金に対しても重ねて民事執行法による差押えを行うことができる。

差押命令の効力は、第三債務者である金融機関に送達された時に生じることを押さえておきましょう。

(3) 仮差押命令

強制執行をするには、前記のとおり確定判決等の債務名義が必

要になるが，これを得るためには，それなりの時間を要する。このため，債務名義を取得するまでの間に債務者が財産を隠匿したり処分したりしてしまうと，強制執行の目的物がなくなってしまうことがある。そこで，将来の強制執行を保全するために仮差押えの制度がある（民事保全法50条）。

　この仮差押命令も，第三債務者である銀行に送達された時にその効力を生じ，預金や異議申立預託金について仮差押命令が銀行に送達されたときは，預金者への預金等の払戻しが禁止される。

　また，定期預金に対する仮差押命令は定期預金の満期日が到来していなくても発することができ，自動継続定期預金が仮に差し押えられた場合には，満期が到来していれば自動継続される（最判平成13・3・16金融・商事判例1118号3頁）。なお，仮差押命令の債権者には，差押命令のように預金等を取り立てる権限が生じることはない。

預金に対する仮差押命令も第三債務者である金融機関に送達された時に効力が生じますが、差押命令と異なり、取立権が生じることはありません。

(4) 陳述の催告

　通常，仮差押命令や差押命令とともに第三債務者である銀行に陳述の催告書が送達される。この場合，銀行は，送達日後2週間以内に陳述書を作成して執行裁判所書記官宛てに提出しなければならない（民事執行法147条1項）。この催告に対して銀行が故意または過失により陳述をしなかったり，虚偽や不完全な陳述をすると，銀行はそれによって生じた損害を賠償する責を負うことになる（同法147条2項）。

　陳述する事項は，次のとおりである。

① 仮差押えや差押えにかかる預金等の債権があるかないか
② 上記①がある場合にはその債権の種類
③ 銀行に弁済の意思があるかないか
④ 弁済する場合の範囲または弁済しない場合の理由（たとえば反対債権による相殺予定があるなど）
⑤ 差押預金等について差押債権者に優先する権利（たとえば預金に質権者がいる）がある場合にその内容
⑥ 他に仮差押えや差押え，滞納処分による差押えがなされていないかどうか等

なお，陳述書に相殺をする予定と記載しなかった場合も，相殺をすることはできる。

(5) 転付命令

差押命令を得た債権者は，同時にあるいは後日，裁判所への申立により転付命令を得ることができる。**転付命令**は，預金等の被差押債権を券面額で差押債務者から差押債権者に移転させる命令である。これにより，その金額の限度で債務者に対する債権も弁済されたものとみなされる（民事執行法160条）。

重要用語
転付命令

転付命令が確定した場合，差押債権者の債権等は転付命令が第三債務者（銀行）に送達された時に弁済されたものとみなされる。

預金の場合には，あたかも預金債権が債務者から債権者に強制的に譲渡されたものと同じことになるわけであるが，これと預金の譲渡禁止特約の関係について，判例は，「このような特約は転付命令の場合には効力をもたない」としている（最判昭和45・4・10金融・商事判例209号6頁）。預金者の債権者が差押・転付命令を取得したときは，転付命令が確定すれば転付債権者は善意・悪意にかかわらず預金債権を取り立てることができる。

転付命令に対しても，債務者にこれが送達されてから1週間以内に執行抗告をすることができ，この間に執行抗告がないと転付

命令は確定し，被差押債権は債権者に移転する。

なお，差押命令が競合している場合に，その後に先行する差押債権者が転付命令を得ても，転付命令の効力は生じない（民事執行法159条3項）。また，転付命令が第三債務者に送達される時までに転付命令にかかる金銭債権について他の債権者が差押え，仮差押えの執行または配当要求をしたときは，転付命令は効力を生じない。

転付命令とは、預金等の被差押債権を券面額で差押債務者から差押債権者に移転させる命令のことです。

2 租税の滞納処分による差押え

税金が滞納されたときに，税務署等の徴税機関に認められた徴収方法としての国税徴収法にもとづく差押えがある（国税徴収法67条1項）。なお，国税以外に地方税や社会保険料の滞納の場合にも認められ，この場合も含めて一般に滞納処分による差押えといっている。

重要用語
滞納処分による差押え

この滞納処分による差押えも，民事執行法にもとづく差押えと同様に，第三債務者である銀行に債権差押通知書が送達された時に効力を生じ，銀行は預金者に対して弁済することが禁止され，預金者も預金の取立や処分を禁止される。ただし，民事執行法にもとづく差押えと異なるのは，租税を賦課する税務官庁が，自らその実現を図る自力執行であり，行政処分として執行する強制行為であるから債務名義を必要としない点と，差押債権者である税務署（税務署の徴税職員）に差押えと同時に取立権が生じる点であり（国税徴収法67条1項），期限のない普通預金や当座預金については，差押えと同時に徴収職員に取立権を行使される。

なお，滞納処分による預金の差押えは，全額差押えが原則であることから，滞納税金額を超えた差押えもあることに注意する必要がある。

3 （仮）差押えの競合

⑴ （仮）差押えの競合

（仮）差押えの競合とは，同一の預金等に対してすでに（仮）差押命令がきているところに，他から（仮）差押命令がくるといったように，複数の債権者が同一の債権を別々に（仮）差押えした結果，各債権者による差押金額が被差押債権の金額を超える状態になることをいう。

たとえば，定期預金200万円に対して，Ｘが150万円の差押え（一部差押え）をした後に他の債権者Ｚが50万円を超える差押えをすると，差押えの競合となる。また，この例でＸが200万円の差押えをした（全部差押え）後にＺが1円以上の差押え（一部差押え）をすれば，差押えの競合になる。これは，（仮）差押えの競合が生じたときは，各（仮）差押えの効力はその債権の全部に及ぶとされているためである（民事執行法149条，民事保全法50条5項）。

なお，先になされた差押えを先行の差押え，後からなされた差押えを後行の差押えといい，先行，後行とも差押命令のほかに，先行，後行のいずれかが仮差押えの場合にも差押えの競合になる。

⑵ （仮）差押えの競合にならない場合

先行の差押・転付命令が送達された後に，後行の仮差押命令や差押命令が送達された場合に，先行の転付命令が確定したときは送達時にさかのぼって転付債権者に移転するので，転付された預金部分については，後行の仮差押命令や差押命令は空振りとなり競合にはならない。

補足

同一の預金に対し複数の(仮)差押えがあり，その合計額が預金額を超えると(仮)差押えの競合となる。

第1編

10 預金の差押え 67

また，先行の差押えに対して銀行がすでに支払ったり供託をしたりした後に，後行の仮差押命令や差押命令が送達された場合にも競合にならない。

差押債権者が銀行を相手に差し押さえた預金の取立訴訟を提起し，その訴状が送達された後に後行の仮差押命令や差押命令が送達された場合にも，同様に競合にならない。

(3) （仮）差押えの競合と供託

預金等について（仮）差押えの競合が生じたときは，銀行は預金等の全額に相当する金銭を預金債務の履行地の供託所に供託しなければならない。これを**義務供託**という。なお，この場合，差押預金等に期限があり弁済期が未到来であるときは，弁済期が到来したときに供託すれば足りる。また，仮差押え同士が競合した場合には，この義務供託をする必要はないと解されているが，銀行が任意に供託する（権利供託）ことはできる（民事保全法50条5項，民事執行法156条1項）。

なお，差押えの競合がない場合でも，銀行は差押えにかかる預金債権の全額に相当する金銭を供託することができる。そして，供託をしたら，銀行は供託書の正本を添えて事情届を執行裁判所に提出する。この提出先は，仮差押え同士，差押え同士の競合の場合には，先行の（仮）差押命令を発した執行裁判所になり，仮差押えと差押えの場合には，差押命令を発した執行裁判所になる。

以上により銀行が供託した後に，さらにその預金について仮差押命令や差押命令が送達されても，銀行は無視してよい。

義務供託

（仮）差押えの競合が生じた場合の対応について、確認しておきましょう。

⑷　**租税の滞納処分と民事執行法による強制執行の調整**

　同一の預金債権について，租税の滞納処分による差押通知書と強制執行による（仮）差押命令や転付命令が重複した場合に銀行はどう対応したらよいかが問題になる。このことについては「滞納処分と強制執行等との手続の調整に関する法律」（滞調法）により，次のとおり調整されている。

①　仮差押命令と滞納処分

　仮差押命令と滞納処分とが競合した場合の優劣関係は，いずれが先行する場合も滞納処分が優先する。すなわち，預金100万円についてＺが50万円の仮差押えをした後に70万円の滞納処分による差押えがあった場合や70万円の滞納処分による差押え後にＺが50万円の仮差押えをした場合には，銀行としては滞納処分の効力の及ぶ範囲で徴収職員の取立に応じ，残金があるときにはその残金については支払禁止措置をとることになる。なお，この場合，銀行は当該預金全額につき供託することもできる。

②　差押命令と滞納処分

㋐　強制執行による差押命令より滞納処分による差押えのほうが先行する場合，すなわち預金100万円について70万円の滞納処分による差押えがあった後にＺが40万円の差押えをした場合には，Ｚの差押えは預金100万円の全額に拡大するが，滞納処分による差押えの方が優先する。したがって，銀行としては滞納処分の効力の及ぶ範囲で徴収職員の取立に応じ，残金があるときの残金については差押債権者に支払う。なお，この場合も，銀行は当該預金全額につき供託することもできる。

㋑　滞納処分による差押えより強制執行による差押命令のほうが先行する場合，すなわち，預金100万円についてＺが40万円の差押えをした後に70万円の滞納処分による差押えがあっ

補足

仮差押えと滞納処分の競合では滞納処分が優先し，差押えと滞納処分の競合では，滞納処分先行では滞納処分優先，差押え先行では優先権なしで義務供託となる。

た場合には，いずれも優先権を主張することができないことになっており，銀行は預金全額を供託しなければならないことになる。

③　転付命令と滞納処分

滞納処分による差押えが先行する場合には滞納処分が優先し，後行の転付は効力を生じず，後行が差押・転付命令の場合には転付部分が効力を生じなくなり，たんなる差押えとの競合となり②㋐と同じ扱いになる。これに対して，差押・転付命令が先行する場合に転付命令が確定すると，その効力は転付命令送達時にさかのぼって，その時点で預金債権は転付債権者に移転するので，後行の滞納処分による差押えは転付された預金の範囲内で無効になる。

租税の滞納処分と（仮）差押命令等が重複した場合の対応について、整理しておきましょう。

直近5回試験の出題頻度 ★☆☆☆☆

11 | 預金の譲渡・質入

1 預金債権の譲渡

関連過去問題
📝2021年10月
問10

　一般の債権は譲渡性があるとされ，債権譲渡の方法により譲渡することができる。改正民法では，当事者が譲渡禁止（または譲渡制限）の意思表示をしても，債権譲渡の効力は妨げられないと定められた（民法466条1項，2項）。

　一方，自由に預金債権の譲渡を認めると預金者の認定が困難になることや貸出債権との相殺ができなくなることなど，預金債権の特殊性に配慮して，従来の譲渡禁止特約の絶対的効力を維持する特則が設けられた（民法466条の5）。これにより，譲渡禁止特約があることを譲受人その他の第三者が知っていたとき，または重大な過失により知らなかったときは，第三債務者である銀行はそれらの者に譲渡禁止（または譲渡制限）特約を対抗することができることとされた。

　判例は，預金が譲渡禁止とされていることは今日では周知の事実とされ，少なくとも銀行取引の経験がある者が譲受人であれば，悪意か，または善意であったとしても譲渡禁止の特約の存在を知らなかったことにつき重大な過失があるとされ，この場合には譲渡の効力は生じないとしている（最判昭和48・7・19金融・商事判例383号7頁）。

　なお，譲渡禁止の特約については私人間の契約であることから，これにより公的な手続である転付命令について，譲渡禁止の特約をもって，その無効を差押債権者に対抗することはできないとさ

💡 **補足**

預金債権には譲渡禁止の特約が付されており，このことは周知の事実ということができるが，銀行が承諾すれば有効に譲渡することができる。

れている。

　ところで，譲渡禁止の特約がなされているからといって，いかなる場合も譲渡ができないものではなく，銀行が承諾すれば譲渡することができる。譲渡契約は預金者である譲渡人と譲受人との間の契約によって行われ，これを債務者である銀行に対抗できるようにするためには，銀行に対して譲渡人から譲渡の通知をするか，または債務者である銀行が承諾をすることが必要である（民法467条1項）。さらに，銀行以外の第三者にも対抗するためには譲渡の通知または承諾書に確定日付をとることが必要になる（同法467条2項）。実務では，譲渡人と譲受人との連署による承諾依頼書2通の提出を受け，その1通に銀行の承諾の奥書をして交付する方法によっている。

> **補足**
>
> 預金債権には質入禁止の特約が付されているが，銀行がやむをえないものと認めたときは，銀行所定の書式により行う。

2　預金債権の質入

　預金債権にも質権を設定することができるが，譲渡と同じように，譲渡性預金を除き，各種の預金規定により預金債権の質入禁止の特約をしている。この質入禁止の特約についても，譲渡と同様に，特約の存在について善意・無重過失の質権者以外の者は銀行の承諾のない限り質権を設定することはできず，この場合の善意・無重過失については，預金債権の譲渡と同一の判断基準によってさしつかえない。

　なお，各種の預金規定では，銀行がやむをえないものと認めたときは質入を承諾し，その場合には銀行所定の書式により行う旨を定めており，質入禁止の特約をしていても，この特約を個別に解除して承諾をすれば預金債権も質入が可能となる。その場合に通常は質権設定者と質権者との連署による銀行所定の承諾依頼書2通の提出を受け，その1通に承諾の奥書をして交付する。

預金債権にも質権を設定することができますが,譲渡と同じように,譲渡性預金を除き,各種の預金規定により預金債権の質入禁止特約をしています。

直近5回試験の出題頻度　★☆☆☆☆

12 | 普通預金の強制解約

関連過去問題
✎2022年10月
問8

　普通預金口座が犯罪等の資金確保等不正な目的に利用されることなどを防止するために，普通預金規定10条2項では，次のとおり銀行から普通預金取引を強制的に解約することができる場合を定めている。

> 普通預金規定10条
> (2)　次の各号の一にでも該当した場合には，当行はこの預金取引を停止し，または預金者に通知することによりこの預金口座を解約することができるものとします。なお，通知により解約する場合，到達のいかんにかかわらず，当行が解約の通知を届出のあった氏名，住所に宛てて発信した時に解約されたものとします。
> ①　この預金口座の名義人が存在しないことが明らかになった場合または預金口座の名義人の意思によらずに開設されたことが明らかになった場合
> ②　この預金の預金者が前条第1項に違反した場合（譲渡，質入れの禁止規定の違反を指す。）
> ③　この預金が法令や公序良俗に反する行為に利用され，またはそのおそれがあると認められる場合

補足
普通預金規定では，住所その他の届出事項に変更があった場合は，ただちに書面で届け出ることとしているが，この届出義務を怠ったことは解約事由とされていない。

　同条3項では，次のように定めている。

> 　この預金が当行が別途表示する一定の期間預金者による利用がなく，かつ残高が一定の金額を超えることがない場合には，当行はこの預金取引を停止し，または預金者に通知することに

> よりこの預金口座を解約することができるものとします。また，法令に基づく場合にも同様にできるものとします（下線部分は銀行により異なる）。

　また，普通預金規定にいわゆる暴力団排除条項を盛り込んでいる場合にも，当該条項に該当したときには，上記と同様に解約することができる。

　以上の2項・3項および暴力団排除条項により強制解約された普通預金口座に残高がある場合に，預金者はその払戻請求をするとき，またはこの預金取引が停止されて，その解除を求める場合には，通帳を持参して取引店に申し出ることが必要になり，この場合に，銀行は相当の期間をおいて必要な書類の提出または保証人を求めることがある旨を同条4項に定めている。

　以上の定めにより，普通預金取引を解約する場合の銀行からの預金者に対する解約通知は，実務では配達証明付内容証明郵便で行っている。

> 普通預金規定では，銀行から普通預金取引を強制的に解約することができる場合を定めています。

 補足
預金者が預金通帳を紛失したとき，銀行所定の手続きに従って払戻し，解約または通帳の再発行を行うが，預金者の意思にかかわらず銀行が一方的に解約することはできない。

　なお，暴力団排除条項では，銀行は預金口座の開設を申し込んだ者が，反社会的勢力に該当する場合は預金口座の開設を拒絶しなければならないとするとともに，預金者が暴力団員であることが判明した場合など預金者との取引を継続することが不適切である場合には，銀行は預金口座を解約することができる，とされているが，預金者の親族についてはこのような規定はないので，親族に暴力団がいる事実が判明しただけでは，銀行は普通預金契約を解約することはできない。

また，預金者が自らまたは第三者を利用して法的な責任を超えた不当な要求行為をし，取引を継続することが不適切な場合には，銀行は預金口座を解約できる。なお，普通預金規定には預金者について破産手続開始決定がなされたときに解約できるという規定はない。

理解度チェック

❶ 普通預金規定にもとづく強制解約について，普通預金の預金者が破産手続開始決定を受けたときは，銀行は当該預金者の普通預金口座を解約できる。
❷ 普通預金規定にもとづく強制解約について，普通預金口座の名義人が存在しないことが明らかになったときは，銀行は当該普通預金口座を解約できる。
❸ 普通預金規定にもとづく強制解約について，普通預金が法令や公序良俗に反する行為に利用され，またはそのおそれがあると認められるときは，銀行は当該普通預金口座を解約できる。

解答　❶ ×　普通預金規定に，預金者について破産手続開始決定がなされたときに解約できるとする規定はない。
　　　　❷ ○
　　　　❸ ○

直近5回試験の出題頻度 ★★★☆☆

13 | 各種預金

1 普通預金

普通預金は，預金者が任意の時期に預入と払戻しができる要求払預金であり，その法的性質は返還の時期の定めのない消費寄託契約と解されている。普通預金債権は，個々の預入ごとに預金債権が成立するのではなく，つねに預金残高に対して1個の預金債権が成立すると解されている。

普通預金の預入金額は1円以上で，利息は年2回元本に組み入れる方法で支払われ，現金，手形・小切手のほか，給与・配当金その他の振込金も受け入れるほか，公共料金等の自動支払にも利用でき，金銭の保管のみならず，各種の機能・サービスとセットされ，広く決済機能の中心的な役割を果たしている預金である。

2 貯蓄預金

貯蓄預金は，平成4年6月に流動性預金自由化の第一歩として取扱いが開始された商品で，その名のとおり貯蓄を目的とした預金である。このため，預金の金利は預金残高が一定の基準残高を下回らないことを条件に普通預金より高めに設定されており，基準残高が大きな金額の貯蓄預金については高い金利が適用される一方，1か月の払戻回数に制限を設け，一定回数を超えると支払手数料を必要とするものもある。

貯蓄預金の取扱対象は個人のみであり，為替による通常の振込金の受入れはできるが，給与・各種年金の振込，株式・信託の配

関連過去問題
- 2022年10月 問6
- 2021年10月 問7
- 2021年3月 問6

重要用語
普通預金

補足
普通預金は，預金全体が1個の債権であり，残高がなくなっても取引は終了しない。

重要用語
貯蓄預金

当金，投資信託の分配金，保護預り国債・社債等の元利金にかかる自動振込，同時に100件以上の取扱いを行う総合振込入金，公共料金の払込等契約にもとづく継続的な自動振替・振込出金，総合口座の取扱いは行うことができないことになっている（平成10.6金融監督庁通達）。

3 通知預金

🔖 **重要用語**

通知預金

通知預金は，預入期間の定めはないが，預入日から一定期間の据置きと払戻予告を必要とする預金で，通帳式と証書式がある。通帳式によるものでも1口の預金ごとに預金債権が成立し，1口の通知預金の一部についての払戻しができないことなどが普通預金と異なる。

4 定期預金

🔖 **重要用語**

定期預金

定期預金は，あらかじめ預入期間を定め，その満期（期日）前には払戻しをしない期限付きの預金で，銀行は満期まで支払義務を負わないことから期限の利益を有する。その期間・金利等商品設計については各銀行の自由になっている。

預金債権については，普通預金と異なり，個々の預入ごとに預金契約が成立し，預金債権も個々の預入ごとに独立して存在する。

満期日の計算方法については，銀行は月計算を基礎として預入日の応当日を満期日とする方法によっており，応当日のないときはその月の末日をもって満期日とし，満期日の応当日が休日のときでもその日を満期日として，民法の期間計算と異なる取扱いをしている。

定期預金の書替継続には元加書替・同額書替・増額書替および減額書替があるが，このうち，増額書替以外は預金の同一性は失われないと解されており，質権は書替継続後の定期預金に及ぶと

されているが（最判昭和40・10・7金融・商事判例529号194頁），増額書替をしたときは質権の効力が及ばなくなると解されている。

　なお，自動書替継続の特約が付いている定期預金が仮差押えを受けた後の書替継続は正当とした判例がある（最判平成13・3・16金融・商事判例1118号3頁）。

5　譲渡性預金

　譲渡性預金は，預金者が自由に預金を譲渡することができるという預金で，その譲渡方法は民法に定める債権譲渡の方法による。実務上は，各銀行所定の譲渡通知書に譲渡人の届出印による記名捺印ならびに譲受人の記名捺印をしたうえ，これに確定日付を付して，遅滞なく預金証書とともに証書発行店に提出してもらい，証書発行店は証書に譲渡についての確認印を押印のうえ，譲渡通知書で指定された者に交付するという取扱いをしている。なお，いつでも譲渡ができるわけであるから，期限前解約や発行銀行による買取償却は認められていない。

重要用語
譲渡性預金

各種預金の内容をしっかり把握しておきましょう。

6　当座預金

(1)　当座預金と当座勘定

　当座預金は，取引先が振り出した小切手・約束手形または引き受けた為替手形が支払呈示されたときの支払資金として，当座勘定に受け入れられた預金である。他の預金とは異なり，手形・小切手の支払資金として利用され，利息が付かない。

重要用語
当座預金

重要用語
当座勘定

⑵ 当座勘定取引契約の法的性質

当座勘定取引契約の法的性質については，手形・小切手の支払を委託する委任契約と消費寄託契約（またはその予約）の混合契約であるとするのが多数説である。銀行は委任契約の受任者として委任の本旨に従い，善良なる管理者としての注意をもって委任事務を処理する義務を負う（民法644条）とともに，消費寄託契約上の債務として当座預金債務を負うことになる。この当座勘定取引における銀行と取引先との間の権利義務関係等については，「当座勘定規定」に定めるところにより取り扱われる。

なお，この支払委託契約により，銀行は当座勘定取引先に対して支払呈示された手形・小切手の支払義務を負うが，手形・小切手の所持人に対して支払義務を負うものではない。

⑶ 当座勘定の開設時の注意点

当座勘定の開設にあたっては，犯罪収益移転防止法による本人確認のほかに，手形・小切手の支払委託を含むことから，取引の相手方については権利能力や行為能力の確認（法人の場合には代表権，代理人届などの確認）をはじめ，信用状態の調査を行い，信用の十分な者と取引をすることが求められる。

とくに手形・小切手の信用秩序を維持するための統一手形用紙・小切手用紙制度のもとでは，これらの用紙は銀行の信用調査等をパスした優良取引先に対してのみ交付され，きわめて信用の高いものとなっている。このため，統一手形用紙・小切手用紙を第三者に高い価格で売却することを目的として当座勘定を開設する当座開設屋に注意する必要がある。この統一手形用紙・小切手用紙については，取引先から請求があった場合には，銀行は必要と認められる枚数を実費で交付することになっている。

なお，銀行は，電子交換所の取引停止処分を受けている者と当座勘定取引をすることは禁止されているので，開設依頼人が銀行

重要用語

当座勘定取引契約

重要用語

善良なる管理者としての注意

！注意

当座勘定の開設にあたっては，当座開設屋等不正使用目的の者に注意し，損害賠償責任を問われないようにしなければならない。

取引停止処分を受けていない者であることも確認する必要がある。

(4) 当座勘定への受入れ

① 当座勘定への受入れ

当座勘定へは、普通預金等の預金と同じように、現金のほか、手形・小切手、その他の証券類でただちに取立のできるものを受け入れることができる（当座勘定規定1条1項）。

手形・小切手の要件については取引先に白地補充をしてもらうことにしており、銀行には白地補充の義務のないこと、および裏書等の必要のあるものについては、その手続を取引先が済ませておくものとしている（当座勘定規定1条2項・3項）。また、受入証券類については、銀行で取り立てて、不渡返還時限の経過後にその決済を確認したうえでなければ支払資金としないこと、受入店を支払場所とする証券類については、受入店でその日のうちに決済を確認したうえでなければ支払資金としないことを定めている（同規定2条）。そして、手形・小切手を受け入れ、または支払う場合の金額の取扱いについては、手形法・小切手法の定めと異なり、複記のいかんにかかわらず、所定の金額欄記載の金額によることになっている（同規定6条）。

なお、振出日が白地の手形・小切手については、後記(5)⑤の定めがあることの関係から、当座勘定に受け入れることができる。

銀行には、受け入れた手形・小切手の白地補充をする義務はありません。

② 受入証券類の不渡り

当座勘定に受け入れた手形・小切手が不渡りになった場合の取扱いについては、まず直ちにその旨を本人に通知するとともに、その金額を当座勘定元帳から引き落とすことになっている（当座勘定規定5条1項本文）。本人へ不渡りの旨を通知することは委任

契約の受任者としての法的義務である（民法644条）。

そして，不渡りとなった証券類はその証券類を受け入れた店舗または振込を受け付けた店舗で返却することにしている（当座勘定規定5条1項本文後段）。

不渡証券類の権利保全手続については，あらかじめ書面によって依頼を受けたものに限り行うことにしている（当座勘定規定5条2項）。

⑸ 当座勘定の支払

取引先が振り出した約束手形・小切手や引き受けた為替手形が支払のため呈示されたときは，銀行は当座勘定から支払う（当座勘定規定7条）。

この支払は取引先との間の支払委託契約にもとづくもので，銀行は善良なる管理者としての注意をもってその支払事務にあたる義務を負うことになる。

① 手形・小切手の支払

当座勘定規定7条では，小切手が支払のために呈示された場合，または手形が呈示期間内に支払のために呈示された場合には，当座勘定から支払う旨を定めている。

小切手については，支払呈示期間（10日間，振出日は不算入）経過後の支払呈示であっても，小切手法32条2項により支払委託の取消がないかぎり，銀行は支払うことができるのに対し，手形の場合には，支払呈示期間（支払をなすべき日またはその日に次ぐ2取引日）内の支払呈示が適法な支払呈示になることから（手形法38条・77条1項3号），支払呈示期間内に支払呈示されたときに支払うことを定めている。

なお，店頭呈示された小切手については，現金に代わる支払手段としての小切手の一覧払証券性から支払うのが一般的である。一方，手形については法律上店頭支払が禁止されているわけでは

ないが，所持人と受取人（被裏書人）との同一性の確認など，事故防止上の観点から支払わない取扱いが一般的になっている。

また，取引先本人が当座勘定から払い戻す場合にも，小切手を使用することを定め，現金による払戻しはしないこととしている。

小切手は支払呈示期間経過後も支払委託の取消がないかぎり支払います。手形は支払呈示期間内の支払呈示のみ支払います。

② 手形・小切手用紙

当座勘定規定8条では，小切手・約束手形の振出および為替手形の引受にあたっては，銀行交付の用紙すなわち統一手形・小切手用紙によることを定めるとともに，その支払についても，同用紙によらない手形・小切手については銀行は支払わないことを定めている。

！ 注意
統一用紙によらない手形・小切手も法律上有効であるが，銀行は支払う義務を負わない。

③ 支払の範囲

当座勘定規定9条では，呈示された手形・小切手等の金額が当座勘定の支払資金を超えるときは，銀行は支払義務を負わないこと，および手形・小切手の金額の一部支払をしないことを定めている。しかし，支払資金の不足がわずかである場合にまでいっさい支払わないことにすると取引先が信用を失うなどの問題もあることから，銀行の裁量で支払資金を超えて手形・小切手の支払をすることを当座勘定規定11条に定めている。これを「過振り」という。

補足
銀行は手形・小切手の一部支払を行わず，裁量により過振りを行うことがある。

重要用語
過振り

④ 支払の選択

当座勘定規定10条では，同日に数通の手形・小切手等が支払呈示され，その総額が当座勘定の支払資金を超えるときは，そのいずれを支払うかを銀行の任意とする旨を定めている。

補足
振出日の記載がない小切手・確定日払手形または受取人の記載のない手形は，適法な支払呈示ができないが，当座勘定規定の特約により支払うこととしている。

⑤ 振出日・受取人記載もれの手形・小切手

当座勘定規定17条1項本文では、「手形、小切手を振出しまたは為替手形を引受ける場合には、手形要件、小切手要件をできるかぎり記載してください」と定めている。当然のことながら、手形法・小切手法上の手形要件・小切手要件を備えていないと、その手形・小切手は未完成の手形で、そのまま支払呈示しても適法な支払呈示とならず、呈示の効力が生じないとされているからである（最判昭和41・10・13金融・商事判例31号10頁ほか）。

　したがって、銀行は、手形要件・小切手要件を備えていない白地手形・白地小切手が支払呈示されたときは、「要件不備」により支払拒絶することができるが、実際には、小切手と確定日払手形の振出日および手形の受取人の記載については、白地のまま支払呈示されることが多く、支払呈示のたびに取引先に支払の可否を照会していたのでは銀行の大きな事務負担になる。そこで、当座勘定規定17条1項後段で「小切手もしくは確定日払の手形で振出日の記載のないものまたは手形で受取人の記載のないものが呈示されたときは、その都度連絡することなく支払うことができる」と定めるとともに、同2項で、このような取扱いによって生じた損害については銀行は責任を負わないことを特約している。

　なお、資金不足などの事由で不渡りになると、適法な支払呈示を欠き、所持人は遡求権を保全できないことになる。

　⑥　線引小切手の裏判

　当座勘定規定18条では、線引小切手が支払呈示された場合に、その裏面に届出印の押捺（または届出の署名）があるときは、その持参人に支払うこと、およびこの取扱いによって生じた損害についての銀行の免責を定めている。線引小切手について、小切手法では、支払人である銀行は自己の取引先に対してのみ支払を認め、非取引先への支払を禁止している（小切手法38条1項・2項）。このため、銀行は、取引先でない者から線引小切手の店頭呈示を

補足

裏判のある線引小切手の支払により正当な権利者に損害が生じると、銀行には損害賠償責任が生じるが、それを当座勘定取引先に求償することができる旨特約している。

受けたときは支払を拒絶しなければならない。しかし，古くからの慣行で，裏面に届出印の押捺または届出の署名がある線引小切手を支払ってきたことから，このことを規定化したものである。

なお，線引の効力を排除する旨の合意は，その当事者間では有効と解されているが（最判昭和29・10・29金融・商事判例529号13頁），小切手法は線引の抹消を認めず（小切手法37条5項），線引小切手に関する小切手法38条の規定を遵守しない銀行は，これによって生じた損害について小切手金額を限度に賠償する責任を負うものとしている（同法38条5項）。このため，銀行が裏面に届出印の押捺または届出の署名のある線引小切手を支払ったところ，その者が正当な権利者から盗取するなど不正な方法で線引小切手を入手した者であったときは，正当な権利者から損害賠償を請求されることになる。そこで，線引小切手の裏面に届出印の押捺または届出の署名をした振出人にその責任を負ってもらうこととし，銀行が当座勘定取引先以外の第三者に損害賠償をしたときは，それを当座勘定取引先に求償できる旨を定めている（当座勘定規定18条2項）。

⑹ 当座勘定取引の解約・終了

① 当座勘定取引の解約

当座勘定取引は前記のとおり，委任契約の法的性質を有しており，委任契約は当事者がいつでも解除することができることから（民法651条），当座勘定規定でも，これを受けて銀行，取引先のいずれかの都合でいつでも解約することができる旨を定めている（当座勘定規定23条1項本文）。この当事者の合意による**合意解約**の場合には，取引先からの解約の通知は本人の真意を確認する意味から書面によることになっている（同条同項ただし書）。

次に，取引先が不渡手形を出すなど信用を欠くにいたり銀行の信用を維持する必要がある場合に，銀行から一方的に解約する**強**

🔅 補足

銀行からの当座勘定取引の解約通知が届かなくても「みなし到達」規定により到達したものとされ，さらに取引先の取引停止処分による解約では解約通知の「発信」時に解約となる。

📖 重要用語

合意解約

📖 重要用語

強制解約

---

13 各種預金 **85**

制解約がある。この強制解約については，次の2点に留意する必要がある。その1つは，民法では，委任契約の解除についてやむをえない事由があるときを除き，相手方に不利な時期に解除したときには，損害賠償責任を負うことがある点である（民法651条2項）。その2は，解約の通知をする必要がある点である。そこで，銀行から解約する場合に，解約通知を届出の住所に宛てて発信したところ，住所変更等の連絡がなく到達しない場合もあるので，この通知が延着したり到達しなかったときは，通常到達すべき時に到達したものとみなすという「みなし到達」規定を定めている（当座勘定規定23条2項）。

さらに，取引先が電子交換所の銀行取引停止処分を受けたときは，電子交換所規則により，銀行はその者との当座勘定取引を2年間禁止される。この取引禁止は電子交換所規則により確定しているので，銀行がその通知を発信した時に解約されたものとする（発信主義）ことを定めている（当座勘定規定23条3項）。

② 当座勘定取引の終了

委任契約は，委任者または受任者の死亡または破産手続開始により終了する（民法653条）。したがって，当座勘定取引先が死亡したり破産手続が開始したりした場合には，その時点で当座勘定取引は当然に終了する。なお，当座勘定取引先の死亡と手形・小切手の取扱いについては，「❾預金者の死亡」の項を参照のこと。

③ 未使用手形用紙・小切手用紙の取扱い

当座勘定取引が終了した場合に，当座勘定規定では，未使用の手形用紙や小切手用紙はただちに銀行に返却するものとする取引先の返却義務を定めている（当座勘定規定24条2項）。

この未使用手形用紙・小切手用紙の回収について，判例は，銀行にはそれらを回収する法的義務はないとしている（最判昭和59・9・21金融・商事判例707号3頁）が，悪用されないために

補足

銀行が解約する場合の解約の通知は，規定上は書面による必要はない。

重要用語

みなし到達

重要用語

発信主義

補足

未使用の手形用紙・小切手用紙が悪用されて第三者に損害が生じても，それだけで銀行が損害を賠償する義務を負わない。

も銀行としては取引先に返却を求めるなど回収の努力をする必要がある。

⑺　当座勘定規定の改定

2022年11月の電子交換所による交換決済の開始に伴い，銀行間の手形・小切手の交換業務がイメージデータ（電磁的記録による画像）の送受信によって行われることを受けて，画像による印鑑照合，統一手形・小切手用紙であることの確認の追加など，当座勘定規定および手形・小切手用法の改定が行われている。

銀行には、未使用の手形用紙・小切手用紙を回収する法的義務はないが、不正利用を防止するためにも回収の努力をする必要があります。

直近5回試験の出題頻度 ★☆☆☆☆

14 | 総合口座

1 総合口座の意義

　総合口座は，普通預金，定期預金，国債等の保護預りと定期預金および国債等を担保とする当座貸越を組み合わせた金融商品で，その特徴は普通預金の残高を超えて支払請求があったり，公共料金等の自動引落請求があった場合に，あらかじめ設定された貸付限度額まで自動的に当座貸越を行い，普通預金に入金のうえ，払戻し等に応じる点にある。

2 取引の開始と対象者

　総合口座取引は，普通預金のみか，または普通預金と定期預金の預入があった場合に開設することができ，さらに普通預金のみでも利用することができる（総合口座取引規定1条2項）。

　その取引対象者は，消費者に簡便な手続で貸出をするという商品の特性から個人に限られており，取引口座も1人1口座に限っている。そして，定期預金および国債等を担保とする当座貸越を含むことから，取引開始にあたっては，相手方の本人確認を十分に行い，法定代理人の代理または同意のない未成年者との取引を避けることなどに注意する必要がある。

　なお，定期預金の名義は普通預金の名義と同一でなければならず，普通預金口座が解約されると総合口座取引は終了する。

第1編 預 金

総合口座取引の対象者は、個人に限られています。

3 当座貸越とその限度額

　総合口座取引規定では，普通預金についてその残高を超えて払戻しの請求または各種料金等の自動支払の請求があった場合には，銀行は定期預金および国債等を担保に不足額を当座貸越として自動的に貸し出し，普通預金へ入金のうえ払い戻しまたは自動支払することを定めている（総合口座取引規定6条1項）。これにより銀行は，この規定に定める条件を具備したときは貸出義務を負うことになる。

　当座貸越の限度額（極度額）については平成5年6月から自由化され，各銀行の任意となっているが，現行の一般的な取扱いは次の①と②の合計額となっている（総合口座取引規定6条2項）。また，最近では定期預金担保だけの総合口座もある。

① 本取引における定期預金の合計額の90％または200万円のうちいずれか少ない金額
② 利付国債，政府保証債，地方債の額面合計額の80％と割引国債の額面合計額の60％の合計額または200万円のうちいずれか少ない金額

　なお，国債等の担保掛目は金融情勢の変化により変更できることになっている。

4 当座貸越と担保

　総合口座取引に定期預金または国債等があるときは，貸越利率の低いものから順に担保権が設定される。定期預金については，

貸越限度額が200万円の場合，その合計額について223万円を限度に質権が設定され（総合口座取引規定7条1項1号），国債等については割引国債が335万円，利付国債，政府保証債，地方債で250万円を限度として担保権が設定される（同条1項2号）。

なお，これらの担保権は貸越利率の低いものから順に設定されるが，貸越利率が同一のときは，定期預金と国債等ではまず定期預金を担保とし（同条2項1号），貸越利率が同一の定期預金が数口あるときは預入日が早い順に，国債等が数種あるときは割引国債，利付国債，政府保証債，地方債の順になり，同種の国債等が数口あるときは償還期日の早い順に，償還期日が同じものについては取扱番号の若い順に担保権が設定される（同条2項2号・3号）。

貸越金の担保となっている定期預金について解約または（仮）差押えがあった場合の貸越限度額は，解約された定期預金の全額または（仮）差押えされた定期預金の全額を除外して前記3に述べた方法で算出し直し，担保の特定もあらためてやり直す（総合口座取引規定7条3項1号）。

5 担保権設定とその対抗要件

定期預金に対する質権の設定を第三者に対抗するためには，銀行の承諾書に確定日付をとる必要があるが，担保定期預金に対して差押え等があっても銀行は相殺をもって対抗することができる（民法511条，最大判昭和45・6・24金融・商事判例215号2頁）ため，確定日付はとっていない。

また，国債等については，総合口座取引規定では質権か譲渡担保か明らかにしていないが，担保として引渡しを受けることにしている（総合口座取引規定7条1項2号）。

補足

定期預金に質権を設定した場合の第三者対抗要件は，銀行の承諾書に確定日付をとることであるが，相殺可能であるため，確定日付はとっていない。

6 即時支払

銀行は一定の貸越限度額の範囲内でいつでも貸出義務を負うことになる。そこで、取引先について信用を悪化させる一定の事由が生じたときは、取引先は貸越元利金を即時に支払わなければならないとする即時支払について総合口座取引規定12条に定めている。この定めは、一般に銀行取引約定書5条に定める「期限の利益の喪失」条項に対応している。

当然の即時支払事由としては、①取引先について支払停止または破産手続開始決定、民事再生手続開始の申立があったとき、②取引先に相続の開始があったとき、③貸越金の利息組入れにより極度額を超えたまま6か月を経過したとき、④住所変更の届出を怠るなどにより銀行において所在が明らかでなくなったとき、の事由の1つでも生じたときである。

請求支払事由としては、①銀行に対する債務の1つでも返済が遅れているとき、②その他債権の保全を必要とする相当の事由が生じたとき、である。

銀行は即時支払事由が生じたときには、いつでも貸越を中止または貸越取引を解約することができるものとしている（総合口座取引規定13条2項）。

重要用語
即時支払

即時支払となる事由について、確認しておきましょう。

7 差引計算等

差引計算とは、相殺と払戻充当の両者を含めたものである。総合口座取引による貸越元利金等の債務を取引先が履行しなければならない状況にあるとき、銀行は定期預金の期限の利益を放棄し

補足
総合口座取引規定には相殺と払戻充当に関する「差引計算」の定めがおかれ、貸越金の回収を容易にしている。

て，貸越元利金債権と定期預金返還債務を相殺することができる。さらに，銀行が相殺できる場合には，事前の通知および所定の手続を省略して定期預金を払い戻し，貸越元利金等の弁済に充てることができるものとしている。なお，相殺をする場合には，取引先に対して相殺通知をすることが必要である（民法506条1項）。

次に，国債等についても，同様に取引先が履行しなければならない状況にあるとき，銀行は，事前に通知することなく一般に適当と認められる方法，時期，価額等によって処分のうえ，この取得金から諸費用を差し引いた残金を債務の弁済に充てることができるとするとともに，事前に通知のうえ，一般に適当と認められる価額，時期等によって債務の全部または一部の弁済に代えて，この国債等を取得することができることにしている。

銀行は払戻充当によって回収することもできる。払戻充当とは，銀行が相殺をすることができる場合にあって，事前の通知および所定の手続を省略して定期預金を払い戻し，貸越元利金等の弁済に充当することである（総合口座取引規定14条1項1号）。とはいえ，払戻充当は，法律的には取引先の任意弁済となる。このため，総合口座の定期預金に（仮）差押えがあった場合には，払戻充当としての預金の払戻しはできず（民法481条1項），また取引先に破産等法的整理手続が開始されると否認されるリスクを負うことになる（破産法160条等）。これに対して，相殺の場合には，相殺禁止規定に抵触しない限り回収可能である（同法67条・71条）。

なお，差引計算をする場合の債権債務の利息および損害金の計算については，その期間を計算実行日までとし，定期預金の利率は約定利率とすることになっている(総合口座取引規定14条2項)。

相殺をする場合には、取引先に対して相殺通知をすることが必要です。

15 定期積金

直近5回試験の出題頻度 ★☆☆☆☆

1 定期積金契約の法的性質

　定期積金契約は，積金者が一定の契約期間にわたって，一定の掛金を定期に払い込むことを条件に，満期時に銀行が積金者に対して一定額の給付をすることを約することによって成立する契約である。したがって，申込みと承諾によって成立する諾成契約である。そして，積金者が契約どおりに掛金を払い込んだ場合に，銀行は所定の給付契約金を支払う債務を負うので，一種の有償契約の性質も有する。

　さらに，定期積金の掛金の払込みは，満期時に給付契約金を受領するための条件の履行であって，積金者は定期積金契約によって掛金の払込義務を負うものではなく，条件が成就すれば銀行側のみが給付契約金の支払義務を負担する片務契約でもある。このため，銀行から積金者に対して払込みを請求することはできない。

　定期積金契約の法的性質は，金銭の消費寄託契約ではなく，諾成・有償・片務の民法に規定のない一種独特の混合無名契約といえる。

2 給付補てん金と給付補てん備金

　給付補てん金は給付契約金と掛金総額との差額である。そして，この給付補てん金の勘定処理上設けられているのが給付補てん備金である。毎月掛金の払込残高に応じてこの勘定に繰り入れて支払準備金として積み立てておき，定期積金の満期支払のつど掛金

関連過去問題
- 2020年10月 問9

重要用語
定期積金契約

重要用語
給付契約金

補足
定期積金契約は諾成契約と解され、金銭の授受は成立要件ではない。

補足
定期積金は現金のほか、小切手その他証券類を受け入れることができる。

重要用語
給付補てん金

補足

掛金総額と給付
契約金の差額で
ある給付補てん
金は，実質的に
は預金利息に相
当する性質をも
ち，20.315 %
(所得税15.315
%・住民税5%)
の源泉分離課税
が適用される。

の払込額に給付補てん金を加えて，給付契約金として支払う。

この給付補てん金は，所得区分上は雑所得であるが，実質上は預金利息に相当するものであり，源泉徴収および分離課税の適用対象とされている。

3 掛金の支払・解約等

積金者が毎回の掛金を遅延した場合には，満期における給付金の請求権を失うことになる。そこで，定期積金規定では，遅延期間に相当する遅延利息を払い込むか，または満期日を繰り延べることによって，所定の給付契約金が支払われる旨を定めている。

また，掛金が先払いされた場合には，先払日数が一定期間以上のものについてはその先払日数に応じた先払割引金を支払うものとし，先払分に応じた満期日の繰上げは行わない旨が定められている。

払込みが中止されたまま満期になった場合および契約期間の途中で中途解約をする場合は，解約日における普通預金利率により利息相当額が計算される。

なお，定期積金契約の中途解約については，銀行がやむをえないと認めて解約に応じた場合には，払込日から解約日の前日までの期間について解約日における普通預金利率により利息相当額が計算され，この積金の掛金残高相当額とともに支払うことになっているが，銀行に積金者からの解約に応じなければならない義務はない。

銀行が申出に応じて中途解約をする場合に要求される注意義務の程度は，定期預金の期限前払戻しと同様に，銀行が義務なくして支払うものであることから，満期日以降の支払時における程度よりも加重されると解されている。

定期積金契約の契約期間については，とくに制限はなく，給付

契約金については，契約時に1回の掛金額，払込回数，毎回の払込日および年利回りを定め，これらにもとづいて契約時に確定する。

銀行がやむを得ないと認めた場合、満期日前でも解約できる。

4　質権の設定・差押え

　定期積金についても他の預金と同じように銀行の承諾がなければ譲渡・質入をすることはできないことになっている。

　定期積金に対して差押命令が発せられた場合には，満期における給付契約金に対して効力が及ぶ結果，差押え後に払い込まれた掛金に対してもその効力が及ぶことになる。

直近5回試験の出題頻度 ★★★★☆

16 預金保険制度

関連過去問題
- 2022年6月 問7
- 2021年10月 問9
- 2021年6月 問10
- 2021年3月 問7

預金保険制度は，1971年4月に施行された預金保険法にもとづいて実施された制度で，預金者の保護を図るために，銀行等の金融機関が破綻するなど預金等の払戻しを停止した場合に，預金保険機構が預金者に対して一定の保険金の支払をするほか，破綻金融機関のかかわる合併等に資金を援助し，信用秩序の維持を図ることを主な目的とする制度である。

重要用語
預金保険制度

1 対象金融機関

対象金融機関は，日本国内にある銀行，信用金庫，信用組合，労働金庫，信金中央金庫，信用協同組合連合会，労働金庫連合会，商工組合中央金庫であり，これらの金融機関の海外の支店，政府系金融機関，外国銀行の在日支店は対象外である。また，農業協同組合，漁業協同組合，水産加工業協同組合は，別に農水産業協同組合貯金保険に加入している。

そして，預金保険法の規定によりこれらの金融機関が次の対象になる預金等を受け入れた時点で，預金者等，金融機関および預金保険機構との間で自動的に保険関係が成立する（預金保険法49条1項）。

外国に本店がある銀行の日本支店は、預金保険法の保護の対象外です。

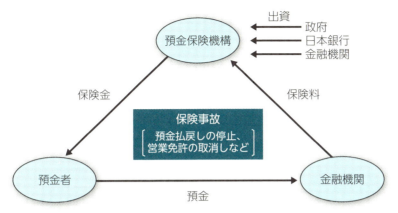

出典：預金保険機構「預金保険制度の解説」

2 対象になる預金等

　預金保険制度の対象になる預金等は，①預金（普通預金，通知預金，納税準備預金，貯蓄預金，定期預金），②定期積金，③別段預金，④掛金，⑤元本補てん契約のある金銭信託（貸付信託を含む），⑥金融債（保護預り専用商品に限る），⑦これらの預金等を用いた積立・財形貯蓄商品，確定拠出年金の積立金の運用にかかる預金等である（預金保険法2条2項）。一方，①外貨預金，②譲渡性預金，③他人名義預金，④架空名義預金，⑤導入預金などは対象外である。なお，当座預金・無利息の普通預金など「無利息，要求払い，決済サービスを提供できること」という3つの条件を満たす「決済用預金」は，平成17年4月のペイオフ全面解禁後も預金の全額が保護される。

①無利息、②要求払い、③決済サービスの提供の3要件をすべて満たす決済用預金は、全額が保護されます。

3 保護される限度額

　保険によって保護される一般預金等（決済用預金以外の預金等）の限度額は，1金融機関ごとに預金者1人に対する保険金支払限度額は元本1,000万円までとその利息等の合計額となっている。なお，預金保険制度の対象になる預金等のうち保護の範囲を超える部分や保険対象外の預金等については，破綻金融機関の財産の状況に応じて支払われる。

　また，破綻金融機関から借入をしている預金者等は，相殺の意思表示を行うことで，非付保預金（保険対象外預金）を自働債権，借入金債務を受働債権として相殺することができる。保険事故発生時には，満期未到来の定期預金等についても相殺ができるように定期預金規定等に手当てをして，預金者の保護を図っている。

　保険によって保護される限度額は，1金融機関ごとに預金者1人についてということになっているので，同一の預金者が破綻金融機関に対して複数の預金口座を有する場合は，同一人の預金として合算される。このほか，預金者が保険事故前に死亡していて相続分が確定しているときは，各相続人の相続分と相続人の預金等とが名寄せされる。これに対して，「権利能力なき社団」は1預金者として扱われるので，構成員各人の預金と名寄せされることはない。

　ところで，金融機関が破綻した場合，保険の対象とならない外貨預金等については，破綻金融機関の財産の状況に応じて，倒産手続によって弁済金・配当金として支払いを受けることになる。

> ！ 注意
> 預金者について，個人，法人の区別はない。

預金保険制度の「対象金融機関」「対象となる預金等」は、確実に把握しておきましょう。

理解度チェック

❶ 定期預金は、元本1,000万円とそれに係る利息等が預金保険の保護の対象となる。
❷ 架空名義預金および他人名義の預金（借名預金）は、預金保険の保護の対象とならない。
❸ 預金保険の保護の対象とならない預金債権については、破綻金融機関からいっさい支払を受けることができない。

解答 ❶ ○
　　 ❷ ○
　　 ❸ ×　残余財産と負債次第であるが、一部について弁済を受ける場合もある。

16　預金保険制度

17 休眠預金等活用法

直近5回試験の出題頻度 ★☆☆☆☆

関連過去問題
・2021年3月 問8

 重要用語

休眠預金等

　休眠預金等とは，当該預金等に係る最終異動日から10年を経過したものをいう（民間公益活動を促進するための休眠預金等に係る資金の活用に関する法律2条6項）。

　定期預金の場合は満期日（自動継続定期預金の場合は最初の満期日）から10年間取引などの異動がなければ休眠預金等とされ，銀行は最終異動日から9年を経過した預金等がある場合は最終異動日から10年6か月を経過する日までに，法令の定めに従って休眠預金等となる旨その他の事項について公告をしなければならない（同法3条1項）。

　休眠預金等に係る債権について銀行が休眠預金等移管金を預金保険機構に納付するとその納付の日に当該休眠預金等に係る預金債権は消滅するが（同法7条1項），預金者はその後でも銀行等を通じて預金保険機構に対し当該休眠預金等移管金相当額の支払を請求することができる（同法7条2項）。

　休眠預金等活用法における預金等とは，預金保険法に規定する一般預金等もしくは決済用預金または農水産業協同組合貯金保険法に規定する一般預金もしくは決済用預金とされ（同法2条2項），外貨預金など預金保険の対象にならない預金等は含まれず，また休眠預金等は民間公益活動の促進に活用され，宗教団体や政治団体は活用団体から除外されている。

融資

直近5回試験の出題頻度 ★★★☆☆

1 | 融資取引約定書

関連過去問題
- 2022年10月
  問17・問20
- 2021年6月
  問12・問13
- 2021年3月
  問13

1 約定書の必要性

　銀行は，融資取引に際し，銀行取引約定書をはじめとする各種の約定書の差入れ（銀行取引約定書について，近時は「双方調印方式」を採用する銀行も増えている）を受けているが，これは個別・具体的な融資取引全般に共通な権利・義務を明確にし，個々の融資取引についてはその都度細かい内容まで契約しないで，約定書の内容を承認したうえ行うことを確認し，証拠として残しておくためのものである。

　これらの約定書は，銀行によってあらかじめ定型的に定められていて，融資先は，基本的には，約定書の内容をそのまま承認して取引を行うか，それを拒否して取引をしないかを選択することになる。これは，本来，契約は，契約自由の原則により，個人の自由意思によってその内容が決定されるべきであるが，銀行取引のように多数の定型的な契約が行われる領域においては，個々の取引が迅速・確実に行われることが要請されるため，集団的に取引関係が規律される必要があるからである。

　約定書は，差入方式の場合でも，融資先が署名して，銀行がこれを受領することによって，取引先は約定書の内容について合意したものとみなされるので，その後，銀行と取引先との間の取引によって生じる権利の行使，義務の履行については，約定書の条項が適用されることになる。これを約款採用契約といい，具体的な権利・義務の発生原因となる個々の融資契約とは区別されてい

補足

融資取引における約定書は，普通取引約款であり，融資先が約定書に署名し，銀行がこれを受領すれば，融資先は約定書の内容について合意したものとみなされる。

る。

2 銀行取引約定書の基本的性格

重要用語
銀行取引約定書

銀行取引約定書は，継続・反復して行われる融資取引に関する基本約定書としての性格を有しており，一部の例外（預金担保貸付，消費者ローンなど）を除き，融資取引を開始する際に必ず取り交わすべき書類である。「銀行取引約定書」は，その名称から，銀行取引のすべてを網羅するような感があるが，預金・為替等の取引には適用されないので注意を要する。

銀行取引約定書は，取引開始の際に一度取り交わせば，その後，取引のつど取り交わす必要はない。融資先のどの営業所が銀行のどの本支店と取引を行っても，法律上は，1個の権利主体としての融資先と銀行との間の法律行為となるので，融資先の一営業所と銀行の一店舗との間で取り交わされた銀行取引約定書は，双方のすべての営業所・店舗に共通に適用されることとなる（13条。銀行取引約定書ひな型は，平成12年4月に廃止されているが，本書では銀行取引約定書の条項を引用する場合には，便宜上，従来の「ひな型」の条項・内容にもとづいて解説する）。また，預金担保貸付については，担保差入証の裏面に銀行取引約定書の約定が印刷されていて，債務者，担保提供者および保証人は銀行取引約定書の内容を承認する形態となっており，消費者ローンについては，消費者ローン契約書において銀行取引約定書が規定する融資取引に共通な事項のうち，ローン取引に必要な事項が盛り込まれているため，これらの取引を行うに際しては銀行取引約定書を取り交わす必要はない。

また，銀行取引約定書は融資の予約契約ではないので，それを取り交わしたからといってただちに銀行に融資義務が発生するものではない。

補足
銀行取引約定書を取り交わさないで融資を行っても，同約定書の条項が適用されないだけで，融資契約が無効になるわけではない。

なお，銀行取引約定書は，手形取引約定書としての性格を有しており，手形割引取引や手形貸付取引に特有な条項（2条・6条・8条）が盛り込まれている。したがって，これらの取引は，融資先から手形の差入れを受けるだけで，他の約定書を取り交わさずに行うことができる。

3 付属約定書

　融資取引の開始に際しては，銀行取引約定書を取り交わすことを原則としているが，銀行取引約定書は融資取引の基本的な事項を定めているだけなので，手形割引・手形貸付以外の融資取引を行う場合には，別個の約定書で補完することとしている。

　すなわち，銀行取引約定書は，証書貸付における金銭消費貸借契約証書，当座貸越・支払承諾（債務保証）・外国為替における取引約定書あるいは担保関係約定書，保証関係約定書等の付属約定書と一体となって融資取引における全約款を構成しているのである。

　なお，これらの約定書は，主に銀行取引約定書に規定されていない事項を規定するものであるが，個別の約定書の規定と銀行取引約定書の規定が抵触するときは，個別の約定書の規定が優先して適用されることとなる。

> 直近5回試験の出題頻度 ★★★★★

2 自然人との融資取引

1 自然人の意義

　自然人とは法人に対する概念であり，出生により権利能力を取得する（民法3条1項）。しかし，各人の法律行為が法的効果を生じるためには，その者が権利能力を有することのほかに，自ら単独で権利を取得し，義務を負担する行為をなしうる能力（**行為能力**）を備えていることが必要である。この行為能力は，自己の行為の結果を判断することのできる精神能力（意思能力）を前提としているので，法律行為の当事者が意思表示をした時に意思能力を有していなかった場合には，その法律行為は無効である（民法3条の2）。

　意思能力の有無は，事実認定の問題であり，ある者が法律行為をした当時に，それに必要な意思能力を有していたかどうかを判断するのは容易ではないため，判断能力が不十分で，契約の締結等の法律行為における意思決定が困難な者（認知症高齢者・知的障害者・精神障害者等）について，その不十分な判断能力を補い，本人が損害を受けないようにし，本人の権利が守られるようにするため，法定後見制度（補助・保佐・後見）と任意後見制度からなる成年後見制度が設けられている。

> 関連過去問題
> - 2022年10月 問11
> - 2022年6月 問11
> - 2021年10月 問11
> - 2021年6月 問11
> - 2021年3月 問11

重要用語

行為能力

2 取引の相手方

(1) 未成年者

① 未成年者の能力

未成年者とは，満18歳に満たない者であり，未成年者が法律行為をするには，原則として，法定代理人の同意を得なければならない（民法5条）。

　ただし，法定代理人から営業を許可された未成年者は，その営業に関しては成年と同一の能力を有する。

　②　法定代理人

　未成年者の法定代理人は，第一次に親権者，第二次に後見人（後述の成年後見人との対比において未成年後見人ともいう）である。

　親権者は，父母が婚姻中であるときは父母双方であり，原則として共同して親権を行使する（民法818条3項）。父母が離婚する場合は，協議離婚のときには，その協議で父母の一方を親権者と定めなければならず，また，裁判離婚のときには，裁判所が父母の一方を親権者と定める（同法819条）。

　未成年者が養子になると，実父母の親権を脱して養親の親権に服する（民法818条2項）。

　親権者がいない場合，または親権者が管理権を有しない場合には，後見人が選任され（これを「未成年後見人」という），後見人が法定代理人となる（民法838条1号）。後見人が選任されると，家庭裁判所の嘱託によって未成年者の戸籍に後見人が選任された旨の記載がされるので，法定代理人が誰であるかは，本人の戸籍証明書（戸籍謄抄本）によって確認することができる。

　法定代理人は，未成年者の法律行為について同意権を有しているほか（民法5条本文），未成年者の財産につき管理権を有し，財産に関する法律行為について代理権を有する（民法824条）。

　なお，意思能力を有していない未成年者の法律行為については，法定代理人の同意によるのではなく，代理によることが必要である。

補足

許可された営業に関しない住宅ローンのような融資取引については，法定代理人の代理または同意を要する。

⑵ 成年被後見人

成年被後見人とは，精神上の障害（認知症高齢者，知的障害，精神障害など）により判断能力を欠く常況にある者で，家庭裁判所から「後見開始の審判」を受けた者をいう（民法7条・8条）。常況にあるとは，ときどきは普通の精神状態を回復することがあっても，意思能力を欠く状態が通常の状態であることをいう。

家庭裁判所によって成年後見人が選任されて（民法8条・843条1項），財産管理および身上監護に関するすべての法律行為を成年被後見人に代わって行うこととなる（同法859条1項）。成年被後見人は，日用品の購入その他日常生活に関する行為以外の財産行為については行為能力を有せず，成年被後見人が自ら法律行為を行った場合には，本人または成年後見人はその行為を取り消すことができる（同法9条・120条1項）。

⑶ 被保佐人

被保佐人とは，精神上の障害により判断能力が著しく不十分な者で，家庭裁判所から「保佐開始の審判」を受けた者をいう（民法11条・12条）。

家庭裁判所によって保佐人が選任され（民法12条・876条の2第1項），被保佐人が借入や保証などの重要な財産上の法律行為（同法13条1項）を行うには，保佐人の同意を要する。保佐人の同意を要する行為を，被保佐人がその同意を得ずに行ったときには，その行為を取り消すことができる（同法13条4項・120条1項）。なお，特定の法律行為について保佐人に代理権が付与されることがあるが（同法876条の4第1項），この場合でも被保佐人はその行為を行うことを禁止されるものではない。

⑷ 被補助人

被補助人とは，軽度の精神上の障害により判断能力が不十分な者で，家庭裁判所から「補助開始の審判」を受けた者をいう（民法

補足

成年被後見人が自ら行った法律行為，または被保佐人・被補助人が保佐人・補助人の同意を要する法律行為を，その同意を得ずに自ら行った法律行為は，取り消すことができる。

参照

第4編6成年後見制度。

補足

成年被後見人の有する居住用不動産の処分（売却，賃貸，賃貸借の解除，抵当権設定等）は，家庭裁判所の許可が必要である。

15条・16条)。

家庭裁判所によって補助人が選任され（民法16条・876条の7第1項），当事者が申立により選択した特定の行為（民法13条1項に規定する行為の範囲内）について，審判により補助人に同意権が付与される（同法17条1項・876条の9第1項）。補助人の同意を要する行為を，被補助人がその同意を得ずに行ったときには，その行為を取り消すことができる（同法13条4項，120条1項）。

なお，特定の法律行為について補助人に代理権が付与されることがあるが（同法876条の9第1項），この場合でも被補助人はその行為を行うことを禁止されるものではない。

⑸ 外国人

外国人，すなわち日本国籍を有しない者との貸出取引については，権利能力・行為能力を日本人と同様と解してよいのか，準拠法となるのは日本法と外国法のどちらであるのかなどの問題がある。

外国人の権利能力について民法3条2項は，「外国人は，法令又は条約の規定により禁止される場合を除き，私権を享有する」とし，内外人平等を原則としながら，法令や条約によって制限する余地を残している。しかし，現在のところ条約による制限はなく，法令による制限も特殊な権利に関するものに限られている。したがって，通常の銀行取引については，外国人の権利能力に関して特に問題となる点はないといえる。

外国人が日本国内で行う法律行為に関する行為能力については，日本の法律にもとづいて判断することとなる。法の適用に関する通則法（以下「通則法」という）4条2項では，その外国人が本国法によれば無能力者である場合でも，日本の法律によれば能力者であるときには，能力者とみなすとしているからである。

補足

外国人が日本国内で行う法律行為に関する行為能力については，日本の法律にもとづいて判断する。

108　第2編　融　資

取引の相手方について、整理しておきましょう。

3　制限行為能力者との融資取引

　未成年者については，父母が婚姻中であるときは，原則として共同して親権を行使する（民法818条3項）。父母の一方が死亡したときや，離婚によって婚姻が解消すれば単独親権となり，父母がいずれも死亡した場合は，未成年後見人が選任されて法定代理人となる（同法839～841条）。

　成年被後見人については，成年後見人がすべて代理するが，被保佐人・被補助人については，審判の内容により，保佐人・補助人の同意が必要となる。

4　親権者と子との利益相反行為

　親権者が，自己の借入の担保として子供名義の不動産に抵当権を設定するなど，親権者たる父母とその未成年の子の利益が相反する行為については，親権者は自ら代理しまたは同意を与えることができないため，家庭裁判所に子のために特別代理人の選任を請求する必要がある（民法826条1項）。

　親権者の一方だけと利益が相反する場合でも，他の一方が単独で代理し，または同意を与えることはできず，利益相反関係のない親権者と特別代理人とが共同して子のための代理行為を行わなければならない（最判昭和35・2・25民集14巻2号279頁）。

> **補足**
> 父母とその未成年の子の利益が相反する場合には，特別代理人を選任し，利益相反関係のない親権者がいれば，その者と共同で子のための代理を行わなければならない。

自然人とは法人に対する概念であり、出生により権利能力を取得します。しかし、各人の法律行為が法的効果を生じるためには、その者が権利能力を有することのほかに、自ら単独で権利を取得し、義務を負担する行為をなしうる能力（行為能力）を備えていることが必要です。

直近5回試験の出題頻度 ★☆☆☆☆

3 | 法人との融資取引

1 法人の意義

　法人とは，自然人以外のもので法人格を認められたものであるが，法人格は法律の規定によってのみ付与される（民法33条1項）。法人は，その目的のために法律によって法人格を与えられたものであるから，目的の範囲内でしか権利・義務を有しない。しかし，判例は，営利法人については目的の範囲を広く解し，定款に記載された目的自体に限られるべきではなく，目的の達成に必要な事項をも包含するものとしている（最判昭和45・6・24民集24巻6号625頁）。

　取引開始にあたっては，商業登記の登記事項証明書などを入手し，目的・会社（法人）の種類・代表権限等の確認が必要である。

2 取引の相手方

⑴ 株式会社

① 取締役会非設置会社の場合

　取締役会非設置会社については，取締役の員数を1人とすることも認められている（会社法326条1項）。

　取締役会非設置会社においては，各取締役が単独で会社を代表するのが原則であるが，代表取締役その他会社を代表する者を定めた場合は，その者が会社を代表する（会社法349条1項・2項）。

② 取締役会設置会社の場合

　取締役会設置会社においては，取締役は3人以上でなければな

> 💡 補足
>
> 取引先法人が上場しているか否かにかかわらず，登記された支配人である支店長を融資取引の相手方とすることができる。

らず（会社法331条5項），取締役会によって選定された代表取締役（同法362条2項3号・3項）が会社を代表する（同法349条1項ただし書）。

③ 指名委員会等設置会社の場合

指名委員会・監査委員会および報酬委員会を置く指名委員会等設置会社（会社法2条12号・326条2項）においては，取締役会の決議により1人または2人以上の執行役が選任され（同法402条1項・2項），取締役会によって選定された代表執行役が会社を代表するが，執行役が1人の場合には，その者が法律上当然に代表執行役となる（同法420条・349条4項）。

(2) 持分会社

持分会社

持分会社とは，無限責任社員だけからなる合名会社（会社法576条2項），有限責任社員と無限責任社員からなる合資会社（同法576条3項）および有限責任社員だけからなる合同会社（同法576条4項）の総称である。

持分会社においては，各社員が単独で会社を代表するのが原則であるが，一部の社員だけを業務執行社員と定めたときは，その者が各自会社を代表する（会社法590条1項・599条1項本文・2項）。ただし，定款または定款の定めにもとづく社員の互選により業務執行社員のなかから代表社員を定めた場合は，代表社員が会社を代表する（同法599条1項ただし書・3項）。

(3) 宗教法人

宗教法人には3人以上の責任役員が置かれ，そのうちの1人が代表役員となり，宗教法人を代表する（宗教法人法18条1項～3項）。なお，登記されるのは代表役員のみである（同法52条2項6号）。

(4) 学校法人

学校法人には5人以上の理事が置かれ，寄附行為の定めるところによって理事のうちの1人が理事長となる（私立学校法35条1

項・2項）。理事長が法人を代表するのが原則であるが（同法37条1項），寄附行為により理事に代表権を付与することができる（同法37条2項）。登記されるのは理事長と代表権を付与されている理事だけであるが，理事については併せてその代表権の範囲も登記される。

⑸ 医療法人

医療法人には，原則として，3名以上の理事が置かれ（医療法46条の5第1項），定款または寄附行為により，理事のうちの1人を理事長とし（同法46条の6），理事長が医療法人を代表する（同法46条の6の2第1項）。

3 取締役と株式会社間の利益相反取引

取締役が自己または第三者のために会社と取引をしようとする場合（直接取引）や，会社が取締役以外の者との間において会社とその取締役との利益が相反する取引をしようとする場合（間接取引）には，取締役会設置会社においては取締役会の承認を要し（会社法365条1項），取締役会非設置会社においては株主総会の承認を要する（同法356条1項）。実務において利益相反取引が問題となるのは，取締役個人の債務や取締役に兼任の者がいる他の会社の債務のために，会社が第三者たる銀行との間で行う担保提供・保証・債務引受等の取引（間接取引）である。

判例は，取締役会の承認のない取引は無効であるが，善意の第三者を保護する必要があるから，取締役会の承認がなかったことのほか，相手方が悪意であること（その事実を知っていること）を会社が立証しない限り，その無効を相手方に主張できないとする相対的無効説の立場をとっている（最判昭和43・12・25民集22巻13号3511頁）。

実務上，取締役会・株主総会の承認の確認のため，原則として，

取締役会議事録・株主総会議事録（各写し）を取引先から徴求する。このとき，取締役会の場合は，当該利益相反取締役（特別利害関係人）は議事には参加できないので注意する必要がある（会社法369条2項）。

なお，他の形態の会社や他の法人についても，同様の規定がある（会社法595条1項，中小企業等協同組合法38条1項ほか）。

株式会社とその取締役との利益が相反する取引をしようとする場合、取締役会設置会社においては取締役会の承認を要し、取締役会非設置会社においては株主総会の承認が必要です。

4 多額の借財，重要な財産の処分などの重要な業務執行

多額の借財，重要な財産の処分などの重要な業務執行については，取締役会設置会社においては，取締役会の専決事項とされている（会社法362条4項）。したがって，貸出・保証または担保提供が，多額の借財または重要な財産の処分と解される場合には，取締役会の決議を得ていることを確認する必要がある。具体的には，取締役会議事録の写しまたは適法な手続を経ている旨の確認書を徴求することになる。3人以上の特別取締役（同法911条3項21号）を選定した場合には，重要な財産の処分および譲受けならびに多額の借財についての取締役会の決議は特別取締役の決議によることができるものとされている（同法373条1項）。

なお，取締役会非設置会社においては，取締役が業務を執行する権限を有するので（会社法348条1項），重要な財産の処分および譲受けならびに多額の借財は取締役の判断で行うことができる。ただし，取締役が2人以上いる場合は，原則として，過半数で業務執行を決定する（同条2項）。

直近5回試験の出題頻度 ★☆☆☆☆

4 証書貸付

1 証書貸付の法的性質

　証書貸付とは，融資に際して融資先から借用証書（金銭消費貸借証書）の差入れを受けて行う貸付である。消費貸借は，目的物（金銭等）の交付によって成立する要物契約であるが（民法587条），書面または電磁的記録による消費貸借については，当事者の合意によって契約の効力（諾成的消費貸借の効力）が生ずる（同法587条の2第1項）。

　銀行が取り扱う証書貸付は書面による消費貸借なので，この諾成的消費貸借の規定が適用される。なお，諾成的消費貸借の効力が生ずると，銀行には貸出義務が発生するが，貸出実行前に借主が破産手続開始決定を受けたときは，諾成的消費貸借の効力は失われる（同条3項）。

　設備資金や長期運転資金などのように貸付期間が長期にわたる貸付においては，貸付金額・返済方法・貸付利率などを明確にする必要があるため，ほとんど証書貸付の形態がとられている。

　また，住宅ローンなど不動産に抵当権の設定を受けて行う貸付においては，金銭消費貸借契約と抵当権設定契約が「抵当権設定金銭消費貸借証書」という1つの契約書によって行われることもある。

　なお，金銭消費貸借契約証書には所要の印紙を貼付する必要があるが，仮に印紙が貼付されていない場合には，納付しなかった印紙税の額とその2倍に相当する金額の合計額（すなわち印紙税

関連過去問題
✎ 2022年6月
問12

第2編

💡 補足
消費貸借は要物契約であるが，証書貸付は書面（電磁的記録を含む）による消費貸借なので，諾成的消費貸借の規定が適用される。

4 証書貸付 　115

額の3倍）に相当する過怠税を徴収されることになるが，契約の効力には影響を及ぼさない。

2 公正証書の利用

証書貸付において融資先から差入れを受ける借用証書は，通常，私人である契約当事者によって作成される私署証書が用いられるが，例外的に，融資の実行の段階から公証人がその権限にもとづいて作成する公正証書を用いる場合や，融資実行後に返済方法の変更契約などを行う段階で，私署証書から公正証書に切り替える場合がある。

公正証書が利用される理由としては，次のことがあげられる。

① 公正証書は真正に成立したものと推定され（民事訴訟法228条2項），その日付には確定日付としての効力が認められること（民法施行法5条1項1号）
② 「債務者は本契約による債務を履行しないときは，ただちに強制執行を受けても異議がない」旨の強制執行認諾約款があるときは，これを債務名義（民事執行法22条5号）として簡易・迅速に強制執行をすることができる

3 返済期限の延期

融資期間中に債務者からの申出や銀行からの請求によって，利率，返済期限，返済方法などの契約内容を変更することがあるが，これらの中で債権管理上注意を要するのは，返済期限の延期である。

返済期限を延期すると，当初の返済期限が到来しても，延期した返済期限が到来するまで貸金の返済を請求することはできず，相殺，担保権の実行，強制執行などをすることもできない。また，消滅時効の起算日も当然延期され，遅延利息は延期した返済期限

までは発生しない。

　当初の返済期限を経過した後に期限を延期する場合には，すでに発生している損害金を免除したものと主張されることもあるので，すでに発生している利息や損害金は弁済させるのが一般的である。

　なお，返済期限を延期しても，債権の同一性は失われないので，担保・保証に影響を及ぼさないが（保証について。大判明治37・12・13民録10・1591頁），できるだけ担保提供者・保証人の同意を得ておくことが望ましい。

証書貸付の返済期限の延長は債務の要素の変更ではないため、返済期限を延長しても更改とはならず、債権の同一性は失われません。

直近5回試験の出題頻度 ★★☆☆☆

5 | 手形貸付

関連過去問題
- 2022年10月
  問12
- 2021年6月
  問13

1 法的性質

　手形貸付とは，銀行が融資を行うに際し，借用証書の代わりに，あるいは証書とともに，融資先から，受取人を銀行とし，額面を貸付金額とする約束手形を差し入れてもらい，貸付日から手形期日までの利息を控除した金額を融資先に交付する形式の貸付であり，預金口座に貸付金を振替入金した時に消費貸借上の貸付債権が発生する。なお，融資先から差入れを受ける手形には，手形面上，手形債務者として手形に署名している者が融資先1人だけであるので，このような手形を単名手形という。

　なお，手形の満期日の記載は，必ずしも貸付金の返済期日と一致している必要はなく，比較的長期の貸付においては，通常2〜3か月のサイトで，貸付金の返済期限まで順次手形の書替を行うということが一般的に行われている。

2 手形債権と貸付債権

　銀行は，手形貸付においては，融資先に対し，金銭消費貸借上の債権である貸付金債権と手形上の債権を併有することになる。そのいずれを先に行使するかは，銀行の任意であるとされている（最判昭和23・10・14民集2巻11号376頁，銀行取引約定書2条）。

　手形貸付と相殺する場合には，通常は原因債権である貸付金債権を自働債権としているが，手形債権を自働債権とすることも可能である。なお，手形債権を自働債権として相殺する場合には，

手形の呈示証券性・受戻証券性から，相殺と同時に手形を交付しなければならないが，貸付金債権を自働債権として相殺する場合には，手形の呈示は必要なく，また同時には手形の返還を要しない（銀行取引約定書8条1項）。

手形の支払場所が自店の場合，銀行が満期日に手形を所持し，かつ，融資先が満期日に返済の履行をしなかったときは，手形の支払呈示と支払拒絶があったものと解されている（大判昭和13・12・19民集17巻24号2670頁）。

手形債権と貸付金債権は，貸付金の回収という同一の目的のために併存するものであるから，その一方が弁済により目的を達して消滅すれば，他方も当然に消滅する関係にある。また，手形債権が時効で消滅した場合（主たる債務者に対する消滅時効は満期日より3年：手形法77条1項8号・70条1項）でも，貸付金債権が時効にかかっていなければ，貸付金債権の行使は可能であるが，これとは反対に，貸付金債権が時効で消滅した場合には，銀行が手形債権を行使しても，融資先は原因債権が消滅したという人的抗弁を主張して，手形の支払を拒絶することができる。

銀行は貸付金債権と手形債権を併有し、いずれをも任意に選択して行使することができます。

3　手形を徴求する利点

手形貸付において手形を徴求する利点については，一般的には次のように考えられている。

① 金銭消費貸借契約の存在が推定できるからであり，この場合の手形は，債権証書の役割を果たすことになる。
② 利息の前取りを自然な形で行うことができる。

③ 印紙税の負担が軽い。
④ 不渡処分制度を利用して，弁済の促進を図ることができる。
⑤ 手形を再割引に出したり担保に入れることにより，資金化することができる。
⑥ 手形訴訟制度（民事訴訟法350条以下）により，手形債権者である銀行は，手形だけを証拠として迅速に債務名義を取得することができる。
⑦ 手形書替時に，取引先の信用の再チェックや金利の見直しを行うことができる。

融資先が債務の履行を怠った場合には、銀行は手形訴訟制度を利用することができます。

4 手形の書替

　手形の書替とは，支払延期のために，旧手形を新手形に書き替えることをいう。この場合，書替の前後において手形債権と貸付債権それぞれの同一性が維持されているかどうかが，債権保全上問題となる。

　手形債権については，手形書替が支払の延期にあたるのであれば，新旧の手形債権には同一性があり，旧手形についての担保・保証は新手形に承継されるが，これに対し，手形書替が更改にあたるのであれば，新旧の手形債権に同一性はなく，旧手形についての担保・保証は新手形に承継されないことになる。

　一方，貸付債権については，取引先から差し入れられる手形は貸付債権の履行を確保するためのものとされており，手形の書替は手形貸付の期限の延期であって更改ではないと解されているので，貸付債権の同一性は維持されているものと考えられている。判例は，手形の書替は，「旧手形を現実に回収して（新手形を）発

行する等，特別の事情がない限り，単に旧手形債務の支払を延長する」ものとして支払の延期にあたると解すべきであるとしている（最判昭和29・11・18民集8巻11号2052頁，金融・商事判例529号17頁）。

　しかし，下級審の判決ではあるが，手形の原因関係である金銭消費貸借上の債権（貸付債権）については，書替によって旧手形を返還しただけでは更改とはならず，貸付債権の担保は失われないとするもの（東京地判平成8・9・24金融法務事情1474号37頁）や，貸付の弁済期変更に際して，旧手形を返還したとしても，旧手形債権が代物弁済によって消滅しうるだけで，貸付債権は消滅しないとするもの（東京地判平成10・2・17金融・商事判例1056号29頁）などがある。

　実務では，手形の書替に際しては旧手形を返却するのが一般的であるが，これらの判例からすれば，特定の手形債権についてのみの担保・保証があるときは，旧手形を返還するとそれらを失ってしまう懸念はあるが，その原因債権である貸付債権の担保・保証はただちに失われるものではないと解される。

　なお，手形債権・貸付債権の両方を担保する根担保・根保証がある場合には，その元本確定前に手形書替を行っても，新手形債権にも担保・保証の効力が及びうるので，保全上とくに問題はないといえる。

5　手形貸付　121

理解度チェック

❶ 手形貸付における手形債権と貸付金債権は，その一方が弁済により目的を達成して消滅すれば，他方も当然に消滅する関係にある。
❷ 手形債権が時効消滅した場合であっても，貸付金債権の消滅時効期間が経過していなければ，融資先は貸付金の弁済を拒絶することができない。

解答 ❶ ○
　　 ❷ ○

直近5回試験の出題頻度 ★★★★☆

6 | 手形割引

1 手形割引の性格

手形割引とは，支払期日が到来していない商業手形を，額面金額から支払期日までの金利相当額（割引料）を差し引いた金額で銀行が買い取る取引であり，割り引かれた手形を割引手形という。

商業手形とは，現実の商取引を原因関係として，その代金決済のために振り出された手形をいい，正常な商取引の裏付けがある手形であるから決済される見込みが高い。これに対し，もっぱら金融の目的で振り出される融通手形には，このような商取引の裏付けがないため，手形割引の対象とはならない。

手形割引の法的性質については，手形の売買説と，手形を担保とする消費貸借説があるが，判例・通説は売買説をとっており，銀行取引約定書も，手形割引を手形の売買として各種の約定を構成している。

2 割引手形の買戻し

手形割引は，手形の売買と解されているので，銀行が手形の交付を受けるのと引換えに，割引依頼人に割引代り金を交付すると手形割引取引は終了し，銀行と割引依頼人との間にはなんら債権・債務の関係が存在しないことになる。この場合でも，割引依頼人は，割引手形の主債務者（約束手形の振出人・為替手形の引受人）が満期に手形を支払わなかったときには，契約上の担保責任（民法569条2項）や手形裏書人としての遡求義務を負い（手形法43

関連過去問題
- 2022年6月 問15
- 2021年10月 問12
- 2021年6月 問18
- 2021年3月 問12

重要用語
手形割引

参照
最高裁昭和48年4月12日判決

第2編

6　手形割引　123

条柱書，77条1項4号），また，割引手形の主債務者が満期前に破産手続開始の決定を受け，あるいは支払を停止したときには，銀行は，割引依頼人に対し満期前の遡求をすることができるが（手形法43条2号・77条1項4号），これらだけでは銀行の債権保全上十分とはいえない。

そのため，銀行取引においては，割引手形が不渡りになった場合や，割引依頼人あるいは割引手形の主債務者に信用不安が生じた場合には，割引依頼人に割引手形を買い戻してもらう必要がある。割引手形の買戻しは，従来から事実たる慣習として行われていたが，銀行取引約定書は，手形の買戻しを整備して明文化している。

なお，割引手形が満期に支払われなかった場合には，銀行は，割引依頼人に対して買戻請求権を行使することができるし，割引依頼人を含む遡求義務者（為替手形の振出人，手形の裏書人）に対して遡求権を行使することもできる。

3 割引手形の買戻事由と買い戻す手形の範囲

補足

銀行が買戻請求権を行使するにあたり，手形を呈示期間内に呈示する必要はない。

銀行取引約定書6条では，割引依頼人について同約定書5条1項各号の期限の利益の当然喪失事由が1つでも生じたときは，たとえ割引手形の満期が到来していなくてもすべての割引手形について，当然に手形面記載の金額の買戻債務を負担することとし，また，割引手形の主債務者が，満期に手形を支払わなかったり（不渡事由は問わない），満期が到来していなくても，割引手形の主債務者に同約定書5条1項各号の期限の利益の当然喪失事由が1つでも生じたときは，その者が主債務者となっている割引手形について当然に手形面記載の金額の買戻債務を負担することとしている（当然失期事由）。また，それ以外の場合であっても，債権保全を必要とする相当の事由が生じたときは，銀行の請求によって，全

部または一部の手形について手形面記載の金額の買戻債務を負担することとしている（請求失期事由）。

銀行取引約定書の5条と6条を確認しておきましょう。

4　買戻請求権の性質

　割引手形が不渡りとなった場合，銀行は割引依頼人に対しては，手形上の権利である遡求権と，契約上の権利である買戻請求権を行使することができるが，割引手形の振出人・引受人・中間裏書人等の手形債務者に対しては手形上の権利しか行使することができない。

　なお，銀行は，割引手形の振出人，引受人または裏書人に対する手形債権や遡求権が時効消滅した場合でも，時効の完成猶予または更新措置を講じなかったことについて銀行に帰責事由のないかぎり，銀行は割引依頼人に対し買戻請求権を行使することができると解されている（横浜地判昭和60・5・8金融・商事判例725号37頁）。

5　差し押さえられた預金と買戻請求権との相殺

　預金に差押えがあった場合，銀行は差押後に取得した債権による相殺をもって差押債権者に対抗することができないが，差押前に取得した債権による相殺をもって対抗することができる（民法511条1項）。割引依頼人または保証人の預金に差押えがあった後に手形が不渡りになった場合でも，買戻請求権は差押命令が発送された時（送達された時ではない），すなわち差押えの効力が発生する前に（民事執行法145条4項参照），当然に発生することになるので（銀行取引約定書6条1項・5条1項3号），当該買戻請求権

との相殺は可能である（最判昭和45・6・24民集24巻6号587頁）。

6 銀行間の信用照会

重要用語
銀行間の信用照会

　銀行間の信用照会とは，銀行が手形を割り引く場合に手形の主たる債務者の取引銀行に対し，当該手形の決済見込みなどについて照会することである。信用照会は，全国銀行協会によって制定された「信用調」用紙によって行われるのが一般的であるが，電話照会も行われている。平成17年4月から個人情報の保護に関する法律が全面施行されたことに伴い，個人を対象とする照会は廃止され，また「信用調」用紙には個人名（法人の代表者名も含む）などの個人情報は記入しない取扱いとなった。

　なお，信用照会制度は，銀行相互間の便宜と不良取引先の排除といった銀行自体の自己防衛の必要性から生じた情報交換の制度であるから，銀行は取引先からの依頼によって信用照会制度を利用することはできない。

　また，回答銀行は，回答の結果について法律上の責任を負わないのが原則であり，「信用調」用紙の下部欄外にも「……ギヴ・アンド・テークの精神で相互に腹蔵なく情報を交換するとともに，その結果に対して責任の追及，秘密の漏洩のないことを相互に申し合わせたものである」旨の注記があるが，回答銀行が故意または重大な過失によって誤った事実を回答した場合には，損害賠償責任が生じることがある。

直近5回試験の出題頻度 ★★☆☆☆

7 当座貸越

1 当座貸越の特色

当座貸越とは，当座勘定取引に付随して締結した約定にもとづいて，融資先が当座預金の支払資金を超えて振り出しまたは引き受けた手形・小切手等を，あらかじめ定められた一定金額まで銀行が立替払する取引である。したがって，当座貸越取引においては，貸越の実行と回収が日々の当座勘定取引の支払と入金を通じて行われるのが特徴である。

当座勘定取引には，取引期限を定めるものと定めないものがあるが，期限を定める場合でも，その一定期間前にいずれか一方から解約の通知がなされないかぎり，自動更新特約にもとづいて同一の期間，取引期限を延長するのが一般的である。

関連過去問題
- 2022年6月 問13
- 2021年10月 問13

 重要用語

当座貸越

2 当座貸越と過振り

当座勘定取引においては，呈示された手形・小切手等の金額が当座勘定の支払資金を超える場合には，銀行に支払義務はないが，銀行はその裁量により当座勘定の支払資金を超えて手形・小切手等の支払をすることができ，これを過振りという。この規定がおかれている理由は，たとえわずかでも支払資金に不足があるときは手形・小切手等の支払をしないという原則を貫くと，取引先にとってはなはだ不当な結果を生ずることがあるので，取引先と連絡がとれない場合でも，銀行の裁量により，支払資金を超えて取引先のために手形・小切手等を支払うことができる余地を残して

おく必要があるためである。

これは当座貸越取引においても同様であり，呈示された手形・小切手の金額が当座勘定の支払資金および当座貸越契約の極度額の合計を超える場合には，銀行に支払義務はないが，銀行はその裁量により支払不足資金を立て替えてその支払をすることができることとしている（当座勘定貸越約定書1条2項）。

過振りは，銀行があくまでその裁量により支払資金を超えて手形・小切手等を支払うものであるが，当座貸越契約が成立すると，銀行は極度額まで貸越を行う義務を負うこととなるので，この義務に違反して手形・小切手を不渡りにすると，銀行は取引先に対し，契約不履行による損害賠償責任を負うこととなる（民法709条）。

銀行は，貸越極度額の範囲内で貸越を行った場合には，原則として貸越取引の終了まで取引先に対し弁済を請求することができないが（当座勘定貸越約定書5条参照），貸越極度額を超えてその裁量によって貸越（過振り）を行った場合には，取引の継続中であってもただちに取引先に対し弁済の請求を行うことができる（同約定書1条2項）。

なお，取引先から取立のために当座勘定に受け入れた手形・小切手や，取引先からこの当座勘定へ振り込むために僚店で取立を依頼された手形・小切手は，貸越金がある場合には，その譲渡担保となる（同約定書4条）。

3 当座貸越の法的性質

当座貸越の法的性質については，①委任説，②消費貸借予約説，③停止条件付消費貸借説，④交互計算説などの諸説が対立し，定説はない。しかし，いずれの説によっても当座貸越債権の性格に大差はなく，融資取引によって発生した債権であることに異論は

ないので，銀行取引約定書の与信取引に関する共通条項も，その性質に反しない限り適用される（当座勘定貸越約定書前文，銀行取引約定書1条1項）。

4 即時支払

取引先は，当座預金口座に入金することによっていつでも当座貸越契約にもとづき具体的に発生した貸越金を返済することができるが，取引期間の満了，解約，中止など一定の事由が発生するまでは，銀行からは返済の請求ができないと解されている。しかし，それでは銀行の債権保全上問題があるので，貸越取引の継続中に当座貸越債権の返済を請求できる場合として，当座勘定貸越約定書5条において，銀行取引約定書5条の期限の利益の喪失事由と同じ内容を原因とした即時支払の特約をしている。

5 減額・中止・解約

当座勘定貸越約定書は，金融情勢の変化，債権の保全その他相当の事由があるときは，銀行はいつでも極度額の減額，貸越の中止，契約の解除ができるとし（同約定書6条1項），そのときまでに振り出された約束手形・小切手または引き受けられた為替手形が，そのために不渡りになっても取引先は異議を述べず，それによる損害はすべて取引先が負担することとしている（同約定書6条2項）。また，契約が終了し，または貸越が中止された場合には，取引先はただちに貸越元利金を支払い，極度額を減額された場合にも，ただちに減額後の極度額を超える貸越金を支払うこととしている（同約定書6条3項）。

6 貸付専用型当座貸越

前述のとおり，通常の当座貸越は融資先が当座預金の支払資金

（残高）を超えて振り出した手形・小切手を，あらかじめ定められた限度額まで銀行が立替払いをする取引であるが，当座勘定取引と切り離して手形・小切手を伴わずに行われる当座貸越取引もあり，貸付専用型当座貸越などと呼ばれている。

銀行は，専用の借入金申込書の提出を受けて指定口座に入金することによって融資を実行し，融資先は，定められた支払期日までに当該指定口座に入金することによって返済する，反復的・継続的な取引を想定した極度貸付取引（銀行に融資義務はない）である。

手形貸付や証書貸付に比べて印紙代が安い（金額記載のない証書貸付として200円）こともあり多くの銀行で一般化している。

当座勘定取引に付帯する当座貸越においては，貸越の実行と回収が日々の当座勘定取引の支払と入金を通じて行われるのが特徴です。

理解度チェック

❶ 当座勘定取引に付帯する当座貸越について，貸越義務に反して手形・小切手を不渡りにすると，銀行は取引先に対して契約不履行による損害賠償責任を負うことがある。
❷ 銀行は，債権の保全その他相当の事由があるときは，いつでも貸越極度額の減額，貸越の中止，契約の解除ができる。
❸ 当座勘定取引に付帯する当座貸越について，取引先は，相当の事由の発生により貸越極度額を減額された場合，ただちに減額後の極度額超過分を支払わなければならない。

解答 ❶ ○
　　 ❷ ○
　　 ❸ ○

8 支払承諾

直近5回試験の出題頻度 ★★☆☆☆

1 支払承諾の法的性質

　支払承諾（信用金庫，信用組合などでは「債務保証」という）とは，銀行が取引先の委託を受けて，取引先の第三者に対する債務を保証したり，手形保証を行うことを承諾する取引であり，銀行の付随業務と位置づけられている（銀行法10条2項1号，信用金庫法53条3項1号ほか）。

　なお，支払承諾取引の法的性質は，取引先と銀行との間の委任契約であると解されている。

　支払承諾取引の手続の概略は次のとおりである。

> ① 取引先（主債務者）と銀行（保証人）が支払承諾取引を行うことについて合意する（銀行取引約定書，支払承諾約定書の徴求）。
> ② 取引先と銀行との間で具体的な取引についての保証を内容とする支払承諾委託契約を締結する（支払承諾依頼書の徴求）。
> ③ 銀行と保証先（債権者）との間で保証契約が成立し（保証書の発行・手形の保証），銀行は取引先から保証料を徴収する。
> ④ 取引先が原債務を弁済するか，除斥期間が経過すると，銀行の保証債務は消滅するが，取引先が原債務の履行を怠り，銀行が取引先に代わって保証債務を履行した場合には，銀行は取引先に対して求償権を取得する。

　支払承諾取引というときは，保証委託契約と保証契約の2つの

関連過去問題
🖉 2022年10月 問14

📖 **重要用語**
支払承諾

 補足
支払承諾取引も与信取引の一種であるため，支払承諾約定書の各条項のほか，銀行取引約定書の各条項が適用される。

契約を総称することが多いが，保証契約は保証委託契約の存在を前提とするものではないので，保証委託契約が無効であっても保証契約は当然には無効とならない。

支払承諾取引によって，銀行は，直接，資金の負担を負うことなく保証料収入を得ることができ，一方，取引先は，銀行の信用力を利用してわずかな保証料によって十分な資金の調達をすることが可能になるので，双方にとって有利な取引である。

2 支払承諾の利用例

支払承諾が銀行実務において利用される例は，①税金延納保証，②高速道路の通行料金の後払いの保証，③取引代金の保証，④借入金債務の保証，⑤継続的取引の保証，⑥民事執行法等による支払保証など多岐にわたっているが，その性質によって，特定債務の保証と根保証とに分けられる。なお，後で取り上げる代理貸付における債務保証も，支払承諾の一種である。

3 除斥期間

支払承諾は，保証書の発行，手形保証，手形引受などの方法によって行われるが，保証書の発行に際しては，保証先の有する保証債務履行請求権について除斥期間が定められるのが原則である。除斥期間とは，権利の存続期間であり，除斥期間を定めておけば，保証先から保証債務の履行請求がないまま除斥期間を経過すると，銀行は保証債務を免れることができる。

4 事前求償権

銀行は，保証先に対し保証債務を履行したときには，取引先に対し求償権を取得するが（民法459条），一定の場合には，保証債務を履行する前であっても，あらかじめ取引先に対して求償権を

補足

支払承諾（債務保証）では，権利の存続期間である除斥期間が定められたときは，この期間の経過により銀行の保証債務は消滅する。

行使することができるようにしておく必要がある。取引先が取引停止処分を受けるなどして，銀行が，将来，保証債務を履行することが確実である場合には，あらかじめ取引先に対して求償権を取得し，取引先の預金との相殺が可能な状態にして債権の保全を図る必要があるからである。民法は，委託を受けた保証人の事前求償権に関する規定をおいているが（同法460条），これだけでは十分とはいえないので，支払承諾約定書は，事前求償に関する規定を設け，銀行取引約定書5条の期限の利益の喪失事由をそのまま事前求償権の発生事由としている（支払承諾約定書8条1項・2項）。

　また，銀行が事前求償権を行使する場合には，取引先は民法461条に基づく抗弁権を主張しないものとするとともに，原債務または求償債務について担保がある場合にも抗弁権を主張しない旨を定めている（支払承諾約定書8条3項）。

支払承諾取引は，取引先と銀行との保証委託取引と銀行と保証先との保証取引の2つの取引があります。

直近5回試験の出題頻度 ★★★★★

9 | 保　証

関連過去問題
- 2022年10月
  問13
- 2022年6月
  問17・問25
- 2021年10月
  問19
- 2021年6月
  問15
- 2021年3月
  問14

1 保証の意義

　保証とは，保証人が主債務者と同一内容の債務を負担し，主債務者が債務の履行をしない場合に，主債務者に代わって債務を履行することによって主債務の履行の確保を図るものである。

2 保証の性質

⑴ 付従性

　保証債務は，主たる債務の担保を目的とするものであるから，主たる債務と運命をともにする。これを保証債務の付従性といい，具体的には次のような内容を有する。

① 　主たる債務が存在しなければ，保証債務も存在しない（成立における付従性）。したがって，主たる債務がはじめから無効であるか，または取り消されたときは，保証債務も無効となる。ただし，行為能力の制限によって取り消すことができる債務の保証については例外規定がある（民法449条）。

② 　主たる債務が消滅するときは，保証債務も当然に消滅する（消滅における付従性）。主たる債務の消滅理由が，弁済であろうと免除であろうとさしつかえない。

③ 　保証人の負担が債務の目的または態様において主たる債務より重いものである場合には，主たる債務の限度に減縮される（民法448条1項）。また，主たる債務の目的または態様が保証契約締結後に加重（金利引上げ，弁済期限短縮など）さ

134　第2編　融　資

れても，保証人の負担は加重されない（同条2項）。

④　保証人は，主たる債務者の抗弁権を援用することができる。主たる債務の不存在・消滅，同時履行の抗弁権などがその例である。

(2)　随伴性

保証債務は，主たる債務に対して随伴性を有する。すなわち，主たる債務が移転するときは，保証債務はこれに伴って移転する（最判昭和45・4・21金融・商事判例216号4頁）。しかし，免責的債務引受によって主たる債務者が交替したときは，債務者の資力に変動を生じ，保証人に事実上の不利益を及ぼすおそれがあるので，保証人が引受に書面または電磁的記録によって承諾しなければ，保証債務は消滅する（民法472条の4第3項・第4項・第5項，大判大正11・3・1民集1巻80頁参照）。

(3)　補充性

保証債務は，原則として，補充性を有する。すなわち，保証債務は主たる債務が履行されない場合に，二次的に履行されるべき債務である（民法446条1項）。この補充性から，通常保証の保証人には，次の2つの抗弁権が認められている。

①　催告の抗弁権

債権者が保証人に債務の履行を請求した場合，まず主たる債務者に催告するように請求することができる権利である（民法452条）。

②　検索の抗弁権

債権者が主たる債務者に催告をした後でも，保証人が，主たる債務者に弁済の資力があり，かつその財産に対する執行が容易であることを証明すれば，まず主たる債務者の財産に強制執行をするよう請求することができる権利である（民法453条）。

9　保　証　135

3 保証契約の成立

保証は，銀行と保証人との間の保証契約によって成立するが，保証契約は要式行為であるから，書面（電磁的記録による場合を含む）によらなければ効力を生じない（民法446条2項・3項）。

なお，融資契約と保証契約は別個の契約であるから，両者は必ずしも同時に締結される必要はなく，融資契約の成立後に締結した保証契約も有効である。

また，保証契約を締結するときは，主債務者にも保証約定書に連署してもらっているが，保証契約は，銀行と保証人との間で締結されるものであり，保証人が債務者の委託を受けて保証をなす場合でも，債務者は保証契約の当事者とはならない。したがって，特別の事情があるときには，主債務者の署名・捺印は省略してもさしつかえないが，その場合でも，保証書に債務者名が記載され，主債務者が特定されていることが必要である。

なお，たとえ主債務者の意思に反する場合でも，銀行と保証人との間の保証契約は有効に成立する（民法462条2項参照）。債務者の委託を受けた保証であるかどうか，また，主債務者の意思に反した保証であるかどうかは，保証人が債務者に代わって弁済をした場合に債務者に対して取得する求償権の範囲に影響を及ぼすだけである（民法459条・462条）。

4 保証意思の確認

保証契約を締結する際には，必ず保証人に対し，保証意思の確認を行わなければならない。せっかく，保証能力のある保証人を徴求しても，いざ保証債務の履行を請求する事態に至ってから，「自分は保証をした覚えはない。保証書は誰かが勝手に作成したもので，自分の筆跡ではない」などと保証を否認された場合には，

補足

保証契約は書面または電磁的記録によって承諾しなければ効力が生じない。また，契約の締結には保証意思の確認等を十分に行い，その確認内容等を書面に残しておくべきである。

債権の回収に重大な支障をきたすおそれがあるからである。

保証意思の確認にはいろいろな方法があるが，運転免許証など
の写真付の身分証明書によって本人確認をしたうえで，保証人に
面前で自署・捺印してもらうのが基本であり，これができないと
きは，後日の面談，郵送による保証意思確認書の徴求，電話によ
る確認などの方法を選択または併用して行うべきであり，これを
怠って保証人から保証契約の成立を争われたときは，表見代理の
規定（民法109条・110条・112条）の適用は困難となる。

判例も，債権者が銀行であり，主債務者が保証人の代理人とし
て保証契約を締結する場合には，代理人が本人の実印と印鑑登録
証明書を所持している場合でも，本人に対しその意思を確認する
ことを要すると解している（最判昭和45・12・15民集24巻13
号2081頁）。

なお，保証意思を確認したときは，後日のトラブルに備えるた
めに，保証意思確認記録を作成する必要がある。

5 情報提供義務

改正債権法では，保証人（になろうとする者）に対する，3つ
の情報提供義務が規定されている。

① 契約締結時の情報提供義務（民法465条の10）
　a．情報提供義務を負う者：「事業のために負担する債務の」
　　主債務者。
　　（主債務者から委託を受けた個人の保証人に対して）
　b．情報の内容：財産及び収支の状況。主債務以外に負担し
　　ている債務の有無・額・履行状況。主債務の担保として他
　　に提供し，または提供しようとするものがあるときはその
　　旨およびその内容。
② 主債務の履行状況の情報提供義務（民法458条の2）

a．情報提供義務を負う者：債権者（保証人から請求があった場合のみ）

（主債務者から委託を受けた個人・法人の保証人に対して）。

b．情報の内容：主債務の元本およびこれに従たる利息・違約金等すべてのものについての不履行の有無，残額，そのうち弁済期が到来しているものの額に関する情報。

③ 主債務の期限の利益喪失時の情報提供義務（民法458条の3)

a．情報提供義務を負う者：債権者（保証人から請求が無くても）。

（主債務者から委託の有無は無関係。個人の保証人に対してのみ）

b．情報の内容：主債務が期限の利益を喪失したこと。

期限の利益喪失を知ってから2か月以内に保証人に通知（到達する必要あり）。

直近5回試験の出題頻度 ★★★★★

10 | 連帯保証

1 連帯保証の意義

　保証には，通常保証と連帯保証がある。連帯保証とは，保証人が主債務者と連帯して債務を負担する保証債務をいい，主債務者・保証人間にこのような連帯関係のない普通の保証は，通常保証という。通常保証も連帯保証も，民法に規定があるので，民事保証ともいわれる。連帯保証も保証債務の一種であるから付従性・随伴性を有するが，連帯保証人は，主債務者と連帯して債務を負担する結果として，補充性を有しない。したがって，債権者の立場からすると，連帯保証の方がはるかに有利であるため，銀行取引における保証は大半が連帯保証となっている。

2 連帯保証の特色

① 連帯保証人には，催告・検索の両抗弁権がない。
② 連帯保証人が数人いても，分別の利益は認められない。
③ 連帯保証人について生じた事由の主債務者に対する効力については，連帯債務に関する民法438条，439条1項，440条，441条の規定の準用がある。

　① 連帯保証人には，催告・検索の両抗弁権がない
　催告の抗弁権・検索の抗弁権の意義については，「9　保証」のとおりであるが，連帯保証人にはこれらの抗弁権が認められないので，主債務の期限が到来するか，主債務者が期限の利益を喪失

関連過去問題
- 2022年10月 問13
- 2022年6月 問17
- 2021年10月 問14
- 2021年6月 問15
- 2021年3月 問14

第2編

💡 **補足**

連帯保証人には催告・検索の両抗弁権は認められず，連帯保証人が数人いるときでも分別の利益は認められない。

🔍 **参照**

民法454条

10　連帯保証　**139**

すれば，債権者はただちに連帯保証人に対し請求することができる。

② 連帯保証人が数人いても，分別の利益は認められない

同一の主債務について保証人が数人いる共同保証の場合，通常保証における保証人は主債務の額を平等の割合で分割した額についてしか保証債務を負わず，これを**分別の利益**という（民法456条）。しかし，連帯保証人にはこの利益が認められず，債権者に対する関係では，各自が全額履行の責任を負う（大判明治39・12・20民録12輯1676頁）。

ただし，連帯保証人は債権者に対しては全額を返済する義務を負うが，連帯保証人相互間では負担部分だけの返済義務しか負わないので，連帯保証人の1人が債務の返済をし，共同の免責を得た場合には，他の連帯保証人に対し各自の負担部分について求償することができる（民法465条1項・442条）。

③ 連帯保証人について生じた事由の主債務者に対する効力については，連帯債務に関する民法438条，439条1項，440条，441条の規定の準用がある

連帯債務・連帯保証について，「履行の請求」は，改正民法では「相対効」とされ，他の連帯債務者・連帯保証人・主債務者には効力が及ばないとされた（民法441条，458条）。したがって，個別に行う必要がある。

しかし，民法441条ただし書（民法458条）で，別段の意思表示で絶対効化することが認められたので，契約書のなかで例えば「銀行が，連帯保証人の一人に対して履行の請求をしたときは，主債務者および他の連帯保証人に対してもその効力が生じるものとします」などとしてあれば，それは有効と考えられる。

なお，主債務者に対する履行の請求その他の事由による時効の完成猶予及び更新は，連帯保証人に対してもその効力を生ずる（民

法457条1項)。

　これに対し，連帯保証人が債務承認をしても，主債務者に対してその効力を生じないので（民法441条参照），主債務の時効の更新事由とはならない。

　なお，実務上，事業法人融資では社長の個人保証を取得することが従来から一般的であるが，近時は，「経営者保証に関するガイドライン」（平成25年12月全国銀行協会・日本商工会議所策定）で，経営者保証に依存しない融資の推進が期待されるとされ，経営者保証の合理性や必要性が認められ取得する際のガイドラインが示された。また，金融庁の「主要行等向けの総合的な監督指針」「中小・地域金融機関向けの総合的な監督指針」では，経営者以外の第三者の個人連帯保証を求めないことを原則とする融資慣行の確立が求められている。これらにもとづき各行で定められている経営者保証等を取得する際のルールに留意する必要がある。

　また，改正民法で，「事業のために負担した借入債務」等を主たる債務とする保証契約については，その締結日の前1か月以内に，保証人になろうとする者が公正証書で保証意思を宣明する必要があるとされた（同法465条の6第1項）。ただし，主たる債務者と共同して事業を行う者または主たる債務者が行う事業に現に従事している主たる債務者の配偶者は（主たる債務者が法人の場合は，その取締役等は），同法465条の6等の適用除外とされ，公正証書での保証意思の宣明は不要とされた（同法465条の9）。

　改正民法の連帯債務関係・保証債務に関する規律は，施行日（2020年4月1日）以降に締結された契約に係るものについて適用される（附則20条，同21条）。

第2編

10　連帯保証　　**141**

理解度チェック

❶ 連帯保証人には，催告・検索の両抗弁権がない。
❷ 保証行為が商行為に該当する場合には，連帯の特約がなくても連帯保証になる。
❸ 連帯保証人が複数の場合であっても，債権者との関係では，各自が主債務の全額について保証債務を負担する。

解答　❶ ○
　　　❷ ○
　　　❸ ○

直近5回試験の出題頻度 ★★☆☆☆

11 | 根保証

1 根保証の意義

　根保証とは，一定の継続的な取引関係から現在および将来発生するいっさいの債務を保証するものである。特定債務を保証する特定保証に対比される概念であり，増減・変動する債務を保証するものである。

関連過去問題
- 2022年6月 問19
- 2021年6月 問16

2 根保証の種類

　根保証には，保証期間・極度額（限度額）・取引の種類を定める限定根保証と，これらを定めない包括根保証とがある。

　極度額（限度額）を定める根保証には，極度額（限度額）の範囲内で元本，利息および損害金のいっさいについて保証債務を負うもの（債権極度額）と，極度額（限度額）の範囲内の元本とその元本に付帯する利息・損害金について保証債務を負うもの（元本極度額）とがある。

　包括根保証とは，保証期間，極度額（限度額），取引の種類等を定めずに，「債務者が銀行に対して現在および将来負担するいっさいの債務について，債務者と連帯して保証債務を負う」という方式で保証するものである。

3 根保証の随伴性

　根保証については，根抵当権のように明文により随伴性が否定されていないので（民法398条の7第1項），債権者から被保証債

第2編

11　根保証　**143**

> **補足**
>
> （随伴性の否定）
> 根抵当権については，元本の確定前に債権者から被担保債権を譲り受けた者や債務者のために，または債務者に代わって弁済した者は，その債権について根抵当権を行使することはできない。

> **重要用語**
>
> 個人貸金等根保証契約

権の譲渡を受けた者や，債務者のためにまたは債務者に代わって弁済をした者は，その譲渡や弁済が根保証契約に定める元本確定期日前になされた場合であっても，根保証契約の当事者間において被保証債権の移転を受けた者の請求を妨げるような別段の合意がないかぎり，保証人に対し，保証債務の履行を求めることができると解されている（最判平成24・12・14金融・商事判例1415号10頁）。

4　個人貸金等根保証契約における保証人の保護の方策

　個人貸金等根保証契約とは，個人根保証契約であって，その主たる債務の範囲に金銭の貸渡しまたは手形の割引を受けることによって負担する債務（以下「貸金等債務」という）が含まれる根保証契約で，個人を保証人とするもののことをいうが（民法465条の3第1項），その保証人を保護するため，次のような措置が講じられている。

⑴　要式行為

　保証契約を要式行為とし，根保証契約に限らず保証契約一般を対象として，保証契約は書面（電磁的記録による場合を含む）でしなければ効力を生じない（民法446条2項・3項）。

⑵　保証人の責任

　保証人は，主たる債務の元本，利息，損害金等の全部について，極度額を限度として履行責任を負う（民法465条の2第1項）。

⑶　極度額

　個人貸金等根保証契約は，極度額を定めなければ，その効力を生じない（民法465条の2第2項）。保証契約は書面（電磁的記録による場合を含む）によらなければ効力を生じないが（同法446条2項・3項），この規定は，極度額の定めについて準用されている（同法465条の2第3項）。

144　第2編　融　資

① 極度額の定め

この極度額は，個人貸金等根保証契約の締結時において，確定的な金額を書面または電磁的記録上において定めなければならない。極度額が確定されていない場合は，その個人貸金等根保証契約は無効となり得る。

② 利息・損害金の取扱い

この極度額は，保証人の予測可能性の確保をより十全なものとするため，主たる債務の元本のほか，その利息，損害金（民法447条1項参照）を含む，いわゆる債権極度額として定めなければならない（同法465条の2第1項）。

⑷ 元本確定期日

元本確定期日とは，「主たる債務の元本の確定すべき期日」のことであり，その期日の到来，すなわち元本確定期日の午前零時をもって主たる債務となるべき元本が確定する。したがって，保証人は，元本確定期日以降（元本確定日の当日を含む）に行われた貸出分については保証債務を負わない。

① 元本確定期日を定める場合

元本確定期日を定める場合には，その期日は契約日から5年以内でなければならず，5年を経過する日より後の日を元本確定期日とする定めは効力を生じない（民法465条の3第1項）。締結日から5年を超える保証期間を確保する趣旨で，契約締結時にいわゆる自動更新の約定を付しても，その約定は無効である。

なお，保証契約は書面（電磁的記録による場合を含む）によらなければ効力を生じないが（民法446条2項・3項），この規定は，元本確定期日の定めおよび後述の元本確定期日の変更について準用されている（同法465条の3第4項）。

② 元本確定期日を定めない場合

元本確定期日を定めない場合には，その期日は法律上当然に契

11 根保証　**145**

約日から3年を経過する日となる（民法465条の3第2項）。これは，契約日から5年を経過する日より後の日を元本確定期日として定めたため，民法465条の3第1項によってその定めが無効とされる場合も同様である。

③　元本確定期日の変更をする場合

元本確定期日の変更をする場合には，変更後の元本確定期日は変更日から5年以内でなければならず（元本確定期日の前2か月以内に元本確定期日の変更をする場合において，変更後の元本確定期日が変更前の元本確定期日から5年以内の日となる場合を除く），5年を経過する日より後の日を元本確定期日とする変更は効力を生じない（民法465条の3第3項）。

⑸　**元本確定事由**

次の場合には，主たる債務の元本は確定し（民法465条の4），保証人は，その後に行われた貸出については元本確定期日の到来前であっても，責任を負わない。

①　主たる債務者または保証人が債権者から強制執行または担保権の実行を申し立てられたとき（強制執行または担保権の実行の手続の開始があったときに限る）
②　主たる債務者または保証人が破産手続開始の決定を受けたとき
③　主たる債務者または保証人が死亡したとき

上記①〜③の事由については，あらかじめ債権者と保証人との間でこれに反する合意をしても，その合意は無効であるが，債権者と保証人との合意によりこれら以外の事由を元本確定事由として定めることはさしつかえない。

⑹　**保証人が法人である貸金等債務の根保証契約の求償権保証**

保証人が法人である貸金等債務の根保証契約において，民法

465条の2第1項に規定する極度額の定めがないとき，元本確定期日の定めがないとき，または根保証契約の締結日から5年を経過する日より後の日を元本確定期日とする定めがあるとき等には，その根保証契約の保証人である法人の主たる債務者に対する求償権についての保証契約（保証人が法人であるものを除く）は効力を生じない（民法465条の5）。

直近5回試験の出題頻度 ★★☆☆☆

12 信用保証協会の保証

関連過去問題
- 2022年6月 問18
- 2021年10月 問16

1 信用保証協会保証の目的と業務

　信用保証協会（以下「協会」という）は，信用保証協会法を根拠法として設立された特殊法人で，その目的は，中小企業者等が銀行から貸付等を受けるについて，その債務の保証を行い，中小企業者の金融の円滑をはかり，その健全な発展を助成することにある。

　したがって，保証の対象となる資金使途は，中小企業者の事業経営に必要な運転資金と設備資金，すなわち事業資金に限られ，①生活資金，住宅資金，投機資金等の事業外資金，②既存の借入債務返済資金（旧債振替資金－ただし，特例あり），③出資金，株式その他の有価証券の取得資金のように事業経営に関係のない資金使途であるときは，保証の対象とならない。

　協会の保証の法的性格は，一般の保証と同じく民法上の保証である（札幌高函館支判昭和37・6・12金融法務事情315号6頁）。しかし，民法上の保証であるといっても，協会の保証は，実態としては中小企業者，銀行とそれぞれ民法上の規定を補完・修正した契約をしており，特約上の保証であるともいえるが，「信用保証」という特種の保証があるわけではない。

信用保証協会の保証は，一般の保証と同様，民事上の保証で，連帯保証です。

協会保証付融資の当事者の法律関係は，次のとおりである。

① 協会と金融機関とは，保証人と債権者との関係である。この両者の間には，個々の保証に共通に適用される事項を定めた約定書が取り交わされる。
② 金融機関と中小企業者とは，協会保証付融資の債権者と債務者との関係にある。
③ 中小企業者と協会とは，保証委託者と保証受託者との関係にある。

2 協会保証付融資の実行

保証契約は要式行為であるから，保証人と債権者との書面による合意によって成立し（民法446条2項），かつ，効力も生じる。しかし，協会保証においては，この原則が特約によって修正されており，協会と金融機関との間で取り交わされる約定書には，次のような約定がおかれている。

> **！ 注 意**
> 信用保証協会の保証契約は，信用保証書が交付された時に成立し，融資が実行された時に効力が生じる。

① 保証契約は，協会が金融機関に対し信用保証書を交付することにより成立する。
② 保証契約の効力は，金融機関が貸出を行った時に生じるのが原則であるが，当座貸越根保証については，第1回目の当座貸越を行った時ではなく，当座貸越契約を締結した時に保証契約の効力が生じる。
③ 融資は，信用保証書発行の日から30日以内（民法の初日不算入の原則により発行日の翌日から起算）に行う。ただし，特別の事情があるときは，60日（延長が認められる日数は各協会によって異なる）まで延長することができる。

信用保証書の交付日前に融資を行っても，保証契約は成立しておらず，また，信用保証書の有効期間経過後に融資を行ったとき

は，その保証契約は無効であり，協会に保証責任は生じないので注意を要する。

また，信用保証書には保証条件が記載されることが多いので，信用保証書記載の保証条件を確認し，各条件を履行のうえ融資を行う必要がある。

さらに，信用保証書にもとづく融資を行ったときは，遅滞なく協会宛てに「貸付（割引）実行報告書」を送付しなければならない。

3 協会保証付融資の管理

債権者は保証人に対し，法定代位権者のための担保保存義務を負っているが（民法504条参照），被保証債権の管理については保証人に対し具体的な責任を負わないのが一般的である。しかし，銀行は，協会保証については，約定書の特約により，次のような融資金の管理責任を協会に対し負っている。

① 銀行は，つねに被保証債権の保全に必要な注意をなし，債務履行を困難とする事実を予見し，または認知したときは，遅滞なく協会に通知し，かつ適当な措置を講じる（信用保証協会保証契約約定書例9条1項）。
② 銀行は，被保証債権について債務者が履行期限に履行しない場合には，協会の保証していない債権の取立と同じ方法をもって，被保証債権の取立をなす（信用保証協会保証契約約定書例9条3項）。

なお，銀行は，融資金の管理責任とは別に，融資と同時に，協会に代わって債務者から保証料を徴収して，協会に送金する義務を負う。

4 免責

　協会保証は，最も確実な保証ではあるが，条件違反や契約違反に対しては保証免責の特約があるので，その取扱いには十分に注意する必要がある。

　免責となりうる事例の主なものは次のとおりである。

⑴ 旧債振替（旧債償還）

　保証付貸出金をもって既存の貸出（保証付貸出を含む）の弁済に充当したとき。

　なお，いったん保証付貸出金の入金額によって当座貸越約定にもとづく貸越金の返済が行われても，それによって貸越極度額の残額が増加し，その範囲内で必要に応じて貸越が行われ，自由に処分できる資金を得ることになるので，保証付貸出金の入金後においても当座貸越取引が存続する限り，貸越金の返済は旧債振替禁止条項に違反することにはならないと解されている（最判平成9・10・31）。

⑵ 保証条件違反

信用保証書に記載された内容と異なった貸出を行ったとき。

　㋐　分割貸付

　　貸付個別保証の場合に，保証金額を一度に貸付せず，数回に分けて貸付を行ったとき。

　㋑　担保・連帯保証人の不備

　　保証の条件となっている担保・連帯保証人を徴求しなかったり，徴求不足等の不備があったとき。

　㋒　手形期日の貸付期限経過

　　手形貸付の場合，貸付期限（保証期限）を超えた期日の手形を徴求したとき，または貸付期限経過後，協会の承認を得ずに手形書替を行ったとき。

> **補足**
>
> 保証金額と貸付金額が異なる場合は，その大小にかかわらず保証免責となる。また，保証金額と貸付金額に大幅な乖離がある場合は，保証契約が無効とされる。

第2編

12　信用保証協会の保証　　**151**

ⓔ　極度超過

　　貸付根保証と手形割引根保証の場合，保証極度額を超えて貸付または割引を行ったとき。ただし，手形割引根保証において割引手形が不渡りとなった場合，別の手形の割引を行い，その代り金をもって買戻しをさせたため，一時的に極度額を超過することになっても，同日付で買戻しを行った後の割引手形残高が極度内に収まっていればさしつかえない。

⑶　**故意または重過失による回収不能**

金融機関の故意・重過失により保証付債権の全部または一部が回収不能となったとき。

ⓐ　債権届出の失念

　　破産・民事再生・会社更生などの債権届出を怠り，失権したとき。

ⓑ　保証条件外担保の解除

　　金融機関が固有の貸出金を有しないか，または全額回収した場合において，保証付貸出が残存しているにもかかわらず，保証条件外の担保を解除したとき。

（注）　協会は，一般の保証人と異なり，銀行に担保保存義務（民法504条）を免除していない。債務者について債務不履行，取引約定違反，その他債権保全を必要とする事実が判明している場合または生じるおそれがある場合には，条件外の担保を変更・解除する場合であっても，協会との事前協議を要する。

⑷　**反社会的勢力等に対する貸出**

反社会的勢力や中小企業者の実体を有しない者は信用保証の対象とならないので，保証付融資が実行された後にその事実が判明した場合，保証契約が錯誤により無効となるか否かが問題となる。判例は，この点については，銀行が保証契約を締結して保証付融

資を実行するのに先立ち，その時点において一般的に行われている調査方法等によって，債務者が反社会的勢力であるか否か，あるいは中小企業者の実体を有しているか否かについて調査を行っていたときには，保証は無効とならないと解している（前者につき最判平成28・1・12，後者につき最判平成28・12・19）。

 補足

調査を怠っていた場合においては，保証は無効とはならないものの，保証契約違反として保証協会は保証債務の全部または一部を免責される。

 理解度チェック

❶ 信用保証協会の保証において，中小企業者（融資先）と信用保証協会とは，保証委託者と保証受託者の関係にある。
❷ 信用保証協会の保証において，保証条件となっている担保を徴求しなかった場合は，保証契約違反として，保証免責の対象となる。
❸ 信用保証協会の保証において，破産等法的整理手続において債権届出を怠り，失権したときは，原則として保証免責の対象となる。

解答　❶ ○
　　　❷ ○
　　　❸ ○

13 債権担保

直近5回試験の出題頻度 ★★★☆☆

関連過去問題
- 2022年10月 問15・問16・問25
- 2021年10月 問18
- 2021年6月 問20

1 債権の担保適格性

　債権は，原則として譲渡することができるが（民法466条1項），債権の性質上または法律上の規定によって譲渡を許されないものは，担保の目的とすることができない。また，当事者が譲渡禁止または制限する旨の意思表示をしたものも譲渡できる（同法466条2項。ただし同条3項参照）。なお，将来発生すべき債権であっても，譲渡担保の目的とすることができ，後述の債権譲渡の対抗要件の方法によって第三者対抗要件を具備することができる（同法467条1項）。

　債権を担保に取得する方法としては，質権と譲渡担保（担保の目的でする債権譲渡）がある。前者は，債権質といい権利質（民法362条）の一種であり，後者は，債権譲渡を伴う約定担保権の一種で，その債権譲渡は民法の規定に従う。

　債権担保の目的債権は，預金債権のほか，不渡異議申立預託金債権，売掛金債権，工事代金債権，診療報酬債権，ゴルフ倶楽部会員権，ビル入居保証金，保険金請求権，ローン債権，リース債権など多彩であるが，債権の種類によって，特有の法律問題・留意事項があるので注意が必要である。

補足
債権を担保に取得する方法としては，質権と譲渡担保（担保の目的でする債権譲渡）がある。

債権を担保に取得する方法としては，質権と譲渡担保（担保の目的でする債権譲渡）があります。

2 担保設定手続

　質権・譲渡担保のいずれの方法による場合でも，原則として契約当事者の合意のみによって担保権設定の効力が生じる。

3 対抗要件

⑴ 譲渡担保

　債務者に対する対抗要件は，債務者に対する通知または債務者の承諾であり（民法467条1項），債務者以外の第三者に対して譲渡の効力を主張するためには，通知または承諾が確定日付ある証書によってなされることを要する（民法467条2項）。

　通知は，譲渡人から債務者に対してなすことを要し，譲受人が譲渡人に代位して行うことはできない（大判昭和5・10・10民集9巻11号948頁）。譲受人が譲渡人の委任を受けないで事務管理として通知をしても効力を生じない（最判昭和46・3・25）。なお，承諾は，譲渡人または譲受人のいずれに対して行ってもさしつかえない（大判大正6・10・2民録23輯1510頁）。

　通知・承諾がない間は，譲受人は，債務者に対して，債権譲渡の効力を主張することができない。債務者が，債権譲渡が行われた事実を知っている場合も同様である（大判明治45・2・9民録18輯88頁）。しかし，債権譲渡の効力は，当事者の合意によってただちに発生するから，通知・承諾がない間でも，債務者が債権譲渡の効力を認めることは妨げず（大判明治38・10・7民録11輯1300頁），債務者は譲受人に対し，有効に弁済をすることができる。

　なお，主債務者について債権譲渡の対抗要件を具備すれば，保証人について債権譲渡の対抗要件を具備しなくても，譲受人は，保証人に対して保証債権の譲渡を対抗することができる（大判明

> 💡 補足
>
> 債権を譲渡担保とする場合の債務者に対する対抗要件は通知または承諾であり，債務者以外の第三者に対する対抗要件はその通知・承諾を確定日付ある証書により行うことである。

第2編

治39・3・3民録12輯435頁)。

⑵ 債権質

譲渡担保の場合と同様，質権設定者が質権設定を第三債務者に対して通知し，または第三債務者が質権設定を質権設定者または質権者に対して承諾しなければ第三債務者に対抗することができず，第三債務者以外の第三者に対して質権設定の効力を主張するためには，通知または承諾が確定日付ある証書によってなされることを要する（民法364条・467条）。

⑶ 動産・債権譲渡特例法による対抗要件の具備

法人の有する債権については，「動産及び債権の譲渡の対抗要件に関する民法の特例等に関する法律」（以下「動産・債権譲渡特例法」という）により，譲渡担保・質権のいずれについても債権譲渡登記ファイルに登記をすれば，確定日付のある証書による通知があったものとみなされ，当該登記の日付をもって確定日付とされるので，債務者に対する通知または債務者の承諾がなくても，債務者以外の第三者に対する対抗要件を具備することができる（動産・債権譲渡特例法4条1項）。債権譲渡登記と民法上の確定日付ある通知とが競合した場合には，登記がされた日時と通知が債務者に到達した日時の先後によって優劣が判断されることになる。

この登記を行った後に債務者に対する対抗要件を具備するためには，譲渡人（質権設定者）または譲受人（質権者）が債権譲渡登記ファイルの登記事項証明書を交付して，債権の譲渡（質権の設定）が行われたことおよびその譲渡（質権の設定）について債権譲渡登記（質権設定登記）がされたことを債務者に通知し，または債務者の承諾を得る（この場合は，登記事項証明書の交付は不要）という方法をとることが必要である（動産・債権譲渡特例法4条2項・14条1項）。

なお，債権譲渡登記は，登記にかかる債権の存在や譲渡の真正

補足

法人が行う債権の譲渡担保・質権設定については，債権譲渡登記ファイルに登記することによって第三者対抗要件を具備することができる。

を公証するものではないので，債権譲渡人が無権利者であった場合には，債権譲渡登記を行っても債権譲渡は何らの効力を有しない。

理解度チェック

❶ 債権譲渡登記は，当該債権の譲渡がなされていることを公的に証明するものではない。
❷ 債権譲渡の対抗要件である債務者の承諾は，譲渡人または譲受人のいずれに対して行っても差し支えない。

解答　❶ ◯
　　　❷ ◯

直近5回試験の出題頻度 ★☆☆☆☆

14 | 代理受領・振込指定

1 代理受領・振込指定の仕組み

代理受領・振込指定は，①債権に譲渡・質入禁止の特約がある場合（ただし，民法466条参照），②融資先が正式担保とすることを好まない場合，③第三債務者の承諾が得られない場合，④債権の特定に疑問がある場合などに，事実上の担保機能を発揮させる目的で利用される。

(1) 代理受領

代理受領とは，融資先が第三者に対して有する代金債権について，銀行が担保の目的で取立委任を受けておき，支払期日が到来した時に銀行が融資先の代理人としてその支払を受け，貸付金の返済に充当する方式である。代理受領においては，通常，担保差入証の代わりに融資先と銀行が連署した委任状を作成し，そのなかで，①担保の目的のため代理受領の方法がとられること，②融資先は直接取立をしないこと，③銀行の承諾なしに委任を解除しないこと，④第三者にさらに取立を委任しないことなどを特約し，第三債務者の承諾を得ておくことが必要である。

(2) 振込指定

振込指定とは，融資先が第三者に対して有する代金債権の支払方法を自行にある融資先の預金口座への振込とし，この振込金によって貸付金の回収をはかる方式である。

振込指定においても，代理受領の場合と同様に，通常，融資先と銀行が連署で依頼書を作成し，そのなかで，①担保の目的のた

> **補足**
>
> 代理受領や振込指定の合意に反して第三債務者が直接融資先に支払い，銀行に損害が生じた場合，第三債務者は債務不履行ないし不法行為による損害賠償責任を負うとする判例がある。

め振込指定の方法がとられること，②指定された振込の方法によらないで直接融資先に支払ってはならないこと，③振込指定の方法の変更は融資先が単独ではなしえず，銀行の承諾を要することなどを特約し，第三債務者の承諾を得ておくことが必要である。

2 代理受領・振込指定の効力

　第三債務者が代理受領や振込指定を承認しているにもかかわらず，直接融資先に支払った場合，弁済としては有効であるが，それによって銀行が損害を被ったときには，第三債務者は債務不履行ないし不法行為責任による損害賠償責任を負うものと解されている（代理受領につき最判昭和61・11・20金融・商事判例762号3頁，振込指定につき福岡高判昭和57・5・31）。

3 代理受領・振込指定の限界

　代理受領・振込指定は，事実上の担保であり，たとえ代理受領の委任状や振込指定の依頼書に確定日付を得ても第三者対抗要件を具備することはできないので，次のような点で正式担保である譲渡担保や債権質に劣る。

①　目的債権が他の債権者によって差し押さえられたり，融資先が目的債権について正式に他の債権者に対して譲渡担保権または質権を設定したときは，対抗することができなくなる。
②　第三債務者が承諾している場合でも，第三債務者の相殺権は当然に放棄されたものとみなされるわけではないから，第三債務者は承諾前から融資先に対し有している反対債権をもって相殺することを妨げられない。
③　融資先について法的整理手続が開始されたときは，別除権として保護されず，法的整理手続開始後の振込にかかる預金債権を受働債権とする相殺は許されない（破産法71条1項）。

直近5回試験の出題頻度 ★★★★☆

15 | 抵当権

関連過去問題
- 2022年6月 問21
- 2021年10月 問17
- 2021年6月 問17
- 2021年3月 問16

1 抵当権の意義

　不動産を担保に取得する方法としては，通常，抵当権が利用される。抵当権は，質権と同じく当事者間の契約によって生じる約定担保物権であるが，不動産質は，設定者から目的物件の占有を剥奪し，目的物件の交換価値から優先弁済を受けるのに対し，抵当権は目的物件を設定者のもとにとどめ，引き続き目的物件の使用・収益を認めながら，その交換価値のみを把握するものであり（民法369条1項），したがって，他に賃貸中の不動産についても抵当権を設定することができる，最も合理的な物的担保といえる。

　なお，抵当権は，同一の債権を担保するために，複数の不動産の上に設定することができ（民法392条1項参照），このようにして設定された抵当権を共同抵当という。

　抵当権には，特定の債権を担保する普通抵当権（民法369条）と，一定の範囲に属する不特定の債権を極度額の範囲で担保する根抵当権（同法398条の2）とがある。前者は，住宅ローンの貸付に際し，その土地・建物を担保にとるというように，貸金と結びつきの強い不動産を担保にとる場合に利用するのが一般的であり，後者は，運転資金のように反復継続して発生する貸付の担保として利用される。なお，たんに抵当権という場合には，普通抵当権だけを指すのが一般的であるが，普通抵当権と根抵当権を総称することもある。

補足

抵当権には普通抵当権と根抵当権があり，抵当権者と抵当権設定者の合意によって設定される（諾成契約）ものであり，登記することによって第三者対抗要件が具備される。

160　第2編 融資

2 抵当権の性質

抵当権は，担保物権の一種として付従性・随伴性を有する。

(1) 付従性

抵当権は，債権の担保を目的とするものであるから，被担保債権が発生しなければ抵当権も発生せず，被担保債権が消滅すれば抵当権も消滅する。

(2) 随伴性

抵当権は，特定の債権を担保するものであるから，被担保債権が他に譲渡されると抵当権も債権とともに移転する。

3 抵当権設定契約

抵当権は，抵当権者（債権者）と抵当権設定者（債務者または物上保証人）との間の契約によって設定されるものであり，登記は第三者対抗要件にすぎない（民法177条）。

なお，同一の不動産について数個の抵当権が設定された場合には，その抵当権の順位は，登記の前後によることとなる（民法373条）。

また，抵当不動産に滞納処分による差押えがあった場合には，抵当権の被担保債権と租税の優劣は，抵当権の設定登記日と租税の法定納期限等の先後によって決せられることとなる（国税徴収法16条，国税徴収法基本通達第16条関係9）。

4 抵当権の目的物

抵当権の目的とすることができるのは，土地，建物，地上権，永小作権（民法369条2項）のほか，特別法で認められた自動車，船舶，建設機械，工場財団，鉄道財団，鉱業財団などである。

なお，抵当権が設定されている土地が分筆された場合には，抵

> **補足**
> 登記名義人が無権利者であれば，その者を所有者と信じて抵当権の設定を受けても抵当権は成立しない。

当権は分筆後の土地の上に存続することとなる（不動産登記法40条参照）。

また，抵当権設定後に抵当地に建物が築造された場合には，抵当権設定者以外の者がその建物を築造した場合であっても，建物所有者が抵当地について抵当権者に対抗することができる権利を有する場合を除き，土地の抵当権者が建物も一括して競売することができる（民法389条）。

5　抵当権の効力の及ぶ範囲

抵当権の効力は，抵当地上に存する建物を除き，その目的物である不動産に付加して一体となっているものにも及ぶが（民法370条），この付加物の範囲については議論がある。

(1)　付合物・従物

不動産の**付合物**（民法242条），たとえば立木や庭石は土地の付合物であるが，これらは不動産を構成する物として，付加一体物に含まれる。

また，抵当権設定の当時に存在した**従物**（民法87条1項）も含まれる。抵当権設定後に生じた従物については争いがあるが，抵当権が将来の交換価値を把握するもので，目的物の使用・収益を設定者に委ねることから，自由に使用させる見返りに設定後に生じた従物にも抵当権の効力が及ぶと解されている。

(2)　借地権

建物を所有するために必要な敷地の**借地権**は，建物所有権に付随し，これと一体となって一つの財産的価値を形成しているものであるから，借地上の建物について抵当権を設定した場合には，原則として，抵当権の効力は，建物の従たる権利である借地権にも及び（最判昭和40・5・4民集19巻4号811頁），建物抵当権の登記があればこれを第三者にも対抗することができる。

(3) 果　実

抵当権の効力は，原則として，抵当不動産の果実には及ばないが，その被担保債権について債務不履行があった場合には，その後に生じた果実に及ぶ（民法371条）。

(4) 抵当権の目的物の価値の変形物

抵当権については，先取特権の物上代位に関する規定（民法304条）が準用されているので，抵当権は，目的物の売却，賃貸，滅失または損傷によって所有者が受けるべき金銭その他の物に対しても行使することができる（同法372条）。ただし，物上代位権を行使するためには，抵当権者は，その払渡しまたは引渡しの前に差押えをなすことを要する（同法372条・304条1項ただし書）。

なお，物上代位の目的物は，抵当不動産の賃料，火災保険金，損害賠償金，土地収用の補償金・清算金，替地などである。

6　優先弁済権の範囲

抵当権を実行した場合に抵当権者が優先弁済を受ける範囲は，抵当権設定契約で被担保債権として約定された債権の元本と利息・損害金である。民法は，抵当権者が優先弁済を受けることができる範囲を元本と最後の2年分（配当時からさかのぼって2年間分）の利息・損害金に限定しているが（同法375条），これは利息・損害金の額は登記されないので，その全部について優先弁済権を認めると，後順位抵当権者や一般債権者等の利害関係人が不測の損害を被るおそれがあるからである。したがって，利害関係人がいない場合には，抵当権者は，元本と利息・損害金の全部について弁済を受けることができる。

重要用語

優先弁済

直近5回試験の出題頻度 ★★☆☆☆

16 | 根抵当権

1 根抵当権の設定

関連過去問題
- 2021年10月
  問17
- 2021年3月
  問16

根抵当権は，一定の範囲に属する不特定の債権を極度額の限度で担保するものであるから，根抵当権を設定するためには，目的不動産を特定し，債権者と物件所有者（債務者または物上保証人）との間で**根抵当権設定契約**（以下「設定契約」という）を締結することを要するが，根抵当権であるためには，次のような事項を定めなければならない。なお，目的不動産が2つ以上あるときは，共同担保とするか累積式とするかを定める必要がある（民法398条の16）。

重要用語
根抵当権

重要用語
根抵当権設定契約

(1) 被担保債権の範囲

重要用語
被担保債権

根抵当権は，一定の範囲に属する不特定の債権を担保するものなので，**被担保債権**の範囲を定めることは設定契約の要件である。被担保債権の範囲は，「債務者との特定の継続的取引契約によって生じるもの」，「債務者との一定の種類の取引によって生じるもの」に限定して定めなければならない（民法398条の2第2項）。しかし，同条3項は，「特定の原因にもとづいて債務者との間に継続して生じる債権」，「手形上もしくは小切手上の請求権」，「電子記録債権」も被担保債権とすることができるとしていることから（同法398条の2第3項），回り手形・回り小切手も被担保債権とすることができる。

注意
根抵当権の設定にあたっては，被担保債権の範囲，極度額，債務者を定めなければならないが，確定期日を定めるかどうかは任意である。

銀行が根抵当権の設定を受ける場合には，被担保債権の範囲を①銀行取引，②手形債権・小切手債権，③電子記録債権とするの

164 第2編 融資

が一般的であるが,「銀行取引による債権」には,手形貸付,手形割引,証書貸付,当座貸越,支払承諾(債務保証),外国為替などの与信業務によって生じた債権が含まれる。また,甲銀行の根抵当権の債務者であるA社が,甲銀行の他の融資先であるB社の保証人となっている場合には,甲銀行がA社に対して有するB社にかかる保証債権も被担保債権の範囲に含まれると解されている(最判平成5・1・19民集47巻1号41頁)。

根抵当権の確定前にその被担保債権について併存的債務引受または免責的債務引受があった場合に,債務引受にかかる債権をその根抵当権で担保させるためには,引受人を根抵当権の債務者に追加する債務者の変更を行うとともに,債務引受にかかる債権を特定の債権として被担保債権の範囲に追加する被担保債権の範囲の変更を行わなければならない(民法398条の4)。

(2) 極度額

極度額を定めることは設定契約の要件であり,根抵当権者は極度額を限度として確定した元本および利息・損害金の全部について優先弁済を受けることができる(民法398条の3第1項)。根抵当権については,普通抵当権と異なり,利息・損害金の優先弁済権を最後の2年分に制限する民法375条の規定は適用されない。

重要用語
極度額

なお,根抵当権の目的不動産に対して滞納処分による差押えがあった場合には,根抵当権の被担保債権が国税に優先する場合であっても(国税徴収法16条),国税に優先する元本債権額は,根抵当権者に差押えの通知書が送達された時の元本債権額に相当する金額が限度となる(同法18条1項)。

(3) 債務者

債務者を定めることは設定契約の要件である。債務者は複数であってもさしつかえなく,債務者が複数の根抵当権を共用根抵当権という。

⑷ 確定期日

確定期日の定めをするかどうかは，当事者の自由であり，契約の要件ではない。銀行取引では定めないのが一般的である。なお，確定期日を定めるときは，これを定めた日から5年以内の日とすることを要し（民法398条の6第3項），その期日の到来した時（午前零時）にその根抵当権の担保すべき元本が確定する。

2 根抵当権の変更

設定契約で定めた内容は，根抵当権者と根抵当権設定者の合意によって変更することができる。根抵当権設定者と債務者が異なる場合（物上保証）でも，債務者の承諾は要しない。

⑴ 被担保債権の範囲の変更

被担保債権の範囲の変更は，根抵当権の確定前に限って認められ，その変更については後順位抵当権者等の承諾を要しない（民法398条の4第1項・2項）。被担保債権の範囲の変更の態様としては，従来の債権の範囲を他の債権の範囲と入れ替えるものや，従来の債権の範囲に他の債権の範囲を追加するものがある。そのほか，譲受債権のような特定の債権を債権の範囲に追加することもできる。被担保債権の範囲を変更した場合には，変更後の被担保債権の範囲に属する債権は，変更後に発生するものばかりでなく，すでに発生しているものも当然に担保される。

なお，被担保債権の範囲の変更をしたときは，元本の確定前に登記をしなければ効力を生じない（民法398条の4第3項）。

⑵ 債務者の変更

債務者の変更も，根抵当権の確定前に限って認められ，その変更については後順位抵当権者等の承諾を要しない（民法398条の4第1項・2項）。債務者の変更の態様としては，従来の債務者を他の債務者と入れ替えるものや，従来の債務者に他の債務者を追加

💡 補足

根抵当権の確定前であれば，根抵当権者と根抵当権設定者の合意により，被担保債権の範囲の変更，債務者の変更，確定期日の変更を行うことができる。

166　第2編　融資

するものがある。債務者を変更した場合には，変更後の債務者に対する債権は，変更後に発生するものばかりでなく，すでに発生しているものも当然に担保される。

なお，債務者の変更をしたときも，元本の確定前に登記をしなければ効力を生じない（民法398条の4第3項）。

(3) 極度額の変更

極度額の変更は，根抵当権の確定の前後を通じて認められるが，後順位抵当権者その他の利害関係人の承諾を得なければ変更を行うことができない（民法398条の5）。承諾を要する利害関係人とは，増額の場合には，後順位抵当権者，不動産の差押債権者等であり，減額の場合には，減額をする根抵当権についての転抵当権者，被担保債権の差押債権者・質権者である。

極度額の増額の場合，利害関係人の承諾を得られないときは，後順位に別個の根抵当権の設定を受けることになる。

(4) 確定期日の変更

確定期日の定めは，根抵当権の確定前であれば，これを変更しまたは廃止することができるが（民法398条の6第1項），確定期日はその変更をした日から5年以内であることを要する（同法398条の6第3項）。確定期日を定めまたはこれを変更するには，後順位抵当権者その他の第三者の承諾を必要としない（同法398条の6第2項・398条の4第2項）。

なお，元本確定期日の変更をしたときは，その期日前にその登記をしないと，根抵当権はその期日において確定する（民法398条の6第4項）。

3 根抵当権の転抵当・譲渡

根抵当権の確定前においては，転抵当を除き，民法376条1項の処分，すなわち，根抵当権の譲渡・放棄または根抵当権の順位

補足

根抵当権の極度額の変更は，根抵当権の確定の前後を通じて行うことができるが，利害関係人がいるときはその承諾を得る必要がある。

第2編

16　根抵当権　**167**

の譲渡・放棄はできないものとされているが（民法398条の11第1項），その代わりに，全部譲渡・分割譲渡・一部譲渡が認められている。これらの譲渡は，いずれも根抵当権の被担保債権とは切り離したかたちで，根抵当権そのものの絶対的な処分として行われるものであり，根抵当権の絶対的譲渡としての性格を有するものである。

補足

根抵当権の確定前には，転抵当，全部譲渡・分割譲渡・一部譲渡が認められている。

(1) 根抵当権の転抵当

重要用語

転抵当

転抵当とは，抵当権者がその抵当権をもって自己または第三者の債務の担保とすることである。民法376条1項の処分中，転抵当だけは，元本確定前の根抵当権についても認められている。

根抵当権は不特定多数の債権を担保することを本来の機能とするので，これを転抵当の目的とした場合には，元本の確定前に主たる債務者が転抵当権者の承諾を得ないで弁済したときでも，その債務は消滅する（同法398条の11第2項）。ただし，根抵当権の確定後においては，民法377条2項の規定の適用があり，転抵当権者の承諾を得ないで弁済しても，その弁済をもって転抵当権者に対抗することができなくなるので（同法398条の11第2項），確定前にあらかじめ対抗要件を具備しておく必要がある。

(2) 全部譲渡

重要用語

根抵当権の全部譲渡

補足

根抵当権の全部譲渡とは1個の根抵当権を第三者に譲渡することであり，分割譲渡とは1個の根抵当権を2個に分割して，その一方を第三者に譲渡することである。

根抵当権の全部譲渡とは，その被担保債権と切り離して，根抵当権そのものを第三者に絶対的に移転することであり，元本の確定前に限って行うことができる。根抵当権の譲渡を行うには，譲渡人と譲受人の合意および設定者の承諾を必要とするが（民法398条の12第1項），後順位抵当権者の承諾は必要ない。なお，この譲渡を第三者に対抗するためには登記が必要である。

全部譲渡が行われると，根抵当権は譲受人に絶対的に移転し，以後その根抵当権の被担保債権の範囲に属する譲受人の債権のみを担保することになり，譲渡人の債権はもはや担保されなくなる。

(3) 分割譲渡

根抵当権の分割譲渡とは，1個の根抵当権を2個の根抵当権に分割して，その一方を他に譲渡することであり，元本の確定前に限って行うことができる。根抵当権の分割譲渡を行うには，譲渡人と譲受人の合意および設定者の承諾を必要とするが（民法398条の12第2項），後順位抵当権者の承諾は必要ない。なお，この譲渡を第三者に対抗するためには登記が必要である。分割譲渡をする根抵当権を目的とする権利は，譲渡された一方の根抵当権について消滅するので，それらの権利を有する者がいる場合には，その者の承諾も得る必要がある（同法398条の12第3項）。

分割譲渡が行われると，譲渡した部分は譲受人に絶対的に移転し，譲受人の債権は，譲渡された根抵当権の被担保債権の範囲に属するものであれば，譲受後に生じるものはもちろんのこと，譲受時にすでに存在していたものもすべて担保されるが，譲渡人の債権は，譲渡時に存在していたものももはや担保されなくなる。

なお，分割譲渡により移転する根抵当権の順位は，分割前の根抵当権と同順位であり，分割前の根抵当権の極度額は，分割譲渡により移転した極度額に相応する分だけ減額される。

(4) 一部譲渡

根抵当権の一部譲渡とは，根抵当権の共有状態を作出して，譲渡人と譲受人がともに根抵当権者としてその利益を受けることができるようにするものであり，元本の確定前に限って行うことができる。根抵当権の一部譲渡を行うには，譲渡人と譲受人の合意および設定者の承諾を必要とするが（民法398条の13），後順位抵当権者の承諾は必要ない。なお，この譲渡を第三者に対抗するためには登記が必要である。

一部譲渡が行われると，譲受人は譲渡人とともに根抵当権を共有することになり，以後，根抵当権は譲渡人の債権と譲受人の債

重要用語
根抵当権の分割譲渡

重要用語
根抵当権の一部譲渡

補足
根抵当権の一部譲渡とは，1個の根抵当権を譲渡人と譲受人の共有とすることである。

権をともに担保することとなる。

なお，一部譲渡のあったことだけが登記され，弁済を受ける割合についての別段の定めあるいは優先劣後の定めについて登記がされないときには，譲渡人と譲受人はそれぞれの債権額の割合に応じて弁済を受けることになる（民法398条の14第1項）。

⑸ **共同根抵当権の全部譲渡・分割譲渡・一部譲渡**

共同根抵当権の全部譲渡，分割譲渡または一部譲渡は，その根抵当権が設定されているすべての不動産について登記をしなければ，全部についてその効力が生じない（民法398条の17第1項）。

根抵当権の譲渡について，後順位抵当権者の承諾は必要としません。

直近5回試験の出題頻度 ★★☆☆☆

17 | 根抵当権の元本の確定

1 確定の意義

根抵当権は，設定行為によって定めた一定の範囲に属する不特定の債権を担保するために設定されるものであるが，根抵当権も債権担保を目的とする以上，最後まで被担保債権が特定しないというわけではない。

民法は，将来，被担保債権を特定するに足りる客観的基準として，あらかじめ一定の被担保債権の範囲を定めておくことを要求し，さらに根抵当権に元本の確定という概念を導入し，確定事由が生じたときは，根抵当権は確定時に存在する元本と利息・損害金等を担保するものとしている（民法398条の3第1項）。この意味においては，確定後の根抵当権は，特定債権を担保する普通抵当権と実質的に類似したものになるが，普通抵当権に転化するわけではなく，民法375条の規定の適用を受けないので，利息・損害金は，確定後に生じるものでも，極度額の限度内であれば，当該根抵当権によって全部担保される。

また，根抵当権の性質や，当事者がなしうる変更・処分についても，確定の前と後では大きな違いが生じる。たとえば，確定前においては，①根抵当権の債権に対する付従性・随伴性が否定され，②被担保債権の範囲，債務者，確定期日の定めまたはその変更が認められ，③相続・合併に関する特則が適用され，④根抵当権の全部譲渡・分割譲渡・一部譲渡が認められる。

一方，確定後は，①根抵当権の債権に対する付従性や随伴性が

関連過去問題
✎2022年6月
　問22
✎2021年3月
　問17

補足
根抵当権の元本確定後は，債務者や被担保債権の範囲を変更することはできない。

第2編

認められるようになるため，債務者が被担保債権を全額弁済すると根抵当権は消滅し，また，②民法376条の処分が認められるようになる（民法398条の11第1項本文）。

2 確定事由および確定時期

⑴ 確定期日の到来

確定期日を定めた場合には，確定期日の到来によって根抵当権は確定するが（民法398条の6），その時点は当日の午前零時である。

⑵ 根抵当権者または債務者についての相続の開始

根抵当権者または債務者について相続が開始した場合には，その後6か月以内に根抵当関係の承継の合意とその登記がなされないと，根抵当権は相続開始時に確定したものとみなされる（民法398条の8第4項）。

⑶ 根抵当権者または債務者の合併を理由とする確定請求

根抵当権者または債務者について合併があった場合には，根抵当権設定者は，合併があったことを知った日から2週間以内または合併の日から1か月以内にかぎり，元本の確定を請求することができ，この請求があったときは根抵当権は合併の時に確定したものとみなされる（民法398条の9第3項・4項）。なお，債務者が根抵当権設定者を兼ねている場合には，その債務者について合併が生じたことを理由に確定請求をすることはできない（同法398条の9第3項ただし書）。

⑷ 根抵当権者または債務者の会社分割を理由とする確定請求

根抵当権者または債務者について会社分割があった場合には，根抵当権設定者は，分割があったことを知った日から2週間以内または分割の日から1か月以内にかぎり，元本の確定請求をすることができ，この請求があったときは，根抵当権は分割の時に確

> **補足**
> 債務者に相続が開始したことをもって根抵当権設定者による元本確定請求を認める規定はない。

定したものとみなされる（民法398条の10第3項・398条の9第3項・4項）。なお，債務者が根抵当権設定者を兼ねている場合には，その債務者について分割が生じたことを理由に確定請求をすることはできない（同法398条の10第3項・398条の9第3項ただし書）。

⑸ **根抵当権設定者による確定請求**

確定期日の定めがない場合には，根抵当権設定者は，根抵当権設定後3年を経過すれば元本の確定を請求することができ，この確定請求があった場合には，確定請求の意思表示が根抵当権者に到達した時から2週間を経過すると根抵当権は確定する（民法398条の19第1項・3項）。

⑹ **根抵当権者による確定請求**

確定期日の定めがない場合には，根抵当権者はいつでも元本の確定を請求することができ，この確定請求があった場合には，確定請求の意思表示が根抵当権設定者に到達した時に根抵当権は確定する（民法398条の19第2項・3項）。

⑺ **根抵当権者による競売，担保不動産収益執行または物上代位による差押えの申立**

根抵当権者が自ら抵当不動産に対し競売もしくは担保不動産収益執行または物上代位による差押えを申し立て，競売手続もしくは担保不動産収益執行手続の開始または差押えがあった場合には，根抵当権はその申立の時に確定する（民法398条の20第1項1号）。

⑻ **根抵当権者が滞納処分による差押えをした場合**

根抵当権者が抵当不動産に対し滞納処分による差押えをした場合には，根抵当権はその差押えをした時に確定する（民法398条の20第1項2号）。この確定事由が適用されるのは，国や地方公共団体等が根抵当権を有している場合である。

補足

確定期日の定めがない場合，根抵当権設定者は根抵当権設定後3年経過後に元本の確定請求をすることができ，一方，根抵当権者はいつでも確定請求することができる。

第2編

17　根抵当権の元本の確定　**173**

⑼　**第三者による競売手続の開始または滞納処分による差押え**

抵当不動産に対し第三者の申立による競売手続の開始または滞納処分による差押えがあった場合には，根抵当権者がそれを知った時から2週間を経過したときに根抵当権が確定する（民法398条の20第1項3号）。

⑽　**債務者または根抵当権設定者の破産**

債務者または根抵当権設定者が破産手続開始の決定を受けた場合には，破産手続開始の決定があった時に根抵当権が確定する（民法398条の20第1項4号）。

なお，債務者または根抵当権設定者が，再建型の法的整理手続である再生手続または更生手続の開始の決定を受けても，根抵当権は確定しない。これは，後記⑾の担保権消滅請求の制度の趣旨からも明らかである。

⑾　**担保権消滅請求**

民事再生手続または会社更生手続において担保権消滅請求の許可決定があった場合には，根抵当権者がその送達を受けた時から2週間を経過したときに根抵当権が確定する（民事再生法148条6項，会社更生法104条7項）。

なお，⑼〜⑾の事由によりいったん元本が確定した場合でも，その後，それぞれの手続が効力を失えば，確定の効力も生じなかったものとみなされる。ただし，確定を前提として根抵当権またはこれを目的とする権利を取得した者があるときは，確定の効力はそのまま存続するものとされる（民法398条の20第2項，民事再生法148条7項，会社更生法104条8項）。

3　共同根抵当権の確定

共同根抵当権については，その一部の不動産についてのみ確定事由が生じた場合（共同担保の関係にある不動産のうちの1つが

差し押さえられたような場合など）でも，共同根抵当権のすべて
が確定する（民法398条の17第2項）。

4 確定後の根抵当権の法律関係

確定後の根抵当権は，確定時に存在する元本および利息・損害
金とその元本債権から確定後に発生する利息・損害金を極度額ま
で担保するという状態になるが，これに関連して，民法は次の2
つの権利を認め，根抵当権設定者などの利害の調整を図っている。

⑴ 根抵当権の減額請求

根抵当権の減額請求とは，確定時の根抵当権の被担保債権額（元
本，利息・損害金）が極度額を下回っている場合に，根抵当権設
定者や第三取得者が，その根抵当権の極度額を現に存する被担保
債権額とその後2年間に発生する利息・損害金の額に減額するよ
う請求できる権利である（民法398条の21第1項）。この請求権は
形成権であり，一方的な請求により減額の効果が生じる。

⑵ 根抵当権の消滅請求

根抵当権の消滅請求とは，確定時の根抵当権の被担保債権額（元
本，利息・損害金）が極度額を上回っている場合に，物上保証人
や第三取得者，用益権者（地上権者・永小作権者・対抗要件を備
えた賃借権者）が，その極度額に相当する金額を支払い，または
これを供託して根抵当権の消滅を請求することができる権利であ
る（民法398条の22第1項）。この請求権は形成権であり，一方的
な請求により根抵当権消滅の効果が生じる。

> ! 注 意
>
> 債務者，保証人
> は除かれることに
> 注意。

17　根抵当権の元本の確定　175

直近5回試験の出題頻度 ★★★☆☆

18 | 個人融資先の死亡

関連過去問題
- 2022年10月 問18
- 2021年6月 問19
- 2021年3月 問19

1 単純承認

(1) 意 味

融資先の死亡によって相続が開始するが，相続人が自己のために相続の開始があったことを知った時から3か月以内に相続の放棄や限定承認などの手続をとらなかった場合や，相続人が相続財産の全部または一部を処分した場合には単純承認をしたものとみなされ，相続人は無限に被相続人の債務を相続することとなる（法定単純承認，民法921条）。

単純承認があれば，相続人が1人の場合にはその者を借主として，以後，債権の管理・回収をすることになる。

一方，相続人が複数いる場合には，判例は，金銭の借入債務のような可分債務は，相続開始と同時に共同相続人にその相続分に応じて当然に分割承継されるとしている（最判昭和29・4・8民集8巻4号819頁）。積極財産をほとんど相続しなかった者でも，消極財産を法定相続分の割合で相続することとなる（最判昭和34・6・19民集13巻6号757頁）。

(2) 相続人に対する債権保全手続

相続財産について単純承認があり，遺産分割協議が行われる場合には，同時に債務についても誰が相続するか協議されることがあるが，相続人間で債務の分割が合意されても，債権者はその合意に拘束されず，相続分に応じて各相続人に分割承継されたものとして履行を請求できる（東京高決昭和37・4・13）。相続人間

補足

借入債務は各相続人の法定相続分に応じて承継され，これと異なる遺産分割協議をしても，債権者には対抗できず，債権者は各相続人の法定相続分の債務について履行請求できる。

で，資力のない者に相続させることができるとすれば，債権者が不利益を受けるからである。したがって，当該合意について債権者が承諾すれば合意は有効となる。

なお，「相続人のうちの1人に対して財産全部を相続させる」旨の遺言がされた場合には，特段の事情のないかぎり，相続人間においてはその相続人が相続債務をすべて相続する。ただし，相続債権者は，この遺言に拘束されることはなく，法定相続分に従った相続債務の履行を請求することができる（最判平成21・3・24金融・商事判例1331号42頁）。

(3) 債務の承継

住宅ローンなど団体信用生命保険が付保されているものは，債務者死亡により債務は完済となるが，アパートローンなどは通常「債務の相続」が発生する。

前述のとおり，債務は（遺言や遺産分割協議とは無関係に）法定相続分に応じた分割債務となる。銀行実務としては，（銀行が承認する）相続人の一人に他の全相続人の相続した債務を免責的に債務引受してもらい債務者を1名とするのが一般的である。

(4) 担保の効力

被相続人の債務について担保がある場合には，債務が相続分に応じて分割承継されても，担保権の実行は可能である。担保物件が被相続人の提供で，それが相続人の所有になった後も同様である。

なお，相続人の1人が他の相続人の相続債務を引き受けた場合，免責的債務引受のときには，引受人以外の者が担保提供者の場合はその者の書面または電磁的記録による承諾がなければ，引受債務には担保権の効力が及ばなくなる（民法472条の4第1項・4項・5項）。

担保権が根抵当権の場合，その債務者が死亡すると，特定の相

補足

根抵当債務者が死亡したときは，根抵当権者と根抵当権設定者との合意により，相続開始後6か月以内に相続人の中から新たな債務者を定め，その登記をすれば，引き続き根抵当権を利用できる。

続人が新しく負担する債務を担保させるためには，まず当該相続人を根抵当債務者とする合意の登記（民法398条の8条2項・4項）をし，その後で被担保債権の範囲の変更の登記（債務引受にかかる債権を被担保債権の範囲に追加する旨の登記）をすることが必要である。

2 限定承認

限定承認

限定承認は，相続人が相続によって得た財産を限度として債務を弁済すべきことを留保して相続を承認することである（民法922条）。被相続人の債務が相続財産を超過していると思われる場合，または超過しているかどうか不明な場合に行われる。

限定承認をするには，相続人は，自己のために相続の開始があったことを知った時から3か月以内に，家庭裁判所にその旨を申述しなければならないが（民法924条・915条1項），限定承認の申述は，相続人が複数いる場合には，その全員ですることが必要である（同法923条）。なお，この申述が行われると，一定期間内に相続債権の請求を申し出るよう公告され，知れている債権者にはその旨の通知がされる（同法927条）。

上記の公告期間が満了した後は，限定承認者は，相続財産をもって，申し出た債権者その他知れている債権者にその債権額の割合に応じて弁済をしなければならないが，担保権者その他の優先権を有する債権者の権利を害することはできない（民法929条）。

限定承認は，相続債権者に対する相続人の責任を，相続財産の範囲に限定するもので，この範囲を超えた債務を消滅させるものではないから，相続財産から全額の回収ができない場合には，残余の債務について相殺や担保権の実行，保証人に対する請求を行うことができる。

3 相続の放棄

　相続の放棄をすると，その者は初めから相続人でなかったものとみなされる（民法939条）。相続の放棄をする場合には，相続人は，自己のために相続の開始があったことを知った時から3か月以内に家庭裁判所にその旨を申述しなければならない（同法915条1項）。この申述をせずに，たんに相続によって得た権利を放棄する旨の意思表示をしただけでは，相続の放棄とはならない。実務上，家庭裁判所が発行する「相続放棄申述受理証明書」を徴求する（限定承認の場合は「限定承認申述受理証明書」）。相続の放棄がなされると，債務は残りの相続人が相続するから，債権者は残りの相続人を相手として，債権の管理・回収をすることになるが，全員が相続の放棄をすると，相続人の不存在となる。

　なお，相続の放棄は代襲原因となっていないので（民法887条2項・889条2項），相続の放棄をした者に子がいても，その子は相続人とはならない。

重要用語

相続の放棄

補足

いったんなされた相続の承認および放棄は，たとえ3ヵ月の熟慮期間内であっても撤回することができない。

4 相続人の不存在

　相続人の全員が相続の放棄をしたり，相続人が存在しているかどうか不明であったり，存在していてもその生死が不明の場合には，相続人不存在の手続（民法951条以下）がとられる。相続人がいることはわかっているが，たんにその所在が不明であるにすぎない場合は，相続人の不存在ではない。

　相続人の不存在の手続は，利害関係人または検察官の請求によって，家庭裁判所が相続財産管理人を選任して行う。一定期間後，相続人が存在することが判明しない場合には，限定承認の場合と同様に，債権者に債権の申出をなすべき旨が公告または通知され（民法957条1項），相続財産が換価処分されて，債権者に弁済さ

れる。

　なお，相続人不存在の場合でも，相続財産に対する担保権の実行は影響を受けず，相続財産管理人を相手方として手続を行うことができる。また，相続人の不存在が確定し，債務の主体が消滅したことになっても，担保・保証には影響を及ぼさないと解されている。

借入債務は各相続人の法定相続分に応じて分割承継され，これと異なる遺産分割協議を行っても，債権者には対抗できません。

直近5回試験の出題頻度 ★★★☆☆

19 | 貸出金債権の消滅時効

1 時効の意義

時効とは，ある事実状態が一定の期間継続する場合に，この状態が真実の権利関係に合致するものかどうかを問わず，その事実状態をそのまま権利関係として認めることにより，その事実状態を前提として構築された社会秩序や法律関係の安定をはかることを目的とする制度である。

時効には，一定の期間他人の物を占有する者に，その物に関する権利の取得の効果を生じさせる取得時効と，一定の期間権利を行使しない者に，権利の消滅の効果を生じさせる消滅時効とがある。貸付金の管理・回収との関係で問題となるのは主に消滅時効であり，貸付金債権について消滅時効が完成すると，銀行は債務者や保証人に対し請求できなくなる。したがって，長期間延滞している貸出金債権については，時効にかからないよう注意する必要がある。

2 消滅時効の要件

(1) 時効期間の起算点

債権の消滅時効の要件は，債権の不行使とその状態の一定期間の継続である。

消滅時効は，権利を行使することができることを知った時，権利を行使できる時から進行する（民法166条）。具体的には，貸付金の弁済期限が到来した時，または債務者が期限の利益を喪失し，

関連過去問題
- 2022年10月 問36
- 2021年6月 問35
- 2021年3月 問35

第2編

💡 補足

消滅時効は，貸付金の期限到来時など，権利を行使しうる時から進行する。

19 貸出金債権の消滅時効　**181**

あるいは買戻債務や求償債務が発生した時から進行を開始する。時効期間の計算には，初日不算入の原則が適用されるから（同法140条本文），翌日を第1日目として時効期間を計算することとなる。なお，割賦弁済の約定のある証書貸付については，債務者が期限の利益を喪失していないかぎり，各割賦金債務について約定弁済期が到来するごとに順次時効が進行する。

⑵　消滅時効期間

　従来から，銀行の証書貸付債権等の金銭消費貸借契約の債権の消滅時効期間は，商人である銀行の行為によって生じた債権として，5年とされてきた（信用金庫・信用組合・農協等は商人でないので，相手方が商人でなければ改正前民法167条1項で10年）。

　改正民法においてこの消滅時効期間については，権利を行使できる時（客観的起算点）から10年，権利を行使できることを知った時（主観的起算点）から5年とされ（民法166条1項），また，商法522条の商行為の時効については廃止された。

　銀行の融資取引については，「返済期限の到来」が「権利を行使できる時」となり，通常は銀行は認識して（知って）いるので，消滅時効期間は従来どおり「5年」ということになる。なお，相続開始や行方不明が「当然失期事由」で期限の到来となる場合は，銀行は通常知りえないので，「10年」（または「知ってから」5年のうち先に到来するほう）ということになる。

　この，改正民法の消滅時効期間については，施行日（2020年4月1日）以降に債権が生じたものに適用され施行日前に債権が生じたものは従前の民法等が適用されるが（附則10条4項），銀行の貸付金債権の消滅時効期間については，いずれにしても通常は5年ということになる。しかし，信用金庫等については，相手方が商人でなければ，施行日（2020年4月1日）前に債権が生じたものは10年，施行日（2020年4月1日）以降に債権が生じたものは

5年ということになる。

　なお，確定判決または裁判上の和解・調停その他確定判決と同一の効力を有するものによって確定された債権は，10年より短期の時効期間を適用されるものであっても，一律に10年となる（民法169条1項）。

　手形貸付の場合，銀行は，金銭消費貸借上の債権と手形上の債権とを併有するが，後者の消滅時効期間は，満期の日から3年である（手形法70条1項・77条1項8号）。

　割引手形の買戻請求権は，買戻しが手形の再売買と解されているので，その消滅時効期間は5年となるが，割引手形の主たる債務者（約束手形の振出人，為替手形の引受人）に対する手形上の請求権は満期の日から3年であり，為替手形の振出人や手形の裏書人等の遡求義務者に対する手形上の請求権は満期の日から1年である（手形法70条2項・77条1項8号）。

> 補足
> 確定判決等により確定した債権の時効期間は10年となる。

消滅時効は，権利を行使することができることを知った時，権利を行使できる時から進行します。

直近5回試験の出題頻度 ★★★★☆

20 時効の完成猶予・更新

関連過去問題
- 2022年10月 問19
- 2021年10月 問20
- 2021年6月 問25
- 2021年3月 問20

1 時効の完成猶予・更新の意義

　消滅時効の要件は、時効の進行中、権利の不行使という事実状態が継続することであるから、逆にいえば、時効の基礎を覆すような事情が発生すれば時効は完成しないということになる。そこで民法は、債権者が権利を行使したときには、それまでに時効期間が経過してきたことを法的に無意味なものにするという制度を設けており、これを従前は時効の中断といっていた。

　改正民法では、この、時効の「中断」という概念が、時効の「完成猶予」・時効の「更新」という二つの概念に分けて整理され、また、従来の、時効の「停止」も、時効の「完成猶予」として整理された。

重要用語
時効の完成猶予

　時効の完成猶予とは、猶予事由が発生しても時効の進行自体は止まらないが、本来の時効期間の満了時期を過ぎても、所定の期間を経過するまでは時効が完成しないというものをいう。

重要用語
時効の更新

　時効の更新とは、更新事由の発生によってそれまで経過していた時効期間が無意味なものとなり、新たに（ゼロから）時効が進行するというものをいう（筒井健夫、村松秀樹編著「一問一答　民法（債権関係）改正」商事法務、44頁）。

　なお、この完成猶予・更新についての規定は、改正民法の施行日（2020年4月1日）以降にこれらの事由が生じた場合に適用され、施行日前に生じた場合は改正前民法が適用される（附則10条2項）。

2 個別の完成猶予・更新の事由（概略）

⑴ 「裁判上の請求」（訴訟の提起），「支払督促」等では，訴状等が裁判所に提出された時に時効の完成猶予となり（民法147条1項），確定判決等により権利が確定したときに時効の更新となり，上記完成猶予事由が終了した時から新たに時効が進行する（同条2項）。

⑵ 「催告」については，その時から6か月を経過するまでは時効の完成猶予となる。なお，猶予されている間に再度催告しても，効力はない（民法150条）。

⑶ 「強制執行，担保権実行等」については，その事由が生じた場合，その時から，その事由の終了まで時効の完成が猶予され（同法148条1項），終了時に時効の更新となり時効が新たに進行する（同条2項）。なお，改正前民法の「差押」については，この「強制執行」に含まれる。

⑷ 「仮差押，仮処分」については，その事由が終了した時から6か月を経過するまで時効の完成猶予となる（民法149条）が，更新の効力はない（改正前民法では「中断事由」とされて，改正民法での「更新」の効力があるとされていた）。

⑸ 「承認」については，権利の承認があったときは時効の更新となり，時効が新たに進行する（民法152条1項）。

　承認とは，時効の利益を受ける債務者が，債権者である銀行に対して，その債権の存在を知っていることを表示（口頭，文書）することで，銀行は債務承認書を徴求することが一般的である。なお，内入弁済，利息の支払，手形の書替，返済猶予の依頼なども，債務の承認となる。

⑹ その他，改正民法では，新たに，時効の完成猶予事由として「協議を行う旨の合意」が規定された。これは，問題とされてい

る権利について協議を行う旨の合意が書面または電磁的記録によってなされた場合は、時効の完成が一定期間猶予されるというものである（詳細は民法151条参照）。

3 時効の完成猶予・更新の効力

主たる債務者に対する時効の完成猶予・更新は保証人に対してもその効力を生じる（民法457条1項）。

連帯保証人に対する時効の完成猶予・更新は、主債務の消滅時効の完成猶予・更新事由とはならない。

時効の完成猶予とは所定の期間が経過するまでは時効が完成しないもの、時効の更新とは新たに時効が進行するものをいいます。

理解度チェック

❶ 一度催告をした後で、6ヵ月以内に再度の催告を行うことを繰り返すことによって、消滅時効の完成を阻止することができる。
❷ 主債務者に対して時効更新の手続をとると、連帯保証人に対しても時効更新の効力が及ぶ。
❸ 債務者が貸付金の利息を支払うと、貸付債権の消滅時効は更新する。

解答　❶ ×　時効の完成猶予の効力は生じない。
　　　❷ ○
　　　❸ ○

直近5回試験の出題頻度　★★★★☆

21 | 時効の効力

(1)　時効の遡及効

　時効の効力は，時効期間開始の時，すなわちその起算日にさか
のぼって発生する（民法144条）。債権の時効の場合，債権は起算
日にさかのぼって消滅していたものとして扱われるので，時効に
よって債務を免れた者は，時効期間中の利息を支払う必要がない
（大判大正9・5・25民録26輯759頁）。

(2)　時効の援用

　時効による権利の得喪が完全な効力を生じるためには，時効の
利益を受ける者によって時効の利益を受けようとする意思表示が
なされることが必要であり，これを時効の援用という。当事者の
援用がない限り，裁判所は時効を基礎として裁判をすることがで
きない（民法145条）。

(3)　援用権者

　改正民法は，消滅時効を援用することができる者を，債務者の
ほか，保証人，物上保証人，第三取得者その他権利の消滅につい
て正当な利益を有するものを含むとした（民法145条）。

(4)　援用の効果の及ぶ範囲

　時効の援用の効果は相対的であり，時効の援用権者が数人いる
場合，1人が援用しても，その効果は他の者には及ばないとされ
ている。

(5)　時効の利益の放棄

①　意　義

　時効の利益の放棄とは，時効完成後にその利益を放棄すること

関連過去問題
- 2022年10月
  問19
- 2021年10月
  問20
- 2021年6月
  問25
- 2021年3月
  問20

第2編

21　時効の効力　**187**

をいう。時効の利益は，時効完成前には放棄することができない（民法146条）。高利貸しなどの債権者によって濫用されることを防止するためである。したがって，時効の完成を困難にする特約，たとえば，時効期間の延長などの特約は無効である。これとは逆に，時効の完成を容易にする特約は有効とされる。

② 時効完成後の承認

時効完成後に債務の一部弁済をしたり，弁済の猶予を求めた場合には，原則として時効の利益の放棄があったものとみなされる。なお，時効が完成したことを知らずに債務の承認となるような行為を行った場合には，ただちに時効の利益の放棄があったとはいえないが，判例は，時効期間完成後に債務の承認をした者は，時効が完成したことを知らなかったとしても，信義則上，原則として，その時効の援用をすることは許されないとしている（最判昭和41・4・20金融・商事判例7号12頁）。

③ 時効の利益の放棄の効果

放棄の効果は相対的であり，債務者が時効の利益を放棄しても，その効果は保証人や物上保証人には及ばないものと解されている。

時効の効力は，民法144条に次のように規定されています。
「時効の効力は，その起算日にさかのぼる。」

直近5回試験の出題頻度 ★★★★☆

22 | 第三者の弁済

1 第三者の弁済

　民法は，原則として第三者による弁済を認めている（民法474条1項）。第三者の弁済とは，第三者が他人の債務を弁済することであるから，ここでいう第三者とは，自ら債務を負っていない第三者のことをいう。保証人は，債権者との契約により主債務と別個の保証債務を負っているので，その弁済は実質的には他人の債務の弁済であるが，第三者の弁済にはあたらない。

　ただし，この原則には3つの例外がある。

> ①　正当な利益を有しない第三者による債務者の意思に反する弁済であるとき
> ②　債務の性質が第三者の弁済を許さないとき
> ③　当事者が第三者の弁済を禁止や，制限する意思を表示したとき

　①　正当な利益を有しない第三者による債務者の意思に反する弁済であるとき

　債務を弁済することについて正当な利益を有する第三者，たとえば，連帯保証人，物上保証人，抵当不動産の第三取得者や後順位担保権者などは，債務者の意思に反しても弁済をすることができるが，たんに債務者の友人であるとか，親族関係があるというだけの者は事実上の利害関係を有しているとはいえても，法律上の正当な利益を有しているとはいえないので，債務者の意思に反

関連過去問題
- 2022年6月 問14
- 2021年10月 問21
- 2021年6月 問21
- 2021年3月 問18・問21

第2編

🔍 **補足**

債務の弁済は，当事者が第三者の弁済の禁止や，制限する意思表示をしたときなどを除き，第三者が債務者に代わってすることができる。

🔍 **参照**

民法474条2項本文

して弁済をすることはできない。

ただし，債務者の意思に反することを債権者が知らなかったときは，当該弁済は有効となる（民法474条2項ただし書）。

また，正当な利益を有しない第三者は，一定の場合，債権者の意思に反する弁済もできない（民法474条3項）。

② 債務の性質が第三者の弁済を許さないとき

参照
民法474条4項
前段

一身専属的な給付を意味する。芸術品の創作のように債務者が履行しなければ意味がないもの（絶対的な一身専属給付）と，雇用契約による労務者の労務のように債権者の同意があれば第三者でもなしうるもの（相対的な一身専属給付）とがある。ただし，借入金債務はこれに該当しないので，この例外規定は銀行実務には関係がない。

参照
民法474条4項
後段

③ 当事者が第三者の弁済の禁止や，制限する意思を表示したとき

契約によって生じる債権は，契約によって第三者の弁済を禁止することができる。この意思表示は，債権の発生と同時にする必要はないが，第三者が弁済する前になされなければならない（大決昭和7・8・10法律新聞3456号9頁）。

2 弁済による代位（代位弁済）

⑴ 弁済による代位の意義

第三者が債務者に代わって弁済をした場合には，弁済をした第三者は，債権者の地位にとって代わることができる。これは弁済による代位（**代位弁済**）と呼ばれ，弁済によって債権者に代位した者は，その求償権の範囲内において，債権者が債務者に対して有していた権利（債権およびこれに付着する担保権など）を行使することができる（民法501条）。

重要用語
代位弁済

代位弁済によって全部の弁済を受けた債権者は，債権証書や担

保物を代位者に交付しなければならないので（民法503条1項），
銀行は自己の債権が回収できたことに安心して，弁済者に交付す
べき債権証書や担保物の取扱いを誤らないよう注意する必要があ
る。

(2) 弁済による代位の要件

改正前民法では，弁済をするについて正当な利益を有する第三
者が弁済した場合には，法律上当然に債権者に代位するとし，こ
れを法定代位と呼んでいた。正当な利益を有する者とは，弁済に
よって当然に法律上の利益を受ける者，たとえば，保証人，物上
保証人，担保不動産の第三取得者，後順位担保権者などのように，
弁済をしないと，債権者から強制執行を受ける者や，主債務者に
対する自己の権利を失うような地位にある者のことをいう。

一方，弁済をするについて正当な利益を有しない第三者が弁済
をした場合には，弁済と同時に債権者の承諾を得たときに限り，
債権者に代位することができるとしていた。

しかし，改正民法では，弁済をするについて正当な利益を有す
る者以外の者が債権者に代位する場合にも債権者の承諾は不要と
し，代位の根拠規定を民法499条に統合し，また，「法定代位」
「任意代位」という条文タイトル上の呼称は無くなった。

ただし，弁済をするについて正当な利益を有する者以外の者が
代位する場合は，債務者はあらかじめ誰が代位者となるかを知り
えないため，債権譲渡と同様の対抗要件（債務者への通知，債務
者の承諾）を備える必要があり（民法500条）この部分は従前と
同じである。

(3) 一部代位

第三者によって債権の一部についてのみ代位弁済がなされたと
きは，代位者は，弁済した価額に応じて，債権者とともにその権
利を行使することになる（民法502条1項）。この場合，債権者は

補足
弁済者が弁済を
するについて正
当な利益を有す
るか否かにかか
わらず，有効な
弁済がなされれ
ば，当該第三者
は債権者に代位
する。

補足
通知・承諾は確
定日付のある証
書によってなさ
れることを要する。

第2編

単独でその権利を行使できるが，代位者は債権者の同意を得て債権者とともにその権利を行使することになる（民法502条1項・2項）。なお，1項・2項いずれの場合も，債権者が行使する権利は，その債権の担保の目的となっている財産の売却代金等について，一部代位をした代位者が行使する権利に優先する（民法502条3項）。

なお，銀行実務では，保証約定書や抵当権設定契約書などに，「保証人が保証債務を履行した場合，代位によって貴行から取得した権利は，債務者と貴行との取引継続中は，貴行の同意がなければこれを行使しません」，「もし貴行の請求があれば，その権利または順位を貴行に無償で譲渡します」との特約がなされているのが一般的である。

3 担保保存義務

弁済をするについて正当な利益を有する者（＝代位権者）がある場合において，債権者が故意または過失によってその担保を喪失し，または減少させたときは，その代位権者は，代位をするに当たって担保の喪失または減少によって償還を受けることができなくなる限度において，その責任を免れる（民法504条1項）。

この条項は実務上重要な条項で，たとえば，㋐保証人が複数いる場合に債権者が他の保証人に無断でそのうちの一人の保証を免除する，㋑担保の一部が道路として市に収用されたため保証人に無断で担保解除した場合に，残った保証人からその免除・解除した保証・担保の相当分について免責を主張されるということになる。

ただし，改正民法では，担保を喪失または減少させたことについて社会通念に照らして合理的理由があると認められるときは適用しない（免責にならない）としている（民法504条2項）。これ

は，たとえば担保物件を適正価格で売却しその代金で借入金を減少させた場合などを想定していると思われるが，上記④の場合なども状況によって該当するものと考えられる。

なお，通常，銀行は保証契約書等に「担保保存義務免除」の条項（例「保証人は，銀行がその都合によって担保もしくは他の保証を変更・解除しても免責を主張しません」）を入れており，この条項の有効性は判例（最判昭和48・3・1，平成2・4・12）でも認められているが，実務上は，事前に代位権者（上記㋐㋑では他の保証人）の承諾をとるようにしている。

理解度チェック

❶ 第三者の弁済において，弁済をするについて正当な利益を有しない者は，弁済と同時に債権者の承諾を得たときに限り，債権者に代位することができる。
❷ 第三者の弁済において，弁済をするについて正当な利益を有する者は，債務者の意思に反して弁済を行った場合でも債権者に代位することができる。
❸ 債務者の一身に専属する権利であっても，債権者代位権の行使は可能である。

解答 ❶ ×　有効な弁済をした者は，債権者の意思にかかわらず債権者に代位する。
❷ ○
❸ ×　債権者代位権の行使はできない。

> 直近5回試験の出題頻度 ★★★★☆

23 相　殺

関連過去問題
- 2022年10月 問21
- 2021年10月 問22
- 2021年6月 問22
- 2021年3月 問22

1 相殺の意義と機能

　相殺とは，債務者が債権者に対して同種の内容の債権を有している場合に，その債権と債務を対当額で消滅させることである（民法505条1項）。銀行実務における相殺は，銀行が取引先に対して有する貸出金債権と，取引先が銀行に対して有する預金債権とを対当額で消滅させる旨の取引先に対する意思表示（相殺通知）によって行われる。取引先から相殺することも可能であり，これを実務では逆相殺という。

　相殺する側が有している債権を自働債権，相殺される側が有している債権を受働債権という。銀行が相殺する場合には，自働債権は，手形貸付債権，証書貸付債権，割引手形買戻請求権，当座貸越債権，支払承諾（債務保証）による求償権，支払人口の手形債権およびこれらの利息・遅延損害金などであり，さらに，外国為替取引に伴う債権等がある。なお，保証人の預金と相殺する場合の自働債権は，保証債務履行請求権（保証債権）である。

　一方，受働債権は，当座預金，普通預金，定期預金などの預金債権およびこれらの利息債権，異議申立預託金の返還請求権などである。

　相殺の制度は，①互いに同種の債権を有する当事者間において，相対立する債権・債務を簡易な方法によって決済し（簡易決済機能），②もって両者の債権関係を円滑かつ公平に処理する（公平保持機能）ことを目的とする公平な制度であって，③相殺権を行使

自働債権

受働債権

 補足

相殺には担保的機能があり，銀行では貸付金債権と預金債務を対当額で消滅させることにより回収をはかることが可能となるが，取引先からする相殺（逆相殺）も認めている。

する債権者の立場からすれば，債務者の資力が不十分な場合においても，自己の債権については確実かつ十分な弁済を受けたと同様な利益を受けることができる点においてあたかも担保権を有するにも似た地位が与えられる（担保的機能）というさまざまな機能を営むものである（最大判昭和45・6・24金融・商事判例215号2頁）。

2 相殺の要件

相殺が有効に成立するためには，次のような要件を具備していることが必要である。

> ① 当事者間に債権の対立があること
> ② 対立する両債権が有効に存在すること
> ③ 対立する両債権が同種の目的を有すること
> ④ 両債権がともに弁済期にあること
> ⑤ 両債権が性質上相殺を許さないものではないこと

① 当事者間に債権の対立があること

同一の当事者間で，同種の債権が対立していることを要する。

② 対立する両債権が有効に存在すること

自働債権は履行を強制することができるものでなければならない。したがって，自然債務は自働債権とすることはできない。ただし，消滅時効にかかった債権については，時効消滅前に相殺適状になっていた場合には自働債権として相殺することができる（民法508条）。

③ 対立する両債権が同種の目的を有すること

相殺が行われるのは，双方が金銭債権であることが多い。

④ 両債権がともに弁済期にあること

銀行から相殺する場合，自働債権である貸付金債権については

補足

銀行からする相殺の場合，貸付金債権の弁済期が到来すれば，預金債務は自ら期限の利益を放棄することにより，相殺が可能となる。

第2編

23 相 殺 **195**

弁済期が到来しているか，債務者が期限の利益を失っている必要がある。一方，受働債権である預金債権については必ずしも満期が到来している必要はないが，期限の利益の放棄（民法136条2項）により，その弁済期が現実に到来していなければならないと解されている（最判平成25・2・28金融・商事判例1418号28頁）。

⑤ 両債権が性質上相殺を許さないものではないこと

為す債務や不作為債務は相互に現実に履行をしなければ，債権を成立させた目的が達せられないからである。

3 相殺が禁止される場合

相殺の要件を満たす場合であっても，たとえば次の場合には，法律上相殺をすることができない。

> ① 当事者が相殺をしないという特約をしたとき（民法505条2項）
> ② 不法行為による損害賠償請求権（同法509条）・差押禁止債権（同法510条）を受働債権とするとき
> ③ 受働債権が差し押さえられたとき（同法511条）
> ④ 自働債権に抗弁権が付着しているとき（最判昭和33・2・22民集11巻2号350頁）
> ⑤ 自働債権に差押えまたは質権設定があるとき
> ⑥ 法的整理手続における相殺制限に該当するとき（破産法71条ほか）など

これらのうち，銀行実務で問題となりうるのは，③，④および⑥である。

③は，受働債権が差し押さえられた場合であるが，預金が差し押さえられても，差押前に実行した貸付金があるときは，銀行は相殺をもって差押債権者に対抗することができる（民法511条1

補足

相殺の意思表示（相殺通知）は省略することができない。その方法は，電話や口頭でもよいが，実務上は配達証明付内容証明郵便によるのが一般的である。

注意

受働債権である預金が差し押さえられても，差押前に実行した貸付金があれば，差し押さえられた預金と貸付金との相殺をもって差押債権者に対抗することができる。

参照

⑥については，第2編27法的整理手続参照。

196 第2編 融 資

項，前掲最大判昭和45・6・24)。

④は，自働債権に催告・検索の抗弁権（民法452条・453条）や同時履行の抗弁権（同法533条）などの抗弁権が付着している場合である。この場合，相殺を許すと相手方は理由なく抗弁権を失うこととなるから，これらの抗弁権を無視して相殺することはできない。しかし，銀行が徴求する保証はほとんどすべてが連帯保証となっており，連帯保証人は，催告・検索の抗弁権を有しない。また，当事者間の特約によって，あらかじめ取引先にこのような抗弁権を放棄させることは，とくに公序良俗に反しない限り有効と解されている。そのため支払承諾約定書8条3項において，「銀行が事前に求償権を行使する場合には，原債務または求償債務に担保があると否とにかかわらず求償に応じ，銀行に対して担保提供または原債務の免責の請求権を放棄する」旨の特約を設け，事前求償権に付着する民法461条の抗弁権を排除している。また，銀行取引約定書8条1項において，「手形上の債権によらないで第7条の差引計算をするときは同時には手形の返還を要しない」旨の特約を設け，手形貸付や手形割引において取引先が有している手形と引換えにのみ原因債務を支払うという同時履行の抗弁権を排除している。

4 相殺の方法

(1) 相殺の意思表示

相殺をするには，相手方に対する相殺の意思表示が必要である（民法506条1項）。相対立する両債権の弁済期が到来して相殺適状になっても，当然に相殺の効力が生じるものではない（大判大正7・11・21民録24輯2222頁）。また，この意思表示には，条件や期限を付けることはできない（民法506条1項後段）。相殺のような単独行為に条件を付けることは，法律関係を混乱させ，相

手方の相殺権を害するなど不当に相手方に不利益を与えるからである。また、期限を付けても、相殺の効力は相殺適状が生じた時点に遡及するため（同法506条2項），無意味だからである。

相殺の意思表示を，実務では相殺通知という。判例は，相殺の意思表示を省略する特約は無効であるとしている（京都地判昭和32・12・11下民集8巻12号2302頁ほか）。銀行取引約定書11条は，その1項において，住所その他の届出事項に変更があったときは，取引先はただちに書面によって届け出ることとし，2項においては，届出を怠ったため銀行からの通知が到達しなかったときは，通常到達すべき時に到達したものとみなす旨特約されている（みなし到達）。この特約は，当事者間においては効力が認められると解されているので，実務上は，相手方の届出住所宛てに相殺通知を発信すれば相殺通知の効力が生じる。しかし，相手方の所在が不明で相殺通知が到達しないことがあらかじめわかっているからといって，銀行が通知をしなかった場合には，みなし到達の効力は生じないから，相殺通知そのものを省略することはできない。

なお，みなし到達の特約は，第三者には対抗することができないと解されているので，銀行が相殺の意思表示の到達を預金の差押債権者等の第三者に対抗するためには，公示による意思表示の方法（民法98条）をとらなければならない。

(2) 相殺通知の方法

相殺通知は，法律上は電話や口頭によって行ってもよいが，実務においては，後日の証明に備えるため配達証明付内容証明郵便によるのが一般的である。

(3) 相殺通知の相手方

① 通常の場合

相殺通知は，受働債権の債権者（預金者）に対して行うのが原

重要用語

みなし到達

補足

預金者が正当な理由なく相殺通知の受取りを拒絶した場合はその時点，相殺通知が留置期間満了で返戻された場合は遅くとも留置期間満了時に，相殺通知の送達の効力が生じる。

則である。したがって，融資先の預金と相殺する場合には融資先（法人のときは代表者）に，保証人の預金と相殺する場合には保証人に，預金者が死亡している場合には相続人全員に対して相殺通知を行う。

②　預金に対して（仮）差押えなどがあった場合

預金に対して民事執行法や滞納処分による差押えがあった場合，相殺通知は，預金者または取立権を有する差押債権者のいずれに対しても行うことができるが（最判昭和39・10・27金融・商事判例529号188頁，最判昭和40・7・20金融法務事情417号12頁），預金者の所在が明らかな場合には，相殺通知は預金者に対して行い，差押債権者にも「相殺を実行した」旨の事後通知をしておくことが望ましい。

預金に対して仮差押えがあっても，仮差押債権者は取立権を有せず，預金債権は預金者に帰属しているので，相殺通知は預金者に対して行い，仮差押債権者にも「相殺を実行した」旨の事後通知をしておくことが望ましい。

預金に対し転付命令があった場合には，転付命令の確定によって，預金債権は転付債権者に移転するので（民事執行法159条），転付命令の確定後に相殺を行うときには，相殺通知は転付債権者に対して行わなければならない（最判昭和32・7・19金融・商事判例529号39頁）。転付命令の確定前は，預金債権の移転の効力はまだ生じていないから（同法159条5項），相殺通知は預金者に対して行うが，転付命令の確定が確認できない間に相殺をする場合には，相殺通知は，預金者・転付債権者のいずれに対しても行うことが望ましい。

③　預金者について法的整理手続があった場合

預金者について破産手続開始決定があった場合には，破産財団に属する財産の管理・処分権は破産管財人に専属するので（破産

補足

相殺通知の相手方は，預金仮差押えのときは預金者，差押えのときは預金者または差押債権者のいずれか，転付命令があったときは，確定前は預金者，確定後は転付債権者となる。

補足

相殺通知の相手方について，預金者に破産手続・会社更生手続が開始された場合は管財人に，民事再生手続が開始された場合は原則として預金者に通知する。

法78条1項)，相殺通知は破産管財人に対して行う。

　預金者（株式会社）について会社更生手続が開始された場合には，財産の管理・処分権は管財人に専属するので（会社更生法72条1項)，相殺通知は管財人に対して行う。更生手続開始決定前で保全管理人が選任されているときには（同法30条1項)，相殺通知は保全管理人に対して行う（同法32条1項)。

　預金者について民事再生手続が開始されても，預金者は原則として財産の管理・処分権を失わないので（民事再生法38条1項)，相殺通知は預金者に対して行う。ただし，預金者が法人で保全管理人（同法79条）または管財人（同法64条）が選任されているときは，財産の管理・処分権は保全管理人または管財人に専属するので（同法81条・66条)，相殺通知は保全管理人または管財人に対して行う。

　預金者（株式会社）について特別清算（会社法510条以下）があった場合には，相殺通知は清算人に対して行う。

5 相殺の効果

　相殺の意思表示があると，自働債権と受働債権はその対当額において消滅する（民法505条1項本文)。この両債権が消滅する時点は，相殺の実行時ではなく，相殺適状を生じた時であり（同法506条2項)，これを相殺の遡及効という。したがって，民法の原則では，相殺適状を生じた時以後は，相殺によって消滅する債権については利息・損害金は発生しないこととなるが，銀行取引約定書7条3項の特約により，自働債権および受働債権の利息・割引料・損害金等の計算期間を相殺計算実行の日までとし，相殺適状を生じた日以降の損害金を徴求することができるようにしている。

補足

相殺により，自働・受働両債権は，相殺適状を生じた時にさかのぼって消滅するが，銀行実務では，利息，割引料，損害金等の計算は，その期間を計算実行の日までとしている。

6　差押えと相殺

　受働債権である預金や異議申立預託金の返還請求権等に対して差押えがあった場合，銀行は，貸出金債権等の反対債権を自働債権として相殺し，両債権の消滅を差押債権者に対して主張することができるのかという点については，判例の変遷があったが，昭和45年の大法廷判決によって，自働債権が差押後に取得されたものでないかぎり，自働債権および受働債権の弁済期の前後を問わず，差押後においても，相殺適状に達しさえすれば相殺をなしうることが認められた（民法511条1項，最大判昭和45・6・24民集24巻6号587頁，金融・商事判例215号2頁）。

　なお，手形貸付金債権や割引手形買戻請求権と差押えを受けた預金とを相殺する場合には，手形は，差押債権者に返還するのではなく，預金者に返還する必要がある。差押えによって，預金者が差押債権者に変更になるわけではないからである。

> 相殺する側が有している債権を自働債権，相殺される側が有している債権を受働債権といいます。

直近5回試験の出題頻度 ★★★★☆

24 債務引受

関連過去問題
- 2022年10月問22
- 2022年6月問20
- 2021年10月問23
- 2021年3月問23

1 債務引受の意義

債務引受とは，債務者が負担する債務と同一内容の債務を引受人が負担するものであり，債務者が債務を免れる場合と，従来の債務者が債務を免れずに引受人が従来の債務者とともに同一内容の債務を負担する場合がある。前者を免責的債務引受というのに対し，後者を併存的債務引受という。

債務引受は，次のようなときに利用される。

① 個人事業者が法人成りしたとき
② 融資先が第二会社を設立したとき
③ 融資先が死亡し，共同相続人の1人が他の相続人の相続債務を引き受けるときなど

補足

債務引受には免責的債務引受と併存的債務引受があり，債務引受が行われても債務の同一性は失われない。

2 債務引受契約の当事者

(1) 免責的債務引受

① 債権者・債務者・引受人の3当事者間の契約でなしうることについては異論はない。
② 債権者と引受人との間の契約で行うことも可能である。その効力は，債権者が債務者に対して契約をした旨を通知した時に生じる（民法472条2項）。
③ 債務者と引受人との間の契約でも可能であり，この場合，債権者が引受人に対して承諾することが必要である（民法472条3項）。

202 第2編 融 資

⑵　併存的債務引受

① 　債権者・債務者・引受人の3当事者間の契約でなしうることについては異論はない。
② 　債権者と引受人との間の契約で行うこともできる（民法470条2項）。
③ 　債務者と引受人との契約でもなしうる。この場合には，債権者が引受人に対して承諾をした時に，その効力を生じる（民法470条1項）。

3　債務引受の効果

⑴　免責的債務引受

　免責的債務引受が行われると，引受人は債務者が債権者に対して負担する債務と同一内容の債務を負担し，債務者は自己の債務を免れる（民法472条1項）。ただし，債務引受は，債務者の資力に変動を生じ，保証人に事実上の不利益を及ぼすおそれがあるから，保証債務および第三者により設定された担保は，保証人または引受人以外の物上保証人の承諾がない場合には移転しない（同法472条の4第1項）。

⑵　併存的債務引受

　併存的債務引受が行われると，債権者は引受人に対し，債務者に対して有する債権と同一内容の債権を取得し，従来の債務者と債務引受人との間に連帯債務関係が生じる（民法470条1項）。

💡 補足

債務引受契約は要式行為ではないので，書面ですることは要しないが，免責的債務引受における保証人の承諾は書面または電磁的記録であることを要する。

直近5回試験の出題頻度 ★★★★☆

25 抵当権の実行

関連過去問題
- 2022年10月 問23
- 2022年6月 問23
- 2021年6月 問23
- 2021年3月 問25

1 抵当権の実行の方法

抵当権の実行は，担保不動産競売（競売による抵当権の実行）の方法または担保不動産収益執行（不動産から生じる収益を被担保債権の弁済に充てる方法による抵当権の実行）の方法で債権者が選択したものにより行う（民事執行法180条）。

なお，担保不動産競売と担保不動産収益執行は，別個独立の手続であるから，両者を同時に申し立てることもできる。

2 抵当権実行の要件

抵当権実行の要件は，次のとおりである。なお，抵当権の実行に際しては，強制競売の申立の場合と異なり，債務名義は不要である（民事執行法22条参照）。

① 抵当権の存在
② 被担保債権の存在
③ 被担保債権の履行遅滞

補足
抵当権を実行するためには，抵当権が存在していること，被担保債権が存在していること，被担保債権の弁済期が到来しているのに弁済がないことなどが要件となっている。

① 抵当権の存在

抵当権の実行は，抵当権に内在する換価権ないしは収益回収機能を実現するための手続であるから，競売等の申立時に有効な抵当権が存在していなければならない。したがって，申立に際しては，担保権の存在を証する確定判決または公証人が作成した公正証書の謄本もしくは抵当権の登記に関する全部事項証明書（仮登

204 第2編 融資

記を除く）などの法定文書の提出が必要であるが（民事執行法181条1項），最も利用されているのは登記事項証明書である。

この法定文書は，債務名義ないしそれに準じる性格を有するものではないが，これらの文書が提出されたときは，法律上，担保権の存在が高度の蓋然性をもって証明されるからである。

② 被担保債権の存在

抵当権を実行する目的は，その被担保債権の弁済を受けることであるから，被担保債権が存在していることが必要である。

③ 被担保債権の履行遅滞

抵当権を実行するためには，弁済期の到来または債務者が期限の利益を失ったことにより被担保債権が履行遅滞に陥っていることが必要である。

なお，抵当不動産の第三取得者から抵当権消滅請求（民法379条）があった場合，抵当権者がこれに対抗するためには，第三取得者の通知から2か月以内に抵当権を実行して競売を申し立てなければならないが（民法383条3号），この場合には，被担保債権の弁済期が未到来であっても競売の申立をすることができるものと解されている。

抵当権実行の目的は，その被担保権の弁済を受けることであるから，被担保債権が存在していることが必要である。

3 担保不動産競売

⑴ 意　義

担保不動産競売とは，債務者がその債務を任意に履行しない場合に，債務者または物上保証人の所有不動産を裁判所が強制的に換価し，その換価代金を債権者に配当することなどにより債権の実現を図る手続である。

担保不動産競売の手続は，基本的には強制競売の手続に準拠することとし，強制競売の規定が準用されている（民事執行法188条）。

担保不動産競売

⑵ 手続の概略

担保不動産競売の手続の概略は，次のとおりであるが，執行裁判所が主体となって手続を進行させるところに特徴がある。

> ① 抵当権者の申立により，執行裁判所が競売開始決定をし，債権者のために不動産を差し押さえる旨を宣言する（民事執行法45条1項・47条1項）。
>
> ② 裁判所書記官が開始決定にかかる差押えの登記の嘱託を行う（民事執行法48条）。
>
> ③ 執行官による現況調査（民事執行法57条）と評価人による評価（同法58条）が行われる。
>
> ④ 裁判所書記官により物件明細書が作成される（民事執行法62条）。
>
> ⑤ 裁判所書記官が定める入札，競り売りまたは特別売却の方法により不動産の売却が行われる（民事執行法64条以下）。
>
> ⑥ 裁判所によって売却代金の配当が実施される（民事執行法84条以下）。

⑶ 一括競売

抵当権設定後に抵当地に建物が築造された場合には，建物築造者が抵当権設定者であるか否かにかかわらず，土地抵当権者は建物も一括して競売することができる（民法389条1項本文）。一括競売ができる場合でも，抵当権者があえて土地だけを競売することはさしつかえない。

ただし，建物所有者の占有権原が抵当権者に対抗することができるものである場合には，一括競売を申し立てることができない（民法389条2項）。

なお，一括競売を行った場合でも，抵当権の効力が及ぶのはあくまで土地だけであるから，抵当権者が抵当権にもとづいて配当を受けることができるのは，土地の代価についてのみである（民

補足

一括競売は，建物築造者が抵当権設定者か否かにかかわらず行うことができる。

法389条1項ただし書)。

4 担保不動産収益執行

(1) 意　義

担保不動産収益執行は，抵当権者が抵当不動産の収益から優先弁済を受けるための制度であり（民事執行法180条2号），基本的には強制管理の手続に準拠することとし，強制管理の規定が準用されている（同法188条）。

重要用語
担保不動産収益執行

なお，従来から判例によって認められている抵当権の物上代位による賃料差押え（最判平成元・10・27民集43巻9号1070頁）は，担保不動産収益執行制度の創設後も否定されていないので，抵当権者が抵当不動産の収益から回収を図る場合には，物上代位と担保不動産収益執行のいずれの方法によることもできる。

(2) 手続の概略

① 手続の開始

担保不動産収益執行は，抵当権者の申立によって開始される。担保不動産収益執行の開始決定においては，不動産の差押宣言，債務者（所有者）に対する収益処分の禁止，賃料等の請求権の債務者に対し「その給付の目的物を管理人に交付すべき旨」が命じられる（民事執行法93条1項）。

② 管理人

担保不動産収益執行の開始決定と同時に執行裁判所によって管理人が選任されるが，銀行等の法人も管理人となることができる（民事執行法94条）。

管理人の地位は，執行裁判所が差押えによって債務者（所有者）から剥奪した不動産の管理・収益権能の行使を委任された執行裁判所の補助機関である。

管理人は，不動産の管理・収益行為および賃貸借契約の締結・

解除などの事務を行う（民事執行法95条・96条）。

③　配当等

管理人は，管理する不動産から必要経費を控除したものを裁判所の定める期間ごとに権利の優先順位に従って配当受領権者に配当しなければならない（民事執行法107条1項）。

なお，他の債権者の申立により抵当不動産について担保不動産収益執行が行われても，抵当権者は自ら担保不動産収益執行を申し立てないかぎり，収益の配当を受けることができない（民事執行法107条4項1号ハ）。

⑶　担保不動産競売との関係

担保不動産収益執行は，担保不動産競売とは別個独立の手続であるから（民事執行法180条），担保不動産競売と併行して手続を進めることができるが，競売による売却が行われた場合には，取消決定がなされることになる（同法59条参照）。

⑷　賃料債権に対する物上代位との競合

①　賃料債権に対する物上代位が先行している場合

物上代位による賃料差押えが先行している場合，先行の差押えの効力は停止されるが，当該差押債権者は，後行の担保不動産収益執行手続において当然に配当受領資格を有することとなる（民事執行法93条の4第1項・3項）。

②　担保不動産収益執行が先行している場合

担保不動産収益執行が先行している場合には，後行で物上代位による賃料差押えを行っても，当該差押債権者は先行の担保不動産収益執行手続における配当受領資格を有しないので，配当を受けるためには民事執行法107条1項の計算期間の終期までに担保不動産収益執行の二重開始を得る必要がある（民事執行法93条の2・107条4項1号イ）。

直近5回試験の出題頻度 ★★☆☆☆

26 仮差押え

1 意 義

仮差押えとは，金銭債権による将来の執行を保全するために，債務者の責任財産の処分を凍結する手続である。

金銭債権の強制執行をするためには，判決その他の債務名義が必要であるが，債務名義を得て強制執行に着手できるようになるまでには，通常，相当の日時を要するので，その間に債務者が財産を処分してしまうおそれがある。そこで，これを防止するため債権者が債務名義を取得するまでの間，債務者の財産を仮に差し押さえて，処分行為を禁止するものである。

2 仮差押えの要件

仮差押えは，金銭債権にもとづく将来の強制執行を保全することを目的とするものであり，仮差押えの申立に際しては被保全債権の存在と仮差押えの必要性という2つの要件を満たさなければならない（民事保全法13条）。

(1) 被保全債権

仮差押えの被保全債権は金銭債権に限られるが，期限未到来の貸付金や手形債権についても認められる（民事保全法20条2項）。

(2) 仮差押えの必要性

仮差押えの必要性とは，仮差押えをしないでおくと債務者が財産を隠匿・処分するなどして，債権者による将来の強制執行が不能または著しく困難となるおそれがあることである（民事保全法

関連過去問題

- 2022年6月 問16
- 2021年10月 問24

第2編

20条1項)。

なお,特定の目的物についてすでに仮差押命令を得た債権者は,これと異なる目的物についてさらに仮差押えをしなければ,金銭債権の完全な弁済を受けるに足りる強制執行をすることができなくなるおそれがあるとき,またはその強制執行をするのに著しい困難を生じるおそれがあるときは,すでに発せられた仮差押命令と同一の被保全債権にもとづき,異なる目的物に対し,さらに仮差押命令の申立をすることができると解されている(最決平成15・1・31金融・商事判例1171号2頁)。

(3) **仮差押えの目的物**

仮差押えの目的物は,債務者に属する財産権で金銭に換価できるものでなければならないが,金銭に換価できる財産であれば,財産権の種類は問わない。ただし,譲渡性のない権利(扶養請求権のような性質上の一身専属権や法律上譲渡が禁止されている権利),また譲渡性があっても法律が差押えを禁止している権利については仮差押えを行うことができない。

なお,仮差押命令の申立に際しては,目的物を特定しなければならないのが原則であるが,動産の仮差押えについては,目的物を特定することを要しない(民事保全法21条)。

仮差押えの申立てに際しては,動産に対する仮差押えの場合を除いて,目的物を特定しなければなりません。

直近5回試験の出題頻度 ★★★★★

27 法的整理手続

1 法的整理手続の意義

法的整理手続とは，経済的破綻に陥った個人または法人もしくはこれらの債権者などの利害関係人が裁判所の関与を求めて事態の解決を図ろうとする法的手続を総称し，主として清算を目的とする破産・特別清算手続と，主として再建を目的とする会社更生・民事再生手続とがある。

関連過去問題
- 2022年10月 問24
- 2022年6月 問24
- 2021年10月 問25
- 2021年6月 問24
- 2021年3月 問24

2 清算型手続

(1) 破 産

① 意 義

適用対象はすべての法人と個人であり，債務者が経済的に破綻して，その有する全財産をもってしてもすべての債務を完済することができなくなった場合に，裁判所の監督のもとに債務者の財産を強制的に金銭に換価して，債権者全員に公平な分配（各債権額に応じた比例的平等弁済）をすることを目的とする手続である。

② 破産原因

破産原因は，債務者の**支払不能**であるが，債務者が支払を停止したときは，支払不能にあるものと推定される（破産法15条）。債務者が法人である場合には，支払不能のほか**債務超過**（債務者が，その債務について，その財産をもって完済することができない状態をいう）も破産原因となる（同法16条）。なお，合名会社および合資会社の無限責任社員は，会社財産をもってその債務を

重要用語
支払不能

重要用語
債務超過

完済することができない場合，その不足額の全部について，連帯して債務を弁済する責任を負うこととされているので（会社法580条1項），これらの会社については債務超過は破産原因とはならない（破産法16条2項）。

③　破産手続開始の申立権者

破産手続開始の申立を行うことができるのは，債権者，債務者ならびに法人の理事，取締役，業務執行社員などである（破産法18条・19条）。

④　破産と担保

㋐　別除権の行使

破産手続においては，破産財団上の担保権は，別除権（破産法2条9項）として，破産手続によらないで，自由に行使することができる（同法65条1項）。

㋑　担保権消滅の許可の申立

破産管財人は，破産財団に属する財産について担保権が存在する場合において，担保権を有する者の利益を不当に害することとならないときには，裁判所の許可を得て，担保権の目的となっている財産を任意に売却し，当該担保権を消滅させることができる（破産法186条以下）。破産管財人は，この制度を利用して売買代金の一部を破産財団に組み入れることもできるが，組入金を除く売買代金は配当手続によって担保権者に配当される。

なお，担保権者の利益を保護するため，担保権の実行による任意売却の阻止手続（破産法187条）と買受の申出による買受人に対する売却手続が用意されている（同法188条）。

⑤　破産と相殺

㋐　相殺の可否

融資先が破産手続開始決定を受けても，破産手続開始の当時，貸出金と預金が存在していれば，破産手続開始後においても，通

> **! 注意**
> 破産手続においては，担保権は，別除権として，破産手続によらないで自由に行使できる。

212　第2編　融資

常の方法に従って相殺権を行使することができる（破産法67条1項）。

　　㋑　相殺の制限

　破産債権者は，次の場合には，破産法上，相殺は禁止され，これに反するものは当然に無効となる（破産法71条1項）。

> ⓐ　破産手続開始後に破産財団に対して債務を負担したとき
> ⓑ　支払不能になった後に契約によって負担する債務をもっぱら破産債権をもってする相殺に供する目的で破産者の財産の処分を内容とする契約を破産者との間で締結し，または破産者に対して債務を負担する者の債務を引き受けることを内容とする契約を締結することにより破産者に対して債務を負担した場合であって，当該契約の締結の当時，支払不能であったことを知っていたとき
> ⓒ　支払の停止があった後に破産者に対して債務を負担した場合であって，その負担の当時，支払の停止があったことを知っていたとき（ただし，支払の停止があった時において支払不能でなかったときを除く）
> ⓓ　破産手続開始の申立があった後に破産者に対して債務を負担した場合であって，その負担の当時，破産手続開始の申立があったことを知っていたとき

　ただし，上記ⓑからⓓまでの事由がある場合でも，その債務負担が次のいずれかにもとづく場合には，相殺は禁止されない（破産法71条2項）。

　　㋐　法定の原因

　　㋑　支払不能であったことまたは支払停止もしくは破産手続開始の申立があったことを，破産債権者が知った時より前に生じた原因

　　㋒　破産手続開始の申立より1年以上前に生じた原因

！　注意

破産法には相殺の制限規定がおかれており，破産の申立を知った後や破産手続開始決定がなされた後に債務を負担したときなどには，その債務を相殺することは禁止される。

第2編

27　法的整理手続　**213**

⑥　破産管財人の相殺の催告権

破産管財人は，一般債権調査期間が経過した後または一般債権調査期日が終了した後に，1月以上の期間を定めて，相殺権を行使することができる破産債権者に対して相殺をするかどうかを催告することができ（ただし，破産債権者の負担する債務が弁済期にあるときに限る），破産債権者がその期間内に相殺するかどうかを確答しないときは，破産債権者は，破産手続において相殺権を行使することができなくなる（破産法73条）。

⑦　破産管財人の否認権

破産者が破産手続開始前の破綻が懸念される時期に，資産を安価で売却したり（詐害行為），特定の債権者のみに返済したり担保を提供する行為（偏頗行為）など，破産債権者全体を害する行為や債権者平等に反する行為は，破産管財人が否認することができる（破産法160条以下）。

銀行実務上よく問題となるのは，偏頗弁済の方である。

なお，会社更生法，民事再生法にもほぼ同様の規定がある。

⑧　免　責

個人である債務者が破産手続開始の申立をした場合，債務者が申立の際に反対の意思表示をしているときを除き，申立と同時に免責許可の申立をしたものとみなされるが（破産法248条4項），免責許可の決定が確定した場合には，破産者は，破産手続による配当を除いて，破産債権についてその責任を免れる（同法253条1項）。この免責許可の決定は，担保・保証の効力に影響を及ぼさないとされている（同条2項）。

⑵　特別清算

①　意　義

適用対象は清算中の株式会社であり，清算の遂行に著しい支障をきたすべき事情があるとき，または債務超過の疑いがあると認

> **！注意**
> 破産免責許可の決定が確定しても，破産者の保証人や担保には影響を及ぼさない。

められるときに，裁判所の命令によって開始される手続である（会社法510条）。

② 特別清算と担保

担保権は，別除権が認められ，特別清算手続によらないで実行することができるのが原則であるが，事案によっては競売手続の中止を命じられ（会社法516条），協定への参加を求められることがある（同法566条1号）。

③ 特別清算と相殺

㋐ 相殺の可否

特別清算の場合においても，特別清算手続によらないで相殺することができる。

㋑ 相殺の制限

相殺禁止規定に抵触する場合には，相殺は禁止され，これに反するものは当然に無効となる（会社法517条1項）。

㋒ 相殺権行使の時期

協定協議の認可（会社法569条1項）までにすることが必要であるが，実務上は手続開始後すみやかに行うべきある。

3 再建型手続

(1) 会社更生

① 意　義

適用対象は，株式会社だけであり，窮境にある会社について，裁判所の監督のもとに，債権者，株主その他の利害関係人の利害を適切に調整して，その事業の維持・更生をはかることを目的とする手続である（会社更生法1条）。

② 会社更生と担保

会社財産の上に担保権を有する担保権者にも手続に参加させ，すべての利害関係人の協力を得て会社の再建を図ることとしてい

補足

特別清算では，担保権は別除権として手続外で実行でき，また相殺も相殺禁止規定に抵触しないかぎり，手続外で相殺できる。

第2編

27　法的整理手続　**215**

る。

　㋐　担保権の実行中止

　更生手続開始決定があると担保権の実行としての競売を申し立てることはできず，すでになされている手続はその効力を失う（会社更生法50条1項）。

　㋑　更生担保権の届出

　更生手続に参加しようとする更生担保権者は，裁判所の定める届出期間内に自己の権利を届け出なければならず（会社更生法138条2項），届出をしなければ更生計画の認可によって権利が消滅する（同法204条1項1号）。

　㋒　更生担保権者の権利

　更生担保権者は，更生手続開始時における担保権の目的の価額によって更生手続に参加する（会社更生法2条10項・83条2項）。担保権によって担保された範囲を超える部分は更生債権となる。更生計画の内容は，更生担保権者を最優先順位とし，異なる権利を有する者の間で公正かつ衡平な差が設けられるので，担保権者としての優位性は保たれる（同法168条3項）。通常，少なくとも元本については全額弁済されることが多い。ただし，弁済期間は10年というような長期間になりがちである（同法168条5項参照）。

　③　会社更生と相殺

　㋐　相殺の可否

　会社更生手続開始の当時，貸出金と預金が存在し，これが債権届出期間の満了前に相殺適状になったときは，更生手続によらないで相殺をすることができる（会社更生法48条1項）。

　㋑　相殺の制限

　破産法71条と同様の相殺禁止規定があるので，この規定に抵触する場合には，相殺をすることはできない（会社更生法49条）。

　㋒　相殺権行使の時期

会社の預金と相殺できるのは，更生債権届出期間内であり，これを経過すると相殺をすることはできない（会社更生法48条1項）。

(2) 民事再生

① 意　義

適用対象は，すべての法人と個人であり，経済的に窮境にある債務者について，債権者の多数の同意を得て，かつ，裁判所の認可を受けた再生計画を定めること等により，債務者と債権者との間の民事上の権利関係を調整し，債務者の事業または経済生活の再生を図ることを目的とする制度である（民事再生法1条）。

② 民事再生と担保

再生手続においては，再生債務者の財産上の担保権は，別除権として，再生手続によらないで自由に行使することができるのを原則としている（民事再生法53条2項）。しかし，再生債務者の事業または経済生活のために必要不可欠な財産が失われると，再生債務者の再生が困難となるほか，再生債権者の一般の利益にも反する場合もあるので，「担保権の実行としての競売手続の中止命令の制度」（同法31条）と「担保権消滅の制度」（同法148条～153条）が設けられている。

担保権消滅請求とは，再生債務者等が担保物件価額に相当する金銭を裁判所に納付することによって，再生債務者の事業の継続に不可欠な財産の上に設定された担保権を消滅させる手続である。

③ 民事再生と相殺

⑦ 相殺の可否

再生手続開始の当時，貸出金と預金が存在し，これが債権届出期間の満了前に相殺適状になったときは，再生手続によらないで相殺をすることができる（民事再生法92条1項）。

⑦ 相殺の制限

破産法71条と同様の相殺禁止規定があるので，この規定に抵触

補足

債務者または根抵当権設定者が民事再生手続開始決定を受けても，根抵当権の元本は当然には確定しない。

第2編

27　法的整理手続　**217**

する場合には，相殺をすることはできない（民事再生法93条）。

　㋒　相殺権行使の時期

　再生債務者の預金と相殺できるのは，再生債権届出期間内であり，これを経過すると相殺をすることはできない（民事再生法92条1項）。

④　再生計画の効力範囲

　再生計画によって再生債権者の権利が減縮されても，その効力は担保・保証の効力に影響を及ぼさないとされている（民事再生法177条2項）。

法的整理手続は，主として清算を目的とする破産・特別清算手続と，主として再建を目的とする会社更生・民事再生手続があります。

理解度チェック

❶　債務者について破産手続が開始されると，債務者が提供した担保について担保権を実行することができなくなる。
❷　債務者について破産手続が開始されると，債務者以外の者（物上保証人）が提供した担保について担保権を実行することができなくなる。
❸　債務者が破産手続において免責許可決定を受けると，保証人の保証債務も免責される。

解答　❶　×　手続開始後も個別の担保権の実行が認められる。
　　　❷　×　同上
　　　❸　×　免責許可決定による権利の消滅は，担保・保証の効力に影響を及ぼさない。

第3編 決済

直近5回試験の出題頻度 ★★★★☆

1 為替取引の法律関係

関連過去問題
- 2022年10月
  問26
- 2022年6月
  問26
- 2021年10月
  問26
- 2021年3月
  問26

📖 **重要用語**

為替取引

1 為替取引の当事者

為替取引は，受取人の預金口座に入金する「振込」，送金小切手等により直接受取人に支払を行う「送金」，手形・小切手等の証券類の取立を行い代り金を入金する「代金取立」の3種類に大別されるが，そのいずれの取引にも，①依頼人，②仕向銀行（代金取立の場合は委託銀行），③被仕向銀行（代金取立の場合は受託銀行），④受取人（代金取立の場合は支払人）の4当事者がいる。

このうち，為替取引として直接の法律関係をもつのは，①依頼人と仕向銀行（委託銀行），②仕向銀行（委託銀行）と被仕向銀行（受託銀行）および③被仕向銀行（受託銀行）と受取人（支払人）の各当事者の間である。

2 依頼人と仕向銀行の関係

ここでは取扱の主流である振込と代金取立について説明する。

まず，依頼人と仕向銀行（代金取立の場合には依頼人と委託銀行）の関係である。振込については，依頼人が銀行（仕向銀行）に対してある金額をその受取人の預金口座に入金することを委託するものであるから，一般に両者の間には民法上の（準）委任契約が成立する。仕向銀行の振込事務の処理は，振込依頼内容に従って，被仕向銀行宛てに振込通知等を発信することであり，この振込通知等の発信を委任契約の受任者として善良なる管理者の注意をもって行うということであって，振込金が受取人の預金口座

220 第3編 決済

● 振込の各当事者間の関係

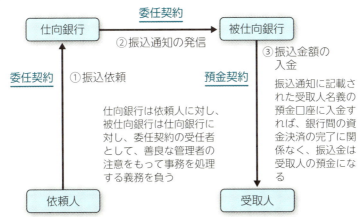

に入金記帳され，振込取引が完了するまでではない。なお，銀行との振込取引は振込の原因関係から切り離されており，振込依頼人と受取人の間の振込の原因となった取引が取消されたとしても，振込依頼人と仕向銀行の間の振込契約の効力には影響しないと解されている。また，受取人の預金口座に振込入金があれば，振込依頼人と受取人の間に振込の原因となる法律関係が存在しなくても受取人は振込金について預金債権を取得するとするのが判例であり，振込依頼人との振込契約は，振込依頼時に被仕向店に受取人の預金口座がなくても成立する。

　代金取立についても，銀行は，依頼人から証券類の取立を委任され，これを承諾してその債権の取立を行う行為であるから，依頼人と委託銀行の間に証券類の取立事務を内容とする民法上の委任契約が成立し，第三者たる受取人のためにする契約ではない。また，代金取立手形が取立済みとなったときは，その代り金を預金口座に入金するという条件付預金契約の同意がある。

　さらに，代金取立の対象物が手形・小切手の場合には，手形・小切手法上の取立委任の適用を受け，銀行は，取立委任に関して

補足
振込依頼人と仕向銀行の振込契約は、仕向銀行が振込金を受領した時に成立する。

● 代金取立の各当事者間の関係

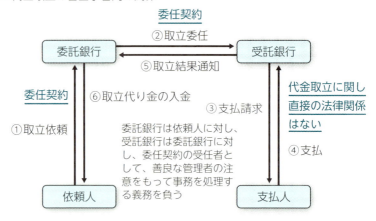

手形・小切手から生じるいっさいの権利を行使することができるので、取立の目的の範囲内でさらに他の銀行に取立を委任することができる。依頼人は、銀行に対して手形・小切手上の権利を譲渡するものではなく、依然として手形・小切手の所持人としての資格を有しており、銀行は取立委任契約によって手形上の権利を行使しうる地位にある。

また、証券類の取立を内容とするところから、依頼人から委託銀行に取立権限を付与する必要がある。このため、取立の対象が手形や記名式小切手の場合には取立委任裏書等がなされる。

3 仕向銀行と被仕向銀行の関係

補足
振込、送金における仕向銀行と被仕向銀行との関係は、委任契約の当事者の関係がある。

仕向銀行と被仕向銀行（代金取立の場合は、委託銀行と受託銀行）との為替取引は、あらかじめ締結された両行間の為替取引契約にもとづいて行われるものであるから、両行間の関係はその内容によって定まる。現在は、すべての金融機関が全国銀行内国為替制度に加盟しているので、内国為替取扱規則等の定めるところにより取り扱われている。銀行間の為替取引（内国為替取引）は

「為替通知」の発受信によって行われる。為替通知は委任者である仕向銀行・委託銀行から，受任者である被仕向銀行・受託銀行に対する委任の意思表示であり，被仕向銀行は為替通知の記載内容に従って振込事務を処理する義務を負い，受託銀行は取立委任を受けた証券類の取立または不渡りの通知をすることになる。

　仕向銀行と被仕向銀行の関係は，振込に関する支払委託であるから，委任契約の当事者の関係にある。振込の被仕向銀行は，仕向銀行に対して受信した振込通知に記載された受取人名義の預金口座に振込金を入金する義務を負うことになる。

　代金取立の委託銀行と受託銀行との関係は，代理人と復代理人の関係および内国為替取扱規則の定めるところにより証券類の取立事務を内容とする委任契約等の当事者の関係である。受託銀行は取立義務を負うが，個々の取立手形については，受託銀行に復代理権が授与されているものと解される。

　なお，本支店為替については，仕向銀行，被仕向銀行ともに同一銀行であるから，法律上の契約関係は生じないが，事務処理（たとえば振込）に関する処理上の留意点などは，委任契約の考え方によって取り扱われる。

4　被仕向銀行と受取人の関係

　被仕向銀行と受取人（代金取立の場合には，受託銀行と支払人）との間には，為替取引にもとづく直接の契約関係はない。

　振込については，受取人は，被仕向銀行と当座勘定取引または普通預金取引等の預金取引があることが前提となる。被仕向銀行は，預金契約により振込金を預金口座に入金する旨特約しているから，その約定に従って振込金を受取人の預金口座に入金し，受取人は，それによって同額の預金債権を取得するといった関係があるにとどまる。受取人の預金口座に振込金を入金記帳すれば，

補足

送金，振込の被仕向銀行と受取人，代金取立の受託銀行と支払人との間には，為替取引にもとづく直接の契約関係は存在しない。

銀行間の資金決済が完了していなくても振込金について受取人の預金が成立する。

代金取立の受託銀行と取立証券類の支払人の関係は、証券類の支払権限にもとづき、その支払を請求する者とその支払をする者の関係にとどまり、為替取引上の関係にはない。代金取立の委託銀行と取立証券類の支払人の間にも為替取引上の関係はない。受託銀行は、代金取立手形の所持人であり、取立委任裏書などによって授与された権限によって支払人に対して支払を請求し、その代り金を受領する権限があるにとどまる。

①依頼人と仕向銀行、②仕向銀行と被仕向銀行、③被仕向銀行と受取人のそれぞれの関係性について、確実に把握しておきましょう。

理解度チェック

❶ 内国為替取引において、振込の被仕向銀行は、仕向銀行に対して、受信した振込通知の記載内容に従って、受取人の預金口座に振込金を入金する義務を負う。
❷ 内国為替取引において、代金取立の受託銀行と取立証券類の支払人の間の法律関係は、証券類の取立事務を内容とする委任契約の委任者と受任者の関係にある。
❸ 振込取引において、受取人名義の預金口座に振込金を入金記帳しても、銀行間の資金決済が完了していなければ、被仕向銀行は受取人の預金として払出しに応じることはできない。

解答　❶ ○
　　　❷ ×　受託銀行と取立証券類の支払人には、委任者と受任者のような法律関係はない。
　　　❸ ×　受取人名義の預金口座に振込金を入金すれば、銀行間の資金決済の完了に関係なく、振込金は受取人の預金となる。

直近5回試験の出題頻度 ★★★☆☆

2 振　　込

1 振込の法的性質

関連過去問題
- 2022年10月 問28
- 2021年10月 問28
- 2021年6月 問28

振込は，依頼人の委託にもとづいて仕向銀行が被仕向銀行に対し，被仕向銀行にある受取人の預金口座に振込金を入金する事務を委託するものであるから，その契約の法的性質は，委任契約である。

受取人は被仕向銀行に対して支払を請求する権利を取得しない。受取人名義の預金口座に振込金が入金記帳された時に受取人の預金債権が成立し，受取人は銀行間の資金決済の完了の有無に関係なく，預金として払戻しの請求ができる。

重要用語
振込

2 振込の取扱方式

(1) テレ為替による振込

テレ為替（電信扱い）による振込は，為替通知の送達手段に全銀システムを利用して，1件ごとにオンラインリアルタイムで発受信する取扱方式である。

重要用語
テレ為替

① 当日扱いの振込

テレ為替による振込のうち当日扱いの振込は，取組日当日に振込通知を発信するものである。この当日扱いの振込は，顧客から電信扱い（テレ扱い）で振込依頼を受けたときに利用する。

② 先日付振込

先日付振込は，振込事務処理の平準化をはかるために採用された取扱方式で，振込指定日前にあらかじめ振込通知を被仕向銀行

重要用語
先日付振込

宛てに発信しておき，受取人の預金口座への入金処理を振込指定日に行うものである。このため，振込指定日前の振込通知の受信日に受取人の預金口座に振込の入金記帳をしても，その時点では預金は成立しない。具体的には，振込指定日の5営業日前から1営業日前の5日間が発信日の範囲となっており，銀行間の資金決済は振込指定日に行われる。

また，先日付振込によって発信した振込通知については後日になって必要があれば，その取消や訂正をすることができる。

⑵ 新ファイル転送

従来，磁気テープ・データ伝送で授受していた各種データを全銀システムにより，一括して送受信するもので，文書為替，先日付振込および給与・年金・給付金振込などが対象である。特定の日にデータをまとめて処理するものに使われている。

⑶ 文書為替による振込

文書為替は，為替通知として「振込票」を使用し，この振込票を郵便または文書交換によって仕向銀行から被仕向銀行に送付する取扱方式である。急を要しない国庫金振込と公金の振込および振込通知書等の付帯物件のついた振込を対象とする。

この文書為替は，振込票を仕向銀行から被仕向銀行に郵便など（文書交換以外の方法）を利用して送付する「メール振込」と，手形交換所における文書交換制度により授受する「交換振込」の2つの方式に区分される。

① メール振込

メール振込は，仕向銀行と被仕向銀行の振込センター相互間で振込票をまとめて郵送など（文書交換以外の方法）により授受し，この資金の決済を，被仕向銀行の振込センターが振込票の合計金額でテレ為替の「請求〔公金・メール振込資金請求（当日）〕」電文の発信により，資金請求する取扱方式である。

！ 注意

取消や訂正ができないわけではないことに注意。

💡 補足

振込指定日前は振込金が受取人の預金になる前のため、この時点で組戻依頼を受けたときは、受取人の承諾を得る必要はない。

📖 重要用語

メール振込

② 交換振込

交換振込は，同一の手形交換地域内に所在する仕向銀行と被仕向銀行の振込センターまたは交換母店相互間で振込票をまとめて文書交換し，資金の決済を手形交換により行う取扱方式である。

文書為替による振込は，手数料が低額との理由で使われてきたが，現在は迅速かつ確実なテレ為替（電信扱い）が主に使われており，文書為替の取扱を終了している銀行も多い。

📖 重要用語
交換振込

振込は，依頼人から委託を受けた仕向銀行が被仕向銀行に対し，被仕向銀行にある受取人の預金口座に振込金を入金する事務を委託するものであり，その契約の法的性質は委任契約ということを覚えておきましょう。

理解度チェック

❶ 先日付振込によって発信した振込の銀行間の資金決済は，振込指定日に行われる。
❷ 先日付振込の振込通知は，振込指定日の1ヵ月前から発信することができる。
❸ 被仕向銀行が先日付振込の振込通知の受信日に受取人の預金口座元帳に振込金を入金記帳すると，その入金記帳時に受取人の預金が成立する。

解答　❶ ○
　　　❷ ×　振込指定日の5営業日前から1営業日前の5日間に制限されている。
　　　❸ ×　振込指定日前に受取人の預金口座に振込金の入金記帳をしても，その時点で預金は成立しない。

直近5回試験の出題頻度 ★★★☆☆

3 振込規定

関連過去問題
- 2022年6月
  問26
- 2021年10月
  問26
- 2021年3月
  問26

1 適用範囲

振込規定は，振込取引における依頼人と仕向銀行との間における権利・義務関係を定めるもので，振込依頼書による本支店間振込と他行宛ての国内振込および振込機による同振込に適用される。

この振込規定は，各種の預金規定等と同様の定型約款で，その法的性格は，振込依頼人が規定の全条項を包括的に承認することになる付合契約の性格を有している。

2 主な規定内容

⑴ 振込の依頼（振込規定2条）

振込依頼書による振込依頼の場合には，銀行所定の振込依頼書を使用し，所定の事項を正確に記入する旨を定める（1項2号）とともに，振込機による振込依頼の場合には，振込機の画面表示等の操作手順に従って，所定の事項を正確に入力すること，振込資金が現金の場合には，依頼人名およびその電話番号も正確に入力する旨を定めている（2項3号）。

そして，振込依頼書に記載された事項，振込機で入力された事項を，それぞれ依頼内容とする旨を定め（1項3号・2項4号），銀行が委任を受ける事務の内容を明確化している。

⑵ 振込契約の成立（振込規定3条）

銀行が振込依頼を承諾（または振込機による振込の場合には，銀行のコンピュータ・システムにより振込の依頼内容を確認）し，

補足

振込規定では，振込依頼書の記載に不備があったり，振込機の誤入力があっても，それによって生じた損害について銀行は責任を負わないとしている。

重要用語

振込規定

補足

振込規定では，銀行が依頼人から振込資金と振込手数料を受領した時に振込契約が成立するとしている。

振込資金，振込手数料を受領した時に振込契約が成立することにしている。

　仕向銀行は，振込契約が成立したときは，振込依頼人に対して契約成立を証明する書類として，依頼内容を記載した振込資金受取書等を交付することにしている（3項）。

⑶　振込通知の発信義務（振込規定4条）

　振込契約成立後の仕向銀行の振込通知発信義務を定めている。この義務は，電信扱いの場合には原則として振込依頼日当日に振込通知を発信する当日発信の原則を定め，窓口営業時間終了間際や繁忙日等やむをえない事由がある場合や営業時間終了後または銀行休業日に振込機による依頼を受け付けている場合には，翌営業日に発信すること等を定めている。このため，銀行が振込通知の発信をその責に帰すべき事由により，ここに規定する時期までに発信しなかった場合には，発信遅延の責任を負うことになる。

⑷　証券類による振込（振込規定5条）

　「小切手その他の証券類による振込資金等の受入れはしない」ことを定めている。

⑸　取引内容の照会（振込規定6条）

　仕向銀行は，委任契約の受任者として，委任者である依頼人から振込事務の処理状況について請求があれば，これを報告する義務を負っている（民法645条）。そこで，依頼人から受取人の預金口座に振込金が入金されていない旨の照会があったときに，銀行がその調査・回答をする義務があることを定めている。また，銀行が依頼人に振込内容について照会したときは，依頼人はすみやかに回答する義務を有することも定めている。

⑹　依頼内容の変更・組戻しの取扱い（振込規定7条・8条）

　振込契約成立後にその振込を取り止める場合，振込依頼の内容を修正する必要が生じた場合の各手続を定めている。なお，7条1

> 📖 補足
> 振込依頼人が振込先の金融機関・店舗名および振込金額を変更する場合には，組戻しの手続により取り扱う。

項ただし書では，振込依頼人が振込先の金融機関・店舗名および振込金額を変更する場合には，組戻しの手続によることが定められている。

⑺ 災害等による免責（振込規定11条）

仕向銀行は，災害や事変等のやむをえない事由があったときや，仕向銀行または全銀システム等の金融機関の共同システムの運営主体が相当の安全対策を講じたにもかかわらず，端末機，通信回線またはコンピュータ等に障害が生じたとき，仕向銀行以外（たとえば，被仕向銀行）の金融機関の責に帰すべき事由があったときなどによる，入金遅延や入金不能によって生じた損害について責任を負わない旨を定めている。

直近5回試験の出題頻度 ★★★★★

4 振込における仕向銀行の取扱い

1 依頼人の範囲

　普通送金や代金取立では，依頼人は原則として取引先であることを要するとされているが，振込の場合には，取引先でない者からの振込依頼を受け付けてもさしつかえない。

関連過去問題
- 2022年10月 問28
- 2022年6月 問27
- 2021年10月 問27
- 2021年6月 問26
- 2021年3月 問28

振込においては，組戻時における送金小切手の回収や取立代り金の預金口座への入金といった問題がないので，取引先以外の者からの振込依頼を受けても差支えありません。

2 振込資金

　振込資金は，他行為替では為替通知に他店券受入れの旨の表示が禁止されているので，現金またはこれに準じるものに限られている。この振込資金は，振込の法的性質が委任契約であることから委任事務処理費用としての法的性質を有することになる。

3 振込通知の発信

　振込依頼を受け付け，振込資金を受領した仕向銀行は，すみやかに被仕向銀行宛てに振込通知を発信することになる。この振込通知の発信は仕向銀行の振込依頼人に対する受任者としての義務になるので，仕向銀行が誤って依頼内容と異なる振込通知を発信したり，発信遅延をしたり，発信を失念したりして振込依頼人に

補足
振込の被仕向銀行は仕向銀行に対して，委任契約の受任者としての義務を負っており，振込通知等の内容に不備があれば仕向銀行に照会しなければならない。

4 振込における仕向銀行の取扱い | 231

損害を与えたときは，その損害を賠償する債務不履行責任を負うことになる。

理解度チェック

❶ 振込における仕向銀行の取扱いについて，振込依頼人と取引関係がなくても，振込の場合には線引小切手を振込資金とする振込依頼を受け付けることができる。

❷ 振込における仕向銀行の取扱いについて，仕向銀行が依頼内容と異なる振込通知を発信したために振込依頼人に損害を与えた場合には，その損害を賠償する責任を負う。

❸ 振込における仕向銀行の取扱いについて，仕向銀行に振込依頼人が交付する振込資金は，委任事務処理費用としての法的性質を有している。

解答　❶ ×　線引小切手では，取引関係のない者からの振込依頼を受け付けることはできない。
　　　❷ ◯
　　　❸ ◯

直近5回試験の出題頻度 ★★☆☆☆

5 | 振込における被仕向銀行の取扱い

1 被仕向銀行の義務

振込における被仕向銀行の義務は，仕向銀行から受け取った振込通知（または振込票）にもとづいて，受取人の預金口座に振込金を入金することである。

そして，仕向銀行と被仕向銀行との間には，委任契約における当事者の法律関係が存在し，被仕向銀行は仕向銀行に対して，委任契約の受任者として善良な管理者の注意をもって振込事務を処理する義務を負っている。この場合，被仕向銀行の負う義務の主たる内容は，振込通知等に記載された受取人の預金口座に振込金を入金することである。

この入金に際しては，善良なる管理者の注意義務を負っているから，振込通知等の記載内容に不備な点があれば，仕向銀行に照会するなどの注意義務が課せられている。なお，受取人名義の預金口座に振込金を入金記帳すれば，銀行間の資金決済が完了していなくても，受取人の預金として成立しており，受取人の預金として払戻しに応じることができる。

振込通知に記載の振込先口座（受取人）の名義，口座番号が一致していて預金種目だけが違っている場合には，その存在する預金口座に入金してもさしつかえない。

次に，受取人との関係については，預金契約において振込による入金があった場合には受け入れることを約束しているので，振込通知等を受け取ったら，遅滞なく受取人の預金口座に入金記帳

関連過去問題
- 2022年6月 問28
- 2021年6月 問27

第3編

補足
受取人が法人名義である振込通知を受信した場合、その代表者の個人名義の預金口座に入金することはできない。

5 振込における被仕向銀行の取扱い 233

しなければならない。この場合，被仕向銀行は受取人との間で特別の約束のない限り振込による入金があった旨の入金通知をする義務は負わない。また，故意または過失により他人の預金口座に入金したり，入金遅延をしたりしたため受取人が損害を被った場合には，その責を負うことになる。

なお，被仕向銀行が振込通知と異なる金額により受取人の預金口座に入金記帳してしまったとしても，その記帳した金額による預金が成立することはない。また，あらかじめ受取人から振込による入金口座について指定があったとしてもその口座が振込通知に記載のない口座の場合には，指定された口座に振込金を入金することはできない。

2 入金不能分の取扱い

被仕向銀行において，受取人の預金口座が存在しなかったり，あるいは受取人名が相違しているなどの理由により，振込金を入金することができない場合には，入金不能分として取り扱うことになる。

振込通知によって指定された受取人名義の預金口座が存在せず，入金不能となった場合は，委任者である仕向銀行に照会し，その回答を得て，それにより取り扱うのが原則である。

実務では，その照会に対して照会日の翌々営業日までに回答がなかったときは，振込金を仕向銀行に返還すること（電文を返送すること）ができるものとされている。また，入金不能のうち取引解消後などで返却理由の明確なものについては，仕向銀行への照会を省略のうえ返却理由を明記して返送することができる。

直近5回試験の出題頻度 ★☆☆☆☆

6 | 取引解約後口座宛ての振込

　受取人の当座勘定が取引停止処分により解約された直後にその口座宛てに振込があり，被仕向銀行ではいったん別段預金へ入金したうえ，後日受取人から請求があったのでこれを現払いしたという事案について争われた判例がある。

　判決は，振込における委任の趣旨は指定口座に入金することにあり，指定された預金口座がない場合には，被仕向銀行の善管注意義務として仕向銀行を通じて依頼人の指示を待つべきであるとしている（東京地判昭和41・4・27金融・商事判例14号2項）。

　したがって，たとえ受取人から請求があっても，振込金の現払いや指定口座以外の預金口座への直接入金はすべきではない。

　入金不能分として取り扱うことが，正しい取扱いとなる。

　ところで，被仕向銀行から入金口座なし等の理由により振込金が返却された場合には，仕向銀行はすみやかに振込依頼人に通知して，組戻手続に準じて振込資金を返却することになる。

第3編

6　取引解約後口座宛ての振込　235

7 依頼人の受取人名誤記による誤入金と預金の成否

振込において、依頼人が受取人名を誤記したために、本来の受取人以外の者の預金口座に振込金が誤入金され、その預金の成否が争われた事案がある。

判例は、「振込依頼人から受取人の銀行の普通預金口座に振込があったときは、振込依頼人と受取人との間に振込の原因となる法律関係が存在するか否かにかかわらず、受取人と銀行との間に振込金額相当の普通預金契約が成立する」とした（最判平成8・4・26金融・商事判例995号3頁）。

ところで、被仕向銀行における振込金の入金処理が誤入金の原因である場合には誤入金先は当該振込金について預金債権を取得することはなく、また、仕向銀行が受取人名を誤記入したことが誤入金の原因である場合には、被仕向銀行は受取人に対して責任を負わない。

振込において、依頼人が受取人名を誤記したため、本来の受取人以外の者の預金口座に振込金が入金され、その預金の成否について争われた事案があります。

直近5回試験の出題頻度 ★☆☆☆☆

8 | 振込の入金通知

　振込における入金通知とは，被仕向銀行が受取人に対して行う振込による入金があった旨の通知をいい，入金案内ともいう。

　この振込の入金通知は，振込契約において被仕向銀行が受取人に対して負っている義務ではなく，また，預金契約上の義務でもなく，たんに預金者に対するサービスとして行っているものである。被仕向銀行は，振込金を指定口座に入金記帳することによって委任された事務を完了し，受取人は，同額の預金債権を取得する。したがって，この事務終了後に行う入金通知は，入金記帳の事実を預金者に知らせるたんなる通知にすぎない。

　また，誤って他の者に入金通知をしたり，誤った金額を入金通知しても，被仕向銀行は，正当な受取人に対して実際に振り込まれた金額の預金債務を負うのみで，誤入金通知を受領した者が預金債権を取得することはないし，誤った金額で預金債権が成立することもない。

9 振込の組戻し

直近5回試験の出題頻度 ★☆☆☆☆

関連過去問題
- 2021年3月 問27

重要用語
組戻し

1 当日扱いの振込の組戻し

(1) 組戻しの意義

組戻しとは，振込依頼の後で依頼人の申出により振込を撤回することである。組戻しを法律的にいうと，振込という委任契約の解除ということになる。委任契約の解除は，委任事務が完了するまでは当事者間でいつでもすることができる（民法651条）。したがって，振込通知を被仕向銀行あてに発信した後であっても振込依頼人からの組戻依頼を受け付けることができる。全国銀行内国為替制度では，銀行の取扱錯誤によってすでに発信した為替通知を取り消す場合を「取消し」と定め，組戻しと区別している。

(2) 仕向銀行の取扱い

組戻依頼ができるのは，振込契約の当事者である依頼人本人である。組戻依頼は，その申出が依頼人本人であることをまず確認したうえで受け付けなければならない。

すでに振込通知（振込票）の発信（送付）が完了している場合には，ただちに被仕向銀行宛てにテレ為替により組戻依頼電文を発信し，その回答を待って処理する。

(3) 被仕向銀行の取扱い

組戻しの依頼を仕向銀行から受けた場合には，当該振込が入金処理済みであるか否かを確認する。その結果，入金処理未済の場合は，組戻承諾の旨の回答をする。入金処理済みの場合は，受取人に連絡し，その諾否の返事を得て，その回答に応じた処理をす

る。すなわち，入金処理未済の場合および受取人の承諾が得られて組戻しに応じる場合には，組戻承諾兼資金返送電文を発信し，受取人の承諾を得られず組戻しに応じられない場合には，応じられない旨を回答する。

組戻しとは，振込依頼の後で依頼人の申出により振込を解除することです。

2　先日付振込の組戻し

　先日付振込における組戻しは，被仕向銀行の取扱いが一部異なるので注意が必要である。すなわち，振込指定日の前営業日までに組戻依頼を受けた場合には，たとえ受取人の預金口座への入金処理がなされても，振込金の預金成立前の組戻依頼であるから，受取人の承諾を得ないで組戻しに応じなければならない。なお，組戻しを承諾した場合の組戻承諾兼資金返送電文は，資金決済日との関係から，振込指定日に発信することになっている。

　なお，電算処理の都合で，振込指定日前に，振込指定日付で預金口座に入金記帳した振込について，振込指定日前に組戻依頼を受けた場合でも，その入金記帳を取り消して組戻しに応じることができる。

3　振込依頼人からの金額等の訂正依頼

　振込依頼人が，振込先の金融機関名・店舗名および振込金額を間違えてその訂正の申出があったときは，組戻手続によることになる。

理解度チェック

❶ 内国為替取引の組戻しの取扱いについて、組戻しは、依頼人から一度取り組んだ為替取引を取りやめる旨の申出があった際の手続で、その法的性質は委任契約の解除であると解されている。

❷ 内国為替取引の組戻しの取扱いについて、振込において、被仕向銀行あてに振込通知を発信した後は、仕向銀行は振込依頼人からの組戻依頼に応じることはいっさいできない。

❸ 内国為替取引の組戻しの取扱いについて、先日付振込の組戻依頼を振込指定日前に受けたときは、被仕向銀行は受取人の承諾を得なければ、この依頼に応じることはできない。

解答　❶ ○
　　　❷ ×　振込通知を発信した後でも、仕向銀行は振込依頼人からの組戻依頼を受けることができる。
　　　❸ ×　受取人の承諾を得ることなく、依頼を受けることができる。

直近5回試験の出題頻度 ★☆☆☆☆

10 代金取立

1 代金取立の意義

　代金取立とは，銀行が取引先や自行の本支店あるいは自行と為替取引契約のある他の金融機関からの依頼を受けて，手形や小切手その他証券類による金銭債権を支払人に請求し，取り立てることをいう。

　送金や振込は，依頼人から受取人宛てに資金が移動するので順為替といわれるが，代金取立では，支払人から依頼人に資金が移動するので逆為替といわれる。また，代金取立の場合には，委託銀行から受託銀行に取立の対象となる証券類の送付にかかる取引と，受託銀行から委託銀行に対して取立の結果を通知する取引の2つの取引が行われる。

重要用語

代金取立

2 代金取立の対象

　代金取立の対象となるものは，約束手形，為替手形，小切手，預金証書・通帳，配当金領収証，公社債，利札その他の金銭債権を表示する証券類で，預金口座へただちに受入れができないものである。これら代金取立の対象となる証券類を総称して「取立手形」という。

　なお，「預金口座へただちに受入れができないもの」とは，次のものとされている。

① 自店で決済できないもの
② 自店で手形交換によって取り立てることができないもの
③ 支払期日が到来していないもの
④ 取立に条件または特別の手続を要するもの

したがって、付帯物件の付いた手形、受入れ時に金額の確定していない証券類は、いずれも代金取立として取り扱うことができる。

「預金口座へただちに受入れができないもの」を確認しておきましょう。

3 代金取立の取立方式

全国銀行内国為替制度における代金取立の取立方式には、従来、以下に述べる集中取立、個別取立、期近手形集中取立の3方式があったが、2022年11月の電子交換所による交換決済の開始以降は、原則として、手形・小切手の郵送等による個別取立の取扱は終了し、集中取立のみによる取扱となる。ただし、電子交換所不参加金融機関への取立や交換呈示できない通帳等の取立については引き続き個別取立が使われる。

⑴ **集中取立**

重要用語
集中取立

集中取立は、同一期日の手形を委託銀行と受託銀行の集手センター間でまとめて授受し、資金決済は支払期日にその合計金額でまとめて行い、不渡りとなった手形についてのみ手形1件ごとに不渡通知を行って不渡分の資金を請求するという方式で、手形が対象となっている。

取立にあたり特別の手続を要する未引受の為替手形、一覧払いの手形、付帯物件付きの手形および減額取立依頼のあった手形等

は取扱いの対象外になっているが，集中取立で取立可能な手形は集中取立によることになっている。

(2) **個別取立**

個別取立は，取立依頼人から受託した取立手形を1枚ごとに送達状を付けて受託店宛てに直接送付して取立委託をする方式である。

個別取立

(3) **期近手形集中取立**

期近手形集中取立は，期日余裕のない手形および小切手を集中取立とほぼ同じ方式で取り立てるものである。集中取立と異なる主な点は，手形の授受は手形交換所などでもできること，授受日は原則として支払期日の前営業日とすること，対象手形に手形のほかに小切手も含まれることなどである。

期近手形集中取立

直近5回試験の出題頻度 ★☆☆☆☆

11 | 代金取立の法的性質と代金取立規定

1 代金取立の法的性質

代金取立の法的性質は証券類の取立事務を内容とする委任契約であると一般にいわれている。

2 代金取立規定

依頼人と委託銀行との間には，手形の取立事務を委託する委任契約とその取立代り金を依頼人の預金口座に入金して保管する条件付預金契約が成立するが，この両者の権利・義務関係や受託後の取扱いを具体的に定めたものとして「代金取立規定」がある。

この代金取立規定は，預金規定と同じく定型約款の1つであり，付合契約である。

代金取立規定1条では，手形，小切手，公社債等の証券類のうち，ただちに預金口座に受け入れることができないものは，代金取立として取り扱うことを定めている。

代金取立規定のうち，重要な定めとしては，手形要件・小切手要件の白地補充義務が銀行にないことを定める2条，証券類の取立を他の金融機関に委託して行う場合には，委託銀行が適当と認める時期，方法により発送することを定める4条，引受のない為替手形の引受呈示義務および手形交換によって支払呈示のできない証券類については取立受託の旨の通知を支払人に発信するにとどめ，支払呈示義務が銀行にないことを定める5条，取立代り金の資金化の時期を定める6条，取立依頼を受けた証券類が不渡り

244 第3編 決済

になったときは，ただちにその旨の通知を届出の住所宛てに発信すること，不渡りになった証券類は当店で返却するので，当行所定の受取書に預金取引の届出印を押印して提出することなど，不渡証券類の取扱いを定める7条があり，代金取立の委託にもとづく依頼人の権利は譲渡・質入することができない旨を定める10条がある。

代金取立は，銀行が取引先や自行の本支店あるいは他行から証券類の取立依頼を受け，この取立事務を行うものです。

理解度チェック

❶ 取立手形が不渡りになったときは，代金取立の委託銀行は取立依頼人に対して不渡りになった旨の通知をする義務を負っている。
❷ 代金取立の委託にもとづく取立依頼人の権利は，代金取立受託証（預り証）の交付により譲渡することができる。
❸ 代金取立における取立依頼人と委託銀行の間の法律関係は，証券類の取立事務を内容とする委任契約の委任者と受任者の関係にある。

解答　❶ ○
　　　❷ ×　取立依頼人の権利は，譲渡，質入れをすることはできない。
　　　❸ ○

直近5回試験の出題頻度 ★★★★☆

12 代金取立における委託銀行の取扱い

関連過去問題
- 2022年10月 問29
- 2022年6月 問29
- 2021年10月 問29
- 2021年3月 問29

1 依頼人の範囲

　代金取立の依頼人は，委託店の取引先であることを要し，非取引先からの取立依頼は受け付けないのが原則である。これは，委託銀行は正当な権利者から取立の依頼を受け付ける必要があり，非取引先の場合には，正当な権利者であるかどうかの確認が困難であり，事故になる危険性があるということからである。このほか，取立代り金を依頼人の預金口座に入金することになっていることや組戻依頼や不渡りとなった際の証券類の返還等における依頼人の確認等も取引先であれば容易にできるということなどがある。なお，線引小切手については，非取引先から受け入れることはできないという小切手法上の制約がある（小切手法38条3項）。また，手形・小切手の取立依頼人が死亡しても取立委任裏書による手形・小切手の取立権限は消滅しない（手形法18条3項，小切手法23条3項）ので，そのまま取立事務は続行できる。

代金取立の依頼人は，委託銀行の取引先であることを要し，非取引先からの取立依頼は受け付けないのが原則です。

2 取立手形の受付

(1) 手形要件等の確認

　取引先から証券類の取立依頼を受けた委託銀行は，依頼人の代

理人として証券類の取立を行うわけであるから，証券類の形式上の不備や代理権の付与等に問題があると取立ができないことになる。このため，委託銀行としては，取立依頼を受けた証券類について，手形の場合には手形要件が，小切手の場合には小切手要件が備わっていることなどを確認する必要がある。また，小切手は支払呈示期間を経過していても，支払委託の取消のない限り，支払人は支払うことができるので（小切手法32条2項），代金取立として受け付けることができる。

　白地手形については，原則として，依頼人に白地を補充させたうえで受け入れる。

　また，引受のない為替手形の取立依頼を受けた場合には，引受のための呈示をする義務は負わない。

⑵　**裏書の連続の確認と取立権限の付与**

　手形および記名式小切手については，裏書が連続していることを確認し，取立委任裏書を受ける。取立委任裏書によって，被裏書人は依頼人から取立権限を付与され，手形・小切手上の権利を行使できることになる。取立委任裏書については，正規の取立委任裏書によるほか，隠れた取立委任裏書でもよく，指図禁止，裏書禁止の旨の記載のある手形等についても，取立委任裏書をすることができる。

3　取立委任印（スタンプ）の押印

　委託銀行は，取立の依頼を受けた手形および記名式小切手をさらに他行宛てに取り立てる場合には取立委任裏書をするが，この手形法等に定める裏書方式による取立委任裏書は，一時に大量の手形を取り扱う銀行の事務として大きな負担となっていた。

　そこで，全国銀行協会の申し合わせにより，銀行相互間に限り利用を認めることにして，「取立委任印（スタンプ）」を押印する

補足

代金取立の取立委任印（スタンプ）は，手形・小切手上の裏書にはあたらず，取立委任を内容とする民法上の委任契約を表わしたものである。

12　代金取立における委託銀行の取扱い　**247**

こととした。この取立委任印は，手形法・小切手法上の裏書ではなく，手形類の取立委任を内容とする民法上の委任契約を表わしたものと解されている。

4 取立手形の送付

受託銀行宛てに取立手形を発送する時期と方法については，代金取立規定によって銀行が適当と認める時期・方法によることになっているが，委託銀行は善管注意義務をもって証券類を取り立てる必要があるので，呈示期間や支払期日がある場合には，所定の時期までに受託銀行が支払呈示できるように送付する。

なお，先日付小切手は，法律的には振出日前でも取り立てることができるが，依頼人から振出日に取り立ててほしい旨の依頼を受けたときは，この依頼どおりに取り立てることが委託銀行の義務となるから，この場合には，個別取立手形送達状の「期日」欄に小切手の振出日を記入し，小切手面の振出日下部にゴム印などで次の表示を行う。

> この小切手は振出日に呈示してください
>
> 振出日呈示

また，拒絶証書の作成その他権利保全の手続を要するものは，書面により依頼を受け，その旨を手形面に表示する。利息などの表示も手形の上部余白にする。

5 為替通知の受信

受託銀行から為替通知を受信した委託銀行は，各為替通知に応じた事務処理を行う。すなわち，取立方式が集中取立，期近手形集中取立の場合には，期日に依頼人の預金口座に入金記帳してあ

補足

先日付小切手は，法律上，振出日前でも取立が可能であるが，振出日に取り立ててほしい旨の依頼があったときは，小切手面振出日下部に「振出日呈示」等の表示を行う。

るので，不渡通知のなかった分については依頼人に入金の通知を
し，不渡通知を受信した分については入金記帳を取り消し，依頼
人宛てに郵便または電話により不渡りの通知をすみやかに行う。
その後，不渡りとなった取立手形が受託銀行から返送されてくる
ので，依頼人に受取書と引換えに返却する。

　次に，取立方式が個別取立の場合には，受信した為替通知が入
金通知であれば，依頼人の預金口座に入金するとともにその旨を
依頼人に連絡する。不渡通知の場合には，その旨を依頼人に連絡
し，後日不渡りとなった取立手形が受託銀行から返却されたらす
みやかに返却する。

6 取立代り金の資金化

　代金取立によって取り立てられた証券類の取立代り金は，支払
資金となる。すなわち，委託銀行が期日入金扱いとして期日日付
で依頼人の預金口座に入金記帳した手形および小切手（集中取立
または期近手形集中取立によって取り扱ったもの）については，
支払期日の翌営業日の不渡通知時限までに不渡通知を受信しなか
ったときに取り立てられたことが確認され，この時に支払資金と
なる。期日入金手形として取り扱わなかった証券類については（個
別取立によって取り扱ったもの），前記のとおり，受託銀行から受
信した入金報告にもとづいて，依頼人の預金口座に入金記帳した
時に支払資金となる。

7 不渡時の取扱い

　取立依頼を受けた証券類が不渡りになった場合には，①届出の
住所宛てに不渡通知をし，②不渡証券類は，受入店舗において返
却する。また，不渡手形を取立依頼人に返却するときは，すでに
押印済みの取立委任印は抹消する。

第3編

補足

取立手形が不渡
りとなったとき
は，取立依頼人
に不渡通知をし
なければならな
いが，権利保全
手続については，
あらかじめ書面
による依頼を受
けたものにかぎ
り行う。

12　代金取立における委託銀行の取扱い　249

直近5回試験の出題頻度 ★☆☆☆☆

13 | 代金取立における 受託銀行の取扱い

関連過去問題
2021年6月
問29

1 取立義務

代金取立の委託銀行と受託銀行の間の関係は証券類の取立事務を内容とする委任契約であることから，証券類の取立義務は受託銀行の中心的な義務で，委託銀行から取立依頼を受けた証券類を，所定の時期に，支払場所に支払呈示することがその内容である。

受託銀行は，手形交換や店頭交換によって取立が可能な場合に取立義務を負うことになる。受託銀行が取立手形の支払呈示を失念したために取立依頼人に損害を与えた場合には，その損害を賠償する責任を負う。

そして，先日付小切手について委託銀行から「振出日取立」の依頼を受けた場合には，受託銀行は委託銀行に対して委任契約の受任者の立場にあるので，小切手法の定めにかかわらず，振出日に取り立てなければならない。

2 不渡手形の権利保全手続

依頼人と委託銀行の間では，あらかじめ書面による依頼を受けたものに限り，権利保全の手続をすることになっているが（代金取立規定7条3項），委託銀行と受託銀行の間においても同様に，とくに依頼のないかぎり，受託銀行は権利保全の手続をとる義務を負わない。

3 為替通知の発信

委託銀行から取立依頼を受けた証券類を支払呈示した受託銀行は，その結果を為替通知をもって委託銀行に通知する。

代金取立における為替通知の発信は，委任契約の受任者としての義務であり，この委任事務処理結果を委任者である委託銀行に報告するものという性格を有している。

4 為替通知の発信時期等

(1) 集中取立・期近手形集中取立

この2つの取立方式では，取立手形1件ごとの為替通知の発信は行わず，期日の午前11時までに取立手形の合計金額で受託銀行の集手センター（期近手形集中取立の場合は集中店）が委託銀行の集手センター（期近手形集中取立の場合は集中店）宛てに資金付替電文を発信することになっている。そして，不渡分については，期日の翌営業日までに不渡り1件ごとに，受託銀行が委託銀行宛てに資金請求をする。

(2) 個別取立

個別取立の為替通知（入金報告または不渡通知）は，取立手形1件ごとに，入金報告または不渡通知を発信することになっている。

この場合，不渡通知には，不渡理由コードも記入することになっている。

> **補足**
>
> 個別取立では，取立手形1件ごとに，入金報告・不渡通知とも通信種目は「トリタテ」により発信し，不渡通知は金額欄を「¥0.」とする。

5 電子交換所への不渡情報登録

取立依頼を受けた手形・小切手が不渡りになった場合には，受託銀行（手形の支払場所）の所属する電子交換所に不渡情報の登録をする。

13 代金取立における受託銀行の取扱い **251**

直近5回試験の出題頻度 ★☆☆☆☆

14 代金取立の組戻し

関連過去問題
📝 2021年3月
問27

1 委託銀行の取扱い

　代金取立の組戻しは，送金，振込の組戻しと同じく委任契約の解除であるから，組戻申出人は依頼人でなければならない。組戻しの申出があったときは，預金取引印を押印した組戻依頼書の提出を求め，申出人が依頼人本人であることを確認する。

　当該手形の処理状況を調べ，その結果，期日余裕があるなどでまだ受託銀行に発送されていない場合には，当該組戻証券類を依頼人に返却する。

💡 補足
代金取立の組戻しは，委任契約の解除であり，取立手形の依頼人への返却にあたっては取立委任印を抹消する。

　委託銀行は取立手形を受託銀行宛てに発送済みのときは，受託銀行宛てに組戻依頼をする。受託銀行から組戻依頼に対する諾否の回答を受信するが，承諾の回答を得たときは，後日受託銀行から当該取立手形が返却されるので，返却された取立手形を受取書と引換えに依頼人に返却する。

　なお，組み戻した手形を依頼人に返却するときは，すでに押印済みの取立委任印は抹消する。この場合，取立委任印を抹消しても，手形の裏書の連続を欠くことはない。

💡 補足
組み戻された手形を取立依頼人に返却するときは，委託銀行（銀行の店舗）で返却されることになっている。

代金取立の組戻しは，送金，振込の組戻しと同じく委任契約の解除であるから，組戻申出人は依頼人でなければなりません。

2 受託銀行の取扱い

委託銀行から組戻依頼電文を受信したときは，当該電文に記載された内容と一致する取立手形を検索し，まだ支払呈示前等で組戻しに応じられる場合にはその承諾を，すでに取立済みなどで組戻しに応じられない場合には，その旨を回答する。そして，組戻承諾の旨の回答をしたときは，その後ただちに当該取立手形を委託銀行に返却する。

直近5回試験の出題頻度 ★★★★☆

15 | 手形・小切手の法的性質

関連過去問題
- 2022年6月
  問30
- 2021年10月
  問30
- 2021年6月
  問31
- 2021年3月
  問30・問31

1 有価証券

　私法上の権利を記載し，権利の移転または行使にその証券が必要であるものを，一般的に「有価証券」というが，手形・小切手は権利の発生，移転および行使に証券の存在が不可欠であるため，完全な有価証券であるといわれる。

2 設権証券

　手形・小切手上の権利は，手形・小切手の作成なしには，その権利が発生しない。このように，権利の発生が証券作成によるとされているものを設権証券という。

3 無因証券

　手形・小切手は，その取引の安全を図るため，ひいては，その流通性を高めるため，原因となった法律関係とは，無関係に債務が成立するとされている。このような性質を「無因証券」性という。

　もっとも，手形・小切手に「無因証券」性が認められるとしても，それは，流通性を確保するために認められているのであるから，直接の当事者間で，原因関係の抗弁を主張することまでを否定する必要はない。手形・小切手の無因証券性は，第三者との関係で，原因関係の抗弁を主張することができないという点で意味がある特性である。

4 要式・文言証券

現在の手形・小切手には一定の事項を記載することが法定されており、この記載を欠くと特別の救済規定がない限り、手形・小切手は無効とされる。これを手形・小切手の「要式証券」性という。

また、手形・小切手上に行われる法律関係は、手形・小切手上の記載文言により決定され、その他の事情はいっさい考慮されない。これを「文言証券」性という。

5 指図証券

証券面にその名を記載された者、またはその指図人が権利を行使することのできる証券を「指図証券」というが、手形・小切手は、法律によって、指図式で振り出されたものでなくとも、裏書によってこれを譲渡することができるとされている（手形法11条1項ほか）。手形・小切手は、法律上、当然の「指図証券」である。もっとも、手形・小切手に「指図禁止」などと記載すると、債権譲渡に関する方法に従わなければ、譲渡することができなくなる（手形法11条2項ほか）。

6 呈示・受戻証券

手形・小切手は、転々と流通するので、債務者にとっては誰が債権者かは、手形・小切手の呈示を受けないかぎり不明である。したがって、呈示がなければ弁済を要しないし、履行遅滞にもならない。この性質から手形・小切手を「呈示証券」という。

また、証券と引換えでなければ支払う必要もないことから、「受戻証券」である。

15 手形・小切手の法的性質　**255**

7 信用証券・支払証券

手形は，記載された期日にお金が支払われるという信用にもとづいて振り出され流通するため，「信用証券」といわれる。一方，小切手は一覧払いであり，呈示されればすぐに支払われるため，「支払証券」といわれる。

企業は，銀行から手形割引や手形貸付（商業手形担保）を受けることによって，受け取った手形を期日まで待たずに資金化することができる。このように手形には，銀行が信用供与という銀行としての本来の役割を果たすにあたって，そのための道具となる機能もあるのである。

8 手形における支払約束と支払委託

手形には約束手形と為替手形の2種類がある。約束手形は振出人自ら，満期に手形金額を無条件で支払うことを約する手形であるが，為替手形は振出人が手形の支払を他人（引受人という）に委託する手形である。約束手形にも，為替手形にも振出人が登場するが，手形の支払責任という点では，約束手形の振出人が最終的な責任を負うのに対し，為替手形の振出人は二次的な担保責任を負うのみであって，両者の責任内容は大きく異なる。

> **補足**
> 約束手形は振出人が「支払約束」する形式の手形であり，為替手形は振出人が他人に「支払委託」する形式の手形である。

9 小切手の特徴

小切手は，手形と異なり，もっぱら現金支払の代替手段として機能するが，証券の形式としては，為替手形と同様，支払委託という形式をとる。その支払人は，「銀行」（信用金庫，信用組合，農業協同組合など銀行と同視すべき金融機関を含む）に限られている。

小切手は，つねに一覧払いのものとするとされている。仮に，

256　第3編　決済

満期（支払期日）を記載したとしても，記載しなかったものとみなされる。このため，小切手では，支払人による引受・裏書・保証が認められていない。支払呈示期間もごく短期（10日間）である。

手形・小切手は「有価証券」であり，「設権証券」，「無因証券」，「様式証券」，「要式・文言証券」，「指図証券」，「呈示・受戻証券」，「信用証券」「支払証券」です。

理解度チェック

❶ 手形・小切手は，振出の原因関係によって証券の有効性が影響を受けない無因証券である。
❷ 手形・小切手は，法律で定められた記載事項を備えなければならない要式証券である。
❸ 手形・小切手は，支払を求めるために証券の呈示が必要な呈示証券である。

解答　❶ ○
　　　❷ ○
　　　❸ ○

15　手形・小切手の法的性質

直近5回試験の出題頻度 ★★★★☆

16 | 手形・小切手の署名

関連過去問題
- 2022年10月 問31
- 2021年10月 問31
- 2021年6月 問30
- 2021年3月 問32

1 法律上の署名

　約束手形の振出・裏書・保証，為替手形の振出・引受・裏書・保証，小切手の振出・裏書・保証などの行為は，書面行為で，署名を要件とする。適法な署名がない手形・小切手上の行為は無効である。とくに振出人の署名は，手形・小切手要件とされているので（手形法1条8号・75条7号，小切手法1条6号），それがないと，有効な手形・小切手とはいえない。

　本来，署名とは，行為者が自己の名称を手書すること，すなわち，いわゆるサインをすることをいう。法律上は，署名があれば，捺印が不要である。署名については，わが国の手形法・小切手法は，記名捺印も，署名に含まれるとする（手形法82条，小切手法67条）。

　現在の当座勘定取引の実務では，個人との当座勘定取引を除き，手形・小切手の振出等は，もっぱら記名捺印の方法で行われている。

> 💡 **補足**
> 約束手形における署名について、法律上は、振出人の自署があれば押印は不要である。

2 記名捺印

　記名捺印は，自分の名称をゴム印などで記名し，印章を押す方法である。自署したものをゴム印に刻んで押印しても，記名であって自署ではない。記名は，タイプライターなどによってもよい。また，氏名，商号ばかりでなく，雅号，通称等であっても記名といえるが，それらの使用については，取引銀行の同意を得ておく

> 💡 **補足**
> 手形・小切手の署名は、自署（サイン）だけでなく、「記名捺印」を含む。記名はゴム印による記名でよい。捺印（届出印）は三文判でもよいが、拇印は認められない。

258　第3編　決済

必要がある。

　捺印に用いる印章については，手形法・小切手法上，制限はないが，当座勘定取引では，銀行に事前に使用する印鑑について届け出ることを要する（当座勘定規定）。届出印には制限がないが，それが届出印でない以上，その振出（引受）印が実印であったとしても，銀行は免責されない（最判昭和58・4・7金融・商事判例672号3頁）。

　拇印が捺印と認められるか否かについては議論があるが，判例は古くからこれを否定する（大判昭和7・11・19民集11巻2120頁）。行為者の同一性を認識するための表示方法としては捺印よりもまさっているが，特別の技能をもたないと真偽が鑑別できないので，手形・小切手の場合には適当でないからである。

　なお，実務においては，記名捺印を印刷によって行ってもさしつかえないとされており，氏名および印をセットした機器（チェックサイナーなど）を使った記名捺印も有効と解されている（全国銀行協会昭43・6通達）。

3　法人の署名

　会社などの法人の署名については，手形・小切手上に法人名と代表者の肩書を記載して，代表者が自署・記名捺印をしなければならない。たんに会社名が記載され，捺印されているだけでは，有効な記名捺印とはいえないとされている（最判昭和41・9・13金融・商事判例22号17頁）。

補足

法人の振出署名（記名捺印）は，法人名，代表者の肩書，代表者名，印の形式が必要であり，たんに会社の名称と社判だけでは法人の署名とは認められない。

16　手形・小切手の署名　**259**

> 会社の記名捺印は,
>
> ┌─────────────────┐
> │ ○○○○株式会社   │
> │ 代表取締役○○○○　㊞ │
> └─────────────────┘
>
> という振り合いで,記名捺印をすべきで,
>
> ┌─────────────────┐
> │ ○○○○株式会社　㊞   │
> └─────────────────┘
>
> という記名捺印は正当な記名捺印とはいえないとされているのである。

また,実務では,経理部長等が代表取締役の記名判・銀行印を預り,手形行為をする権限を付与されて,代表取締役名義でそれをすることが少なくない。このような方法での手形行為を,機関方式による手形行為といい,この方式でされた手形行為も有効であると解されている。

> 約束手形の振出・裏書・保証,為替手形の振出し・引受・裏書・保証,小切手の振出・裏書・保証などの行為は,書面行為で署名を要します。

理解度チェック

❶ 約束手形における署名等について,会社の署名は,手形上に代表者等の表示がなくても,会社名が記載され,代表者印が押印されていれば有効である。
❷ 約束手形における署名等について,記名押印に使用される印は,実印でなければならない。
❸ 約束手形における署名等について,記名押印における押印には,拇印も含まれる。

解答
❶ × 法人名に加え,代表者の記名がなければ有効な法人の署名とはならない。
❷ × 実印とは限定していない。
❸ × 拇印は記名押印における押印に含まれない。

> 直近5回試験の出題頻度 ★★☆☆☆

17 手形・小切手の記載事項

1 手形・小切手の記載事項

手形・小切手上の記載事項は，次のとおり分類される。

(1) 必要的記載事項（手形要件・小切手要件）

必要的記載事項とは，手形や小切手であるために，必ず記載しなければならない記載事項で，これを欠くと，若干の例外を除いて，手形・小切手としての効力を生じない（手形法2条・76条，小切手法2条）。具体的には，下表のとおりである。

(2) 有益的記載事項

有益的記載事項とは，手形要件・小切手要件には該当しないので，記載がなくても手形・小切手は無効になるわけではないが，記載があれば手形・小切手上なんらかの効力を生じる事項である。

関連過去問題
- 2022年10月 問30
- 2021年10月 問31

必要的記載事項

有益的記載事項

●約束手形・為替手形・小切手の必要的記載事項

約束手形	為替手形	小切手
①約束手形であることを示す文字(約束手形文句)	①為替手形であることを示す文字(為替手形文句)	①小切手であることを示す文字(小切手文句)
②単純な支払約束文句	②単純な支払委託文句	②単純な支払委託文句
	③支払人(引受人)の名称	③支払人(金融機関)の名称
③満期	④満期	
④受取人またはその指図人	⑤受取人またはその指図人	
⑤手形金額	⑥手形金額	④小切手金額
⑥振出人の署名	⑦振出人の署名	⑤振出人の署名
⑦振出日	⑧振出日	⑥振出日
⑧振出地	⑨振出地	⑦振出地
⑨支払地	⑩支払地	⑧支払地

主なものは，次のとおりである。

---

① 振出人の名称に付記した地（住所）
② 第三者方払文句（支払場所）
③ 指図（裏書）禁止文句
④ 一覧払・一覧後定期払手形の利息文句
⑤ 拒絶証書不要文句

---

(3) 無益的記載事項

📖 **重要用語**

無益的記載事項

無益的記載事項とは，手形・小切手上に記載してもなんの効力も生じない事項である。主なものは，次のとおりである。

---

① 記載しても，法律上当然に認められているため，記載が無意味な事項
　　「この手形（小切手）と引換えに支払う」という受戻文句，手形の支払文言のなかの「または指図人」という支払指図文句などがこれに属する。
② 記載しても，法律上記載されないものとみなされる事項
　　確定日払手形や小切手における利息約定の記載，小切手における一覧払以外の満期や引受の記載がこれに属する。
③ 当事者間では私法上の効力を生じるが，手形上の効力は無効である事項
　　たとえば，違約金文句は，手形金支払遅延の場合に一定割合の損害金を支払う約定であるが，判例・多数説は，当事者間においては民法上の効力はあるとする。「満期に手形書替をして支払の延期をする」という支払猶予の特約や裁判所の合意管轄文句も，これに属する。
④ 手形・小切手との効力と無関係な事項
　　手形・小切手の番号，手形交換所名・同番号，事務処理上の都合で印字されているMICR印字などがこれに属する。

⑷　有害的記載事項

有害的記載事項とは，記載すると手形・小切手そのものが無効となってしまう事項である。

手形に法定の満期と異なる満期を記載したり，分割払いの記載をした場合には，その手形は無効となる。手形・小切手の支払委託や支払約束の単純性を害するような記載をした場合も，その手形・小切手は無効となる。手形・小切手そのものが無効となる以上，当該手形・小切手になされた裏書や保証なども，すべて効力を生じない。

> 📖 **重要用語**
> **有害的記載事項**

2　金額の記載──必要的記載事項

⑴　一定金額の記載

手形法・小切手法は，手形要件・小切手要件として「一定金額」の記載を求めている（手形法1条2号・75条2号，小切手法1条2号）。一定でなければならないから，「100万円または150万円」という選択的記載や，「150万円を限度として」という不確定な記載は認められない。

⑵　金額の訂正

いったん記載した金額の訂正は，手形法・小切手法では禁止されているわけではなく，訂正方法も定められていないので，法律上は，訂正権限のある者が誤記を抹消して正しい金額を記入すれば，訂正印を押していなくても，訂正の効果が認められることになる。しかし，手形用法・小切手用法は，紛争予防の見地から，手形・小切手の金額訂正はせず，新しい用紙を使用することを要請している。

> ！ **注意**
> 手形法・小切手法上は金額訂正をしても有効であるが，手形用法・小切手用法は，取引先に対して，金額を誤記したときは，訂正せず新しい用紙を使用することを求めている。

3 振出日の記載──必要的記載事項

⑴ 手形・小切手要件としての振出日

振出日は，必ず記載しなければならない。振出日は，実際のそれと同じである必要はなく，現実の振出日より将来の日を振出日としても，過去の日を振出日としても有効である。

⑵ 振出日は暦にある日

振出日で注意すべきは，それは暦にある日でなければならないとされていることである。判例は，9月31日，11月31日を振出日とする手形は無効であるとしている（大判昭和6・5・22民集10巻5号262頁ほか）。

4 手形の満期の記載──必要的記載事項

⑴ 満期と支払期日

補足

手形の満期日として暦にない11月31日や2月29日(平年)が記載された場合，同月末日を表わしたものとして有効と解するのが判例である。振出日の記載の考え方と異なっている。

満期は，手形の支払われるべき日である。一般的には支払期日とも呼ばれ，手形用紙でも支払期日と表現されている。満期と支払をなすべき日（手形法38条1項・77条1項3号）とは，同一であるとは限らない。満期が法定休日にあたれば，次の第1取引日が支払をなすべき日となるからである（手形法72条1項・77条1項9号）。

満期については，11月31日という記載は11月末日の趣旨と解してよく，2月29日の記載も平年の場合には2月末日の趣旨を記載したものとして有効と解するのが判例である（最判昭和44・3・4金融・商事判例529号144頁。なお，振出日の記載における考え方の違いに注意）。

満期は，手形金額の全額について同一でなければならず，手形金額の一部分ごとに別々の満期を記載した分割払手形は無効である（手形法33条・77条1項2号）。

また，小切手には満期はなく，仮に小切手に満期を記載しても，記載がないものとして取り扱われる（小切手法38条1項）。

(2) 満期の種類

満期は次の4種類のいずれかでなければならない。これと異なる満期の手形は無効である（手形法33条1項・77条1項2号）。

① 確定日払い
② 一覧払い
③ 日付後定期払い
④ 一覧後定期払い

補足
手形の満期の定め方は4種類が法定されており，これと異なる満期を定めても無効である。

① 確定日払い

確定日払いとは，「令和2年10月10日」というように確定日を満期とするもので，統一手形用紙の様式は，確定日払いとして振り出すように設欄されている。大部分の手形はこの確定日払いである。

重要用語
確定日払い

② 一覧払い

一覧払いとは，所持人が手形の支払呈示をした日を満期とする手形である（手形法34条1項・77条1項2号）。一覧払手形は，原則として振出日から1年間のうちに支払呈示する必要がある。満期の記載のない手形は一覧払いのものとみなされる（手形法2条2項・76条2項）が，実際上白地手形との区別が問題となる。

重要用語
一覧払い

③ 日付後定期払い

日付後定期払いとは，振出日付後手形に記載された一定期間経過後の日を満期とする手形である。「日付後10日」などと記載されるが，実質的には確定日払いと同じといえる。

重要用語
日付後定期払い

④ 一覧後定期払い

一覧後定期払いとは，一覧のための呈示があった後，手形に記載された一定期間（たとえば「呈示後10日」）を経過した日を満

重要用語
一覧後定期払い

期とする手形である。

⑶　満期記載のない手形の取扱い

　統一手形用紙には支払期日として,「令和　年　月　日」と設欄されているが，この記載を抹消すると一覧払いの手形とみられることになろう。この記載が抹消されることなく，空白のままとなっている手形は，一覧払いか，それとも白地手形かの問題が生じる。このような手形は,一般には,白地手形であると解されている。

直近5回試験の出題頻度 ★★☆☆☆

18 白地手形・小切手

1 商慣習法により承認

　白地手形・小切手は、その要件の一部を取得者に補充させる意思で、それを空白のまま発行された未完成な手形・小切手である。白地手形・小切手は、完成した手形・小切手と同様に流通することが商慣習法によって認められている。また、白地手形・小切手についても、善意取得・人的抗弁の切断が認められるとされている。

関連過去問題
- 2022年6月 問31
- 2021年10月 問38

重要用語
白地手形・小切手

2 白地手形と遡求権

　白地手形・小切手の所持人がその権利を行使するには、白地部分を補充し、完成された手形・小切手にしなければならない。これを補充しないで呈示しても、裏書人等に対する遡求権を保全す

● 白地手形と遡求権

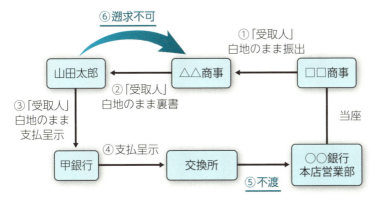

ることができない（最判昭和33・3・7民集12巻3号511頁）。また，債務者に履行遅滞の責めを負わせることもできない。後日，これを補充しても，呈示の時に遡って補充があったことにすることはできない（前掲最判昭和33・3・7）。

3 白地補充権

白地補充権について，多くの判例は，不動文字で印刷された手形用紙を用いて，要件の一部を白地として署名のうえ発行すれば，特別の事情のない限り，補充権を授与したものと推定する。

白地手形の補充は，約束手形の振出人との関係では，満期から3年以内に行えば足りる。しかし，裏書人との関係では，呈示期間内における呈示前にそれを完了させておかなければならない。振出日が白地の白地小切手の補充権の消滅時効期間は，5年であるとされている（最判昭和36・11・24金融・商事判例529号106頁）。

白地部分を誤って補充した者は，誤記を訂正することができる。

白地補充権は，手形・小切手とともに移転する。受取人白地の手形の所持人は，裏書をしないで，引渡によりこれを譲渡することができる。

4 白地補充権の濫用

手形法・小切手法は，白地の補充があらかじめの合意と異なる場合においては，手形・小切手上の債務者は，その不当補充をもって所持人に対抗することができないとする。ただし，所持人が不当補充を知って（悪意），または一寸注意をすれば不当補充を知りえた状態で（重大なる過失によって），白地手形・小切手を取得したときは，その限りでないとする（手形法10条・77条2項，小切手法13条）。また，判例によれば，補充後の取得者だけでなく，

補足

善意・無重過失で白地手形・小切手を取得した所持人が，あらかじめした振出人と受取人の合意と異なる白地補充をしたとしても，振出人は所持人に合意違反を対抗することはできない。

善意・無重過失で白地手形を取得し，合意と異なる補充をした所持人に対しても，手形債務者は，不当補充を対抗することができないとされている（最判昭和41・11・10金融・商事判例34号2頁）。

どのような事情があれば，重過失であるかについては，金額の補充につき，手形債務者に直接照会しなかったため，重過失が認定された裁判例がある（東京地判昭和40・1・26金融法務事情401号10頁）。

5 銀行の白地補充義務

取立受任銀行に補充義務があるかについて，各種の銀行取引規定は，銀行には白地を補充する義務がないことを明言する（当座勘定規定1条2項，普通預金規定2条2項，代金取立規定2条1項ほか）。

また，銀行に白地の補充を促す義務があるかについては，判例は，確定日払手形に振出日白地のものが多いこと，白地を促す慣習がないこと，手形交換規則上，振出日の白地は「形式不備」とされていないことを理由に，それは存しないとしている（最判昭和55・10・14金融・商事判例610号3頁）。

ただし，取引先から個別に白地補充の依頼を受け，それを承諾しながら補充を失念した場合には，責任が生じる。

6 当座勘定取引の取扱い

手形・小切手要件のうち，振出日や受取人については，経済的に重要な意味がないためか，実務上，白地とされることが少なくない。このため，当座勘定規定は，取引先に対して，手形，小切手を振出しまたは為替手形を引受ける場合には，手形要件，小切手要件をできるかぎり記載することを要請したうえで，小切手も

💡 補足

当座勘定規定は，取引先に対して手形要件・小切手要件の記載を促す一方，銀行は振出日，受取人が白地の手形・小切手を連絡なしで支払う旨を特約している。

しくは確定日払の手形で振出日の記載のないものまたは手形で受取人の記載のないものが呈示されたときは，その都度取引先に連絡することなく支払うことができるものとし，当該取扱いによって生じた損害については，銀行は責任を負わないとしている。

7　割引手形の白地補充

　白地手形については，そのままでの呈示では，遡求権が保全されないという問題点がある。したがって，割引手形について，手形要件に白地がある場合には，必ずそれを補充するようにする。実務上，白地とされることが多いのは，受取人と振出日である。銀行は手形割引と同時に白地補充権を取得すると解される。

白地手形・小切手は，その要件の一部を取得者に補充させる意思で，それを空白のまま発行された未完成な手形・小切手です。

理解度チェック

❶　白地手形について，白地を補充せずに手形を譲渡した場合，補充権は手形とともに移転する。
❷　白地手形について，白地にあらかじめなした合意と異なる補充がされても，手形自体は無効とならない。
❸　白地手形について，振出人から受取人白地の約束手形を受け取った者は，裏書をせずに引渡により譲渡することができる。

解答　❶　○
　　　❷　○
　　　❸　○

直近5回試験の出題頻度 ★★★★☆

19 | 手形・小切手の裏書

1 裏書による譲渡

手形・小切手には、「裏書」という譲渡方法が認められている（手形法11条1項・77条1項1号、小切手法14条1項）。

手形上の権利は、相続や合併によっても移転する（民法896条1項、会社法750条1項ほか）。

2 裏書のもつ一般的効力

譲渡裏書には、次の3つの効力がある（手形法14条〜16条・77条1項1号、小切手法17条〜19条）。

(1) 権利を移転する効力（権利移転的効力）

裏書によって、手形・小切手上のいっさいの権利が被裏書人に移転する。判例は、裏書で移転する権利の従たる権利、たとえば質権、抵当権、民事保証債権なども、反対の合意がなければ当然移転するとしている（最判昭和45・4・21金融・商事判例216号4頁）。

(2) 支払を担保する効力（担保的効力）

裏書人は、裏書によりその後者全員に対し、手形・小切手の支払を担保する責任を負う。ただし、反対の文言を記載すれば、この責任を免れることができる。

(3) 権利資格を与える効力（資格授与的効力）

裏書の連続のある手形・小切手の所持人は、手形・小切手上の権利者としての資格があるものと推定される。

関連過去問題

- 2022年10月 問32
- 2022年6月 問32
- 2021年10月 問32
- 2021年6月 問32

第3編

19　手形・小切手の裏書　271

裏書の連続があるというのは，手形の受取人が第一の裏書人となり，その被裏書人が第二の裏書人となるようにして，手形の受取人から現在の所持人までの裏書が，形式的に間断なく続いていることである。

　裏書が連続していない手形・小切手の所持人は，権利者と推定されないが，連続していない部分の権利移転の事実を証明すれば，その手形・小切手上の権利を行使することができる。

　小切手は，持参人払式が一般的であるため，その譲渡はたんなる引渡しによって行われることが多く，裏書されるのは記名式など例外的な場合に限られるが，手形は統一手形用紙の裏面に4つの裏書欄が設欄されていることから推察することができるように，裏書譲渡されることが多い。

3　裏書の方法

⑴　裏　面

　裏書は，手形（小切手）自体か，手形（小切手）に結合した紙片（補箋）に裏書人が署名して，被裏書人に交付する方法による（手形法13条1項・77条1項1号，小切手法16条1項）。統一手形用紙の裏面には，裏書欄があり，「表記金額を下記被裏書人またはその指図人にお支払いください」という裏書文句が印刷されている。

⑵　記名式裏書と白地式裏書

　裏書には，記名式の裏書と白地式の裏書がある。記名式の裏書は，裏書文句と被裏書人名を記載して行う裏書をいう。これに対して，白地式裏書は，被裏書人名を記載しない裏書をいう。これには，裏書文句を記載したものと，それも記載しないもの，すなわちたんに裏書人が署名するだけのものがある。たんに署名するだけのものは，手形の裏面または補箋にするのでなければ，その

効力を有しない（手形法13条2項・77条1項1号）。もしこれが手形の表面にされると，保証等と識別しがたいからである。

白地式裏書によって，手形を取得した者は，自己の名称を被裏書人欄に補充することによっても，またはなんら補充をしないでも，手形上の権利を行使することができる。また，その者は，被裏書人欄に自己の名を補充して，または補充しないで，さらに裏書譲渡することができる。このほか，白地を補充しないで，たんなる交付によっても，手形を譲渡することができるし，被裏書人欄に譲渡先の名を記載して譲渡することもできる。

⑶　裏書の抹消

裏書の抹消の方法については，法は明文の規定を置いていない。任意の方法で抹消すれば足りる。抹消印を押捺しなくても，無効ではない。

抹消された裏書は，その抹消が権限者によってなされたものであるか否かを問わず，資格授与的効力の関係では，記載がないものとみなされる（手形法16条1項・77条1項1号）。

⑷　被裏書人が抹消された裏書

手形の裏書のうち，被裏書人の記載のみが抹消された場合，当該裏書は，裏書の連続の関係においては，その抹消が権限のある者によってされたことを証明するまでもなく，白地式裏書となるとするのが判例である（最判昭和61・7・18金融・商事判例757号3頁）。

⑸　裏書日付・住所記載の意義

統一手形用紙の裏書欄には，裏書日付を記載するように，「令和　　年　　月　　日」と印刷されている。日付の記載は裏書の要件ではないが，記載すれば一応その日に裏書がなされたものと推定される。裏書日付は，振出日付より前の日であってもよいとされている。裏書人の住所も，裏書の要件ではないが，記載すれば裏書人

補足

裏書人が被裏書人を指定しない白地式裏書も裏書として有効である。被裏書人が抹消された裏書は，白地式裏書となるとするのが判例である。

第3編

19　手形・小切手の裏書　273

の同一性を判断する有力な資料となる。その記載は，遡求を受ける場合の不渡通知先としても意味がある。

(6) 拒絶証書不要文句

手形裏書欄には，裏書文句とともに「拒絶証書不要」と記載（印刷）されている。これは，所持人が遡求権を行使するときに，不渡りの事実を証明する公文書の作成を省いて，簡便に行使できるようにするものである。同様の記載は，小切手・為替手形の振出欄にもなされているが，これは，小切手振出人・為替手形振出人は，裏書人と同様，遡求義務者であるからである。

📖 **重要用語**
拒絶証書不要

(7) 裏書の単純性

裏書は単純でなければならない。条件を付しても，その記載はないものとみなされるし，手形・小切手金額の一部について裏書（一部裏書）すると裏書自体が無効とされる（手形法12条1項・77条1項1号，小切手法15条）。

💡 **補足**
裏書は単純であることを要する。一部裏書は，裏書自体を無効とする。

(8) 取立委任裏書

取立委任裏書は，手形の取立を目的とする裏書で，「回収のため」「取立のため」など取立委任の趣旨を付記して行う。その被裏書人は，取立に必要な範囲で，手形上のいっさいの権利を行使することができる。ただし，被裏書人は，手形上の権利を譲渡されたわけではないので，譲渡裏書をすることができず，取立委任裏書のみをすることができる（手形法18条・77条1項）。

銀行相互の取立委任については，大量事務処理の便宜のため，取立委任裏書によらず，取立委任印を押印する方法によっている。この取立委任印の押印は，手形行為によらないで，実質的に取立委任があったことを証明するものである。

📖 **重要用語**
取立委任裏書

💡 **補足**
譲渡裏書としての効力は，取立委任文言が抹消された時に生じる。

裏書の方法等を確認しておきましょう。

理解度チェック

❶ 手形金額の一部を譲渡する裏書は，有効である。
❷ 手形の裏書は，手形またはこれに結合した補箋に記載し，裏書人が署名することを要する。
❸ 手形の所持人は，手形が裏書の連続を欠くために形式的資格を有していなくても，実質的な権利移転を証明したときは，手形上の権利を行使することができる。

解答　❶ ×　無効である。
　　　❷ ○
　　　❸ ○

直近5回試験の出題頻度 ★★★☆☆

20 | 手形の支払呈示

関連過去問題
- 2022年10月
  問33・問38
- 2021年6月
  問33
- 2021年3月
  問33

1 手形の支払呈示

　手形所持人が振出人（引受人）に支払を求めるためには，手形を支払呈示しなければならない。その呈示の場所は，商法516条2項によれば，振出人（引受人）の営業所または住所であるが，実際に流通している手形については，支払場所（第三者方払い）として銀行店舗が記載されているので，所持人は，その店舗で手形を呈示しなければならない。

　なお，手形交換所（電子交換所）における呈示にも，支払呈示の効力が認められている（手形法38条2項・77条1項3号）。

2 手形の支払呈示期間

！ 注意
確定日払手形は，支払をなすべき日およびこれに次ぐ2取引日内に支払呈示しないと，裏書人等に対する遡求権が失われる。

① 確定日払い・日付後定期払い・一覧後定期払いの手形
　支払をなすべき日およびこれに次ぐ2取引日の3日内に支払呈示することを要する。支払をなすべき日は，満期が休日になるときは，これに次ぐ取引日である（手形法72条1項・77条1項9号）。

② 一覧払手形
　振出日付から1年内に支払呈示することを要する（手形法34条・77条1項2号）。

3 完成手形の支払呈示

支払呈示は完成された手形によってなされることを要する。白

276　第3編　決済

地手形をそのまま支払呈示しても適法な支払呈示とはならない。

4 支払呈示と遡求権

　所持人が支払呈示期間内に適法な支払呈示をしなかった場合には，裏書人等に対する遡求権を失う（手形法53条1項3号・77条1項4号）。拒絶証書作成免除になっていても，支払呈示が免除されるわけではない。また，手形債務者を履行遅滞に陥らせるためにも，手形の呈示が欠かせない。したがって，支払拒絶が明らかな場合であっても，支払呈示は行うべきである。

　もっとも，約束手形の振出人は絶対的支払義務者であるから，所持人が支払呈示をしなかったからといって，振出人に対する手形上の権利を失うことはない。約束手形の所持人は，振出人に対しては，手形債権が時効にかかるまで，いつでも手形を呈示して支払を求めることができるのである。為替手形の引受人に対しても同様である。

5 呈示期間経過後の支払呈示

　支払場所の記載は，手形の支払呈示期間内の支払についてのみ効力を有し，支払呈示期間経過後は本則に立ち返り，支払地内にある手形の主たる債務者の営業所または住所に支払呈示しなければならない（最判昭和42・11・8金融・商事判例82号9頁）。呈示期間経過後は，支払場所に呈示しても適法な支払呈示にならないから，手形債務者を履行遅滞に陥らせる効力もない。

6 依頼返却との関係

　手形交換に付された手形が本来手形交換に持ち出すべきでないものであるときは，持出銀行が支払銀行に依頼して手形を返却してもらうことができる（電子交換所規則施行細則28条）。これを

補足

適法な支払呈示をせず遡求権を失ったとしても，手形の絶対的支払義務者である約束手形振出人・為替手形引受人に対する手形上の権利まで失われるものではない。

第3編

依頼返却という。

重要用語
依頼返却

依頼返却は，実際には，手形の振出人等が不渡処分を受けることを免れるために利用されることが少なくない。そのため，依頼返却については，支払呈示の効力が消滅するのかが問題となることがある。この問題について判例は，このような不渡処分回避のための依頼返却が行われたからといって，いったんなされた手形の呈示および支払拒絶の効力は失われないとする（最判昭和32・7・19金融・商事判例529号39頁）。

手形所持人が振出人（引受人）に支払を求めるためには，手形の呈示をしなければなりません。

理解度チェック

❶ 確定日払の約束手形の支払呈示期間は，支払をなすべき日またはこれに次ぐ2取引日である。
❷ 確定日払の約束手形の支払呈示期間の経過後であっても，手形を呈示すれば，手形所持人は裏書人に対し遡求権を行使することができる。
❸ 支払呈示期間経過後の確定日払の約束手形については，その支払場所である銀行は支払義務を負わない。

解答 ❶ ○
❷ × 支払呈示期間内に支払呈示しなければ，手形所持人は遡求権を失う。
❸ ○

直近5回試験の出題頻度 ★★★☆☆

21 | 小切手の支払呈示

1 小切手の支払呈示期間

小切手も，手形と同様に支払呈示することを要する。支払呈示の相手方は支払人である。小切手は，法律上当然に一覧払いとされている（小切手法28条1項）から，小切手を受け取った所持人は，いつでも小切手を支払呈示できる。

小切手の支払呈示期間は，国内で振り出され，かつ支払われるべき内国小切手については，振出日から10日間である（小切手法29条1項・4項）。

この「10日間」の起算日は，実際に小切手が振り出された日ではなく，小切手に「振出日」として記載された日である。10日間の期間計算は，初日を算入しないで（小切手法61条），その翌日から期間計算する。したがって，支払呈示期間は，振出日を含めれば11日間となる。

関連過去問題
- 2022年6月 問34
- 2020年10月 問34

小切手の支払呈示期間は確実に押さえておきましょう。

2 呈示期間と休日の関係

期間中に休日があっても，そのまま呈示期間に算入する。しかし，呈示期間の末日が休日にあたるときは，呈示期間はその満了に次ぐ第1の取引日まで伸長される（小切手法60条2項）。ここで法定の休日となるのは，祭日，祝日，日曜日その他一般休日およ

び政令に定める日（同法75条）で，銀行休日の土曜日も休日に含まれる。

3 先日付小切手と支払呈示期間

> **注意**
> 先日付小切手は振出日付より前に支払呈示することができる。

　小切手は，実際の振出日よりも先日付でも後日付でも，それを振り出すことができる。先日付小切手が振り出された場合，実際の振出から小切手上の振出日付まで支払呈示できないとすると，小切手が信用証券化するのを認める結果となる。そこで先日付小切手は，振出日付より前でも支払呈示できるとされている（小切手法28条2項）。これにより，事実上，呈示期間が実際の振出日から振出日付の間延長される結果となる。

4 白地小切手の支払呈示

　白地小切手の呈示が，適法な呈示とならないのは手形と同じである。当座勘定規定によると，振出日付のない小切手が呈示されたときに，銀行はそのつど連絡することなく支払うことができ，その取扱いによって生じた損害については，支払銀行は振出人に責任を負わないとしている。しかし，白地小切手である以上，その呈示は不適法な呈示である。

5 支払呈示しなかった場合の効果

　小切手を支払呈示期間内に適法に呈示しないと，所持人は，振出人に対する遡求権を失う。

6 依頼返却との関係

　小切手も，手形と同様に依頼返却が行われることがある。不渡処分回避のための依頼返却によって支払呈示の効力が失われることがないのは，手形と同様である。このため所持人は，依頼返却

小切手につき遡求権を行使することができる。なお，小切手表面には「拒絶証書不要」の文言が印刷されている。

7 支払呈示と支払委託の取消

呈示期間経過前においては，振出人の支払委託の取消はできない（小切手法32条1項）。小切手の流通を害するからである。もっとも実際には，銀行（支払人）は，小切手上，呈示期間内でも所持人に対して小切手の支払義務を負っているわけではないので，支払委託の取消がなされた小切手をあえて支払うことはしない。この支払委託の取消は，振出人から支払人に対する意思表示によってなされ，その方法を問わない。銀行に提出される盗難・紛失などの事故届には，支払委託の取消の意思表示が含まれているといってよい。

小切手の紛失者（受取人等）は，支払銀行との間に支払委託関係はないので，支払銀行に対して支払委託の取消しをすることができない。

- 当座小切手の支払委託の取消（小切手法第32条1項）
  小切手の支払委託の取消は、支払呈示期間経過後においてのみ効力を生じる。

  ・支払委託の取消 = 盗難・紛失等の「事故届」の提出

  ➡ 当座勘定契約の受任者である金融機関（支払人）は、振出人である委任者の意向に従って、支払呈示期間経過前であっても、小切手の所持人に対して支払わない。

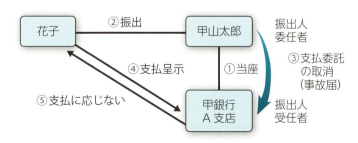

支払委託の取消しをしても，振出人は，小切手上の債務を免れることはできない。

呈示期間経過後においては，振出人は，支払委託の取消をすることができるが，それがなければ引き続き銀行に支払権限がある。銀行（支払人）は振出人の計算において小切手を支払うことができるのである（小切手法32条2項）。もっとも，呈示期間経過後いつまで支払うことができるかについては明確な規定がない。銀行としては，相当期間経過後は，取引先の意向に従って処理するのが妥当といえる。

なお，振出人の死亡，能力の喪失は，それ自体，支払委託の効力に影響を及ぼさない（小切手法33条）。

直近5回試験の出題頻度 ★★★★☆

22 線引小切手

1 線引の意義

小切手は一覧払いであり，実際には，持参人払いのものが多い。このため，盗難・紛失等の事故が生じた場合，小切手を不正に取得した者が，その支払を受けてしまうおそれがある。それを防ぐため，支払を受けた者が誰かを後でトレースすることができるようにして，結果として，不正な取得者が支払を受けることがないように，線引制度が設けられている。線引制度は，手形にはない小切手に特有の制度である。

関連過去問題
- 2022年10月 問34
- 2022年6月 問38
- 2021年10月 問34
- 2021年3月 問34

2 線引の種類・方式

線引小切手は，横線小切手ともいう。これには，一般線引小切手と特定線引小切手の2種類がある（小切手法37条2項）。線引をすることができるのは，振出人と所持人である（同条1項）。

一般線引小切手は，小切手の表面にたんに2本の平行線を引いたもの，またはこの平行線の間に「銀行」「銀行渡」「Bank」など銀行またはこれと同一の意義を有する文字を記載したものをいう。

特定線引小切手は，2本の平行線の間に「○○銀行」「△△信用金庫」など特定の銀行の名称を記載したものをいう（小切手法37条3項）。銀行の店舗名を記載する必要はない。仮に店舗名までを記載したとしても，その記載は，法律上は無意味と解されている。

一般線引小切手を特定線引小切手に変更することができるが，その逆はできない（小切手法37条4項）。

重要用語
線引小切手

重要用語
一般線引小切手

重要用語
特定線引小切手

線引の抹消はできない。仮に抹消しても，抹消はなかったものとみなされる。また，特定線引における被指定銀行の抹消も，同様である（小切手法37条5項）。

一般線引小切手と特定線引小切手の違いを確認しておきましょう。

3 線引小切手の受払いの制限

一般線引小切手については，支払銀行は，銀行に対しまたは支払銀行の取引先に対してのみこれを支払うことができる（小切手法38条1項）。ここで，取引先とは，銀行がその取引を通じて，身元を把握している者と解されている。僚店の取引先も，銀行が取引を通じて，身元を把握している以上，ここでいう取引先に該当する。

特定線引小切手については，支払銀行と被指定銀行とが異なる場合には，支払銀行は，被指定銀行に対してのみ，これを支払うことができる。ただし，被指定銀行は，他の銀行に取立委任をすることは認められている。被指定銀行が支払銀行である場合には，支払銀行は，自己の取引先に対してのみ，これを支払うことができる（小切手法38条2項）。

線引小切手は，受入れについても制限があり，銀行は，自己の取引先または銀行からのみ，線引小切手を取得すること，および取立委任を受けることができる（小切手法38条3項）。

数個の特定線引のある小切手については，支払銀行は，これを支払うことができない。ただし，2個の線引がある場合において，その1つが手形交換所における取立のためにされたものであるときは，それを支払うことができる（小切手法38条4項）。

4 銀行の損害賠償義務

小切手法38条に違反して，線引小切手の受払いをしても，その効力を否定されることはないが，その相手方が不正な所持人で，その結果，振出人や正当な所持人に損害が生じた場合には，銀行は，小切手の金額を限度として損害賠償義務を負う（小切手法38条5項）。

5 裏判の慣行

線引制度の建前からすれば，自己の取引先でない者から，線引小切手の支払呈示を受けた場合には，支払銀行は，その支払を謝絶しなければならない。ところが，その裏面に届出印が押印されていれば，支払銀行は，これを支払うのが慣行である。

取引先の中には，銀行から小切手用紙を受け取ると，事故防止の観点で，あらかじめ，そのすべてに線引を施す者がいる。このような者から小切手の交付を受けた者は，支払銀行と取引がないと，それを即日現金化することができない。これを可能にするための便法として，事実上，線引の抹消の効果が生じるように，いわゆる裏判の慣行が生じたのである。

この慣行を受けて，当座勘定規定も，「線引小切手が呈示された場合，その裏面に届出印の押捺（または届出の署名）があるときは，その持参人に支払うことができるものとします」といった特約をおいている。

6 取引先の損失負担

前記の特約があるので，線引小切手であっても，裏判が押捺されていれば，その所持人と取引がなくても，銀行は，それを支払う。ところが，小切手法上は，線引の抹消はできないので，その

> **補足**
> 線引違反により小切手の正当な権利者に損害が生じたときは、支払銀行は損害賠償の責を負うが、それを振出人(取引先)に求償できるとの定めが当座勘定規定におかれている。

所持人が小切手を盗取した者であるときは、小切手法38条5項の規定により、銀行は損害賠償義務を負担することになる。これでは、銀行は、安心して裏判のある線引小切手を支払うことができない。そこで、当座勘定規定は、「小切手法38条第5項の規定による損害が生じても、当行は責任を負いません。また、当行が第三者にその損害を賠償した場合には、振出人に求償できるものとします」といった特約もおいている。被害者が誰であろうと、裏判を押捺した以上、最終的には、取引先が損害を負担すると特約されているのである。

理解度チェック

❶ 銀行は、一般線引小切手については、他の銀行または自己の取引先に対してのみ支払うことができる。
❷ 銀行は、一般線引小切手が呈示された場合、その裏面に届出印の押印があるときは、その持参人に支払うことができる。
❸ 特定線引小切手については、指定された銀行に対してのみ支払うことができ、被指定銀行が支払人の場合は、自己の取引先に対してのみ支払うことができる。

解答　❶ ○
　　　❷ ○
　　　❸ ○

直近5回試験の出題頻度 ★★★☆☆

23 自己宛小切手(預手)

1 意義

小切手は，振出人が支払人（銀行）に対して小切手面金額の支払を委託するという形式を採用しているが，銀行がそれを自己宛てに振り出すこと，すなわち，銀行が振出人と支払人を兼ねることも，認められている（小切手法6条3項）。この小切手を自己宛小切手（預金小切手・預手）という。

自己宛小切手は，その支払が確実であるため，大口の取引で，現金に代わるものとして利用されている。

関連過去問題
- 2022年10月 問35
- 2022年6月 問35
- 2021年6月 問36

重要用語
自己宛小切手

2 当座小切手との異同

一般の当座小切手では，銀行は，振出人である取引先に対して，当座勘定取引契約にもとづいて，支払義務を負担しているが，所持人に対しては，支払義務を負担しない。所持人が結果として支払を受けられるのは，銀行が当座勘定取引先に対して支払義務を負担していることの反射的効果にすぎない。

これに対して自己宛小切手では，呈示期間内の支払呈示に対して支払を拒絶すると，銀行は，所持人に対して遡求義務を負担する（小切手法39条）。また，呈示期間後に支払を拒絶すると，この場合には，遡求義務を負担しないものの，発行代り金を依頼人から受領している以上，利得償還債務を負担する（同法72条）。

3 支払委託関係の存否

発行依頼人の求めに応じて自己宛小切手を発行した場合に、発行依頼人と銀行との間に支払委託関係があるか否かについては、支払委託関係はないとするのが裁判例で（東京高判昭和42・8・30金融・商事判例73号12頁）、多数説でもある。

両者間には、自己宛小切手の売買の関係があると解されている。

4 事故届

> **補足**
> 自己宛小切手の事故届は支払委託の取消には該当せず、支払にあたっての注意喚起の通知にすぎない。

自己宛小切手で実務上悩ましいのは、発行依頼人等から紛失・盗難等を理由に支払の差止依頼を受けた場合の対応である。裁判例によれば、発行依頼人との間に支払委託関係はないとされているので、支払差止依頼を受けた自己宛小切手を支払うか否かは、銀行が自ら決すべきことといえる。もっとも、このような依頼を受けた以上、当該小切手を支払うに際しての銀行の注意義務は加重されると解されている（前掲東京高判昭和42・8・30）。実務上は、いったん不渡りにして、発行依頼人と所持人間で協議してもらい、両者の合意に従って支払処理をする例が多いようである。

なお、自己宛小切手を不渡返還する場合、異議申立提供金の提

※発行依頼人と金融機関との間には、支払委託の関係はない。

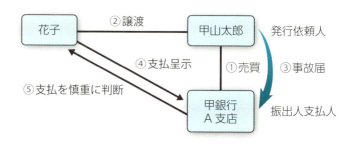

供は不要とされている（全銀協通達昭和59・10・5外事大111号）。

5 支払保証に代える自己宛小切手の発行

小切手法は，支払保証という制度を設けている（同法53条以下）。支払保証の方式は，小切手の表面に「支払保証」その他支払をなす旨を記載し，日付を付して，支払人（銀行）が署名すべきとされている（同法53条2項）。支払保証がされると，支払人（銀行）は，遡求義務者と同様の義務を負担することになる（同法55条）。

支払保証の制度は，戦前は広く利用されていたようであるが，現在は，利用されていない。この制度が利用されなくなったのは，支払保証を求められた場合，銀行がこれに代えて自己宛小切手を交付するようになったからである。

銀行が振出人と支払人を兼ねることも認められており，この小切手を自己宛小切手（預金小切手・預手）といいます。

理解度チェック

❶ 銀行が発行依頼人の求めに応じて，自己を支払人として振り出す小切手を自己宛小切手という。
❷ 自己宛小切手の発行は，発行依頼人が提供する資金を対価とする小切手の売買と解されている。
❸ 自己宛小切手につき事故届が提出された場合には，当該小切手を支払うに際しての銀行の注意義務は加重される。

解答　❶ ○
　　　❷ ○
　　　❸ ○

直近5回試験の出題頻度 ★★★☆☆

24 手形・小切手の偽造・変造

関連過去問題
/ 2022年6月
問33
/ 2021年10月
問33
/ 2021年6月
問34

重要用語
手形・小切手の
偽造

1 偽造（署名を偽ること）

手形・小切手の偽造は，無権限で他人名義の手形・小切手の署名をして，手形・小切手行為を偽ることである。

偽造は，代理と違い，偽造者の名称は手形・小切手面に現われない。偽造は，振出に限らず，裏書，引受，手形保証などの手形行為・小切手行為についても起こりうる。偽造の方法はいろいろ考えられるが，実際に多いのは，預かっている他人の印章を悪用して記名・捺印をすること（印鑑盗用による偽造）であり，取引銀行における手形・小切手の引落しに際して，偽造行為が発覚することが稀ではない。

印鑑盗用以外では，以下のような事例がある。

・ 振出人欄に記名・捺印済み，金額等未記入の約束手形を輸送途中に盗取され，勝手に金額等を記入された。
・ 手形・小切手作成事務の従事者が書き損じた記名・捺印済み約束手形を流通させた。

なお，白地補充権の濫用については，判例は一貫して，偽造にあたらないとしている。

2 偽造された者の責任

偽造手形・小切手について，偽造された者は，なんらの責任を負わないはずであるが，判例は，無権代理を類推適用し，本人の

290 第3編 決済

追認があれば，偽造の手形行為・小切手行為は，当初から効力を生じるとする（最判昭和41・7・1金融・商事判例15号7頁）。

この判例の考え方からすると，民法の表見代理は，偽造の場合にも適用されて，偽造された者の手形・小切手上の責任を認めることにもなる（最判昭和43・12・24金融・商事判例152号8頁は，表見代理の類推適用を認める）。

さらに，判例は，Aの被用者によって手形が偽造され，受取人の依頼にもとづき，Bがそれを割り引いた事案につき，AにつきBに対する使用者責任（民法715条）を認める（最判昭和36・6・9金融・商事判例529号92頁）。

3　偽造者の責任

手形・小切手の偽造者は，不法行為責任を負う（民法709条）。また，判例は，無権代理人の責任に関する手形法8条を類推適用することで，偽造者は，手形・小切手上の責任を負担するとしている（最判昭和49・6・28金融・商事判例418号2頁）。

4　変造（記載を偽ること）

手形・小切手の変造は，権限がないのに，署名以外の手形・小切手の記載内容をつくり変えることである。変造は，偽造とも，白地手形の不当補充とも異なる。記載の付加・変更・除去いずれの方法によっても変造となるが，手形・小切手の必要的記載事項（手形の支払期日，金額など）や有益的記載事項（支払場所など）につき変造が可能である。

一方，無益的記載事項のように効力のないものを付加・変更・削除しても変造にはならないし，権限にもとづく変更や全員の同意をもってする変更も変造ではない。

補足
手形・小切手を偽造した者は，不法行為による損害賠償責任のほか，手形法8条の無権代理の規定の類推適用により，手形・小切手上の責任を負う。

重要用語
手形・小切手の変造

5　変造された手形・小切手の責任関係

> **！ 注意**
> 変造手形・小切手に署名した者の責任については，変造前の署名者は変造前の文言に従って責任を負い，変造後の署名者は変造後の文言に従って責任を負う。

①　変造前の署名者は，変造前の原文言に従って責任を負う（手形法69条・77条1項7号，小切手法50条）。

> 約束手形の支払期日が昭和50年1月31日から昭和53年1月31日に変造された場合でも，振出人は原文言の支払期日昭和50年1月31日に従って振出人としての責任を負う（大阪高判昭和55・5・27金融・商事判例603号3頁）。

②　変造後の署名者は，変造後の文言に従って責任を負う（手形法69条・77条1項7号，小切手法50条）。

> Aが金額100万円として受取人Bに交付したところ，Bが500万円と変造してCに譲渡し，さらにCがDに譲渡したとすれば，Cは500万円について責任を負う。

6　銀行取引約定書の特約

銀行の手形割引取引は大量・定型的な取引で，銀行は，割引依頼手形に押印された印影を届出印鑑と照合のうえ，割引に応じている。銀行取引約定書には，「手形，証書の印影を，私の届け出た印鑑に，相当の注意をもって照合し，相違ないと認めて取引したときは，手形，証書，印章について偽造，変造，盗用等の事故があっても，これによって生じた損害は私の負担とし，手形または証書の記載文言にしたがって責任を負います」といった特約をおいている。

7　偽造・変造手形の支払

銀行が偽造・変造手形・小切手と知らずに，それを当座勘定か

ら引き落として支払った場合には，悪意または重大な過失がない限り，支払について責任を負わない（手形法40条3項・77条1項3号。小切手も同様）。もちろん，裏書の形式的連続等適切な注意を払ったことが前提である。前述したように，当座勘定規定は，印鑑照合をして相当の注意のもとに相違ないと認めて取り扱えば，偽造・変造等の事故があっても，そのために生じた損害については銀行は賠償責任を負わないとしている。

手形・小切手の偽造は，無権限で他人名義の手形・小切手の署名をして，手形・小切手行為を偽ることです。

理解度チェック

❶ 手形の変造とは，権限のない者が他人の名義を無断で使用して，手形行為をすることである。
❷ 手形が変造された場合には，変造前の署名者も変造後の文言に従って責任を負う。
❸ 偽造手形については，本人が振出行為を追認したとしても，本人に効力が生じることはない。

解答　❶ ×　手形の署名以外の記載事項に，他人が権限なく変更を加えることを手形の変造という。
　　　❷ ×　変造前の署名者は原文言に従って責任を負う。
　　　❸ ×　本人が追認したときは，本人に効力が生じる。

直近5回試験の出題頻度 ★☆☆☆☆

25 | 手形・小切手の遡求

1 手形・小切手の遡求

支払呈示期間内に適法に支払呈示したが支払拒絶により不渡となった手形の所持人は，裏書人，為替手形の振出人，参加引受人もしくはそれらの手形上の保証人に対して，遡求権を行使することができる。遡求義務を果たして手形所持人となった者も，遡求権者となって権利行使（再遡求）ができる。

遡求できる金額は，①手形金額と利息の記載があればその利息，②法定利率による満期後の利息，③通知費用その他の費用（手形法48条1項・77条1項4号）である。

小切手にも遡求の制度がある（小切手法39条）。

手形には満期前遡求の制度もあり，①約束手形の振出人，為替手形の引受人が破産手続開始の決定を受けたとき，または支払停止をしたとき，もしくはその財産に対する強制執行が効を奏さなかったとき，②為替手形の引受が拒絶されたとき，の事由が認められている（手形法43条後段・77条1項4号）。会社更生，特別清算が開始したときも破産に準じ，支払停止・強制執行不奏功の場合は，支払呈示が必要である。

> **補足**
>
> 裏書人のうち，無担保裏書をした裏書人は，遡求義務を負わない。

2 手形の遡求権と買戻請求権

割引手形が不渡りとなったり，手形支払人につき破産手続が開始した場合には，割引銀行は，割引依頼人に対して遡求権を行使することができる。このほか，手形支払人・割引依頼人に信用悪

化事由が生じた場合には，割引銀行は，銀行取引約定書の特約にもとづき，割引依頼人に対して割引手形の買戻しを請求することができる。遡求権と買戻請求権のいずれを行使するかは，銀行の任意であるが，一般に銀行は，買戻請求権を行使している。

直近5回試験の出題頻度 ★★★★☆

26 | 手形交換・不渡事由・不渡情報登録

関連過去問題
- 2022年6月 問36
- 2021年10月 問35
- 2021年6月 問37
- 2021年3月 問36

1 手形・小切手の交換呈示と電子交換所

　一般社団法人全国銀行協会は，「電子交換所」を設立し，2022年11月4日から当該交換所による交換決済を開始した。

　これまで，各銀行は，取引先から持ち込まれた手形等の現物（紙）を，各地の銀行協会等が運営する手形交換所に持ち寄ることで交換決済を行ってきたが，電子交換所の稼働開始以降は，手形等のイメージデータを銀行間で相互に送受信することにより手形交換が完結することとなった。すなわち，電子交換所とは，電子データのやりとりにより手形交換を行うシステムのことである。全国179ヵ所の手形交換所は、電子交換所の稼働開始とともに，交換業務を終了した。

　手形交換が電子化されたことで、手形・小切手を搬送する必要がなくなり銀行の業務効率化に資するほか，自然災害等への耐久性向上や決済期間短縮による顧客利便性向上などさまざまなメリットが期待できる。従前，各地の手形交換所が担ってきた取引停止処分制度も，電子交換所により運営されることとなった。

2 不渡事由

　不渡事由は，「0号不渡事由」「第1号不渡事由」および「第2号不渡事由」の3つのグループに区分される（電子交換所規則施行細則33条1項）。「0号不渡事由」は，適法な支払呈示でないか，それと同視できる不渡事由である。「第1号不渡事由」は，「資金

補足
適法な呈示でないこと等を事由とするのが0号不渡事由,「資金不足」,「取引なし」が第1号不渡事由であり，0号,第1号以外の事由が第2号不渡事由である。

重要用語
0号不渡事由

重要用語
第1号不渡事由

296 | 第3編 決済

不足」と「取引先なし」の2つである。「第2号不渡事由」は、「0号不渡事由」および「第1号不渡事由」以外の不渡事由である。これらの不渡事由・不渡届の要否を具体的に列挙すれば、以下のとおりである。

重要用語
第2号不渡事由

(1) 0号不渡事由

適法な呈示でないこと等を事由とする次に掲げる不渡事由で、これに該当する場合には、不渡情報登録は不要である。

① 手形法・小切手法等による事由

形式不備（振出日・受取人の記載のないものを除く）、裏書不備、引受なし、呈示期間経過後（手形に限る）、呈示期間経過後かつ支払委託の取消（小切手に限る）、期日未到来、除権決定

② 破産法等による事由

 ⑦ 財産保全処分等

  破産法・会社更生法・民事再生法・会社法による財産保全処分中

  破産法・会社更生法・民事再生法による包括的禁止命令

 ④ 手続開始決定等

  破産・会社更生・民事再生手続開始決定、会社特別清算開始、清算手続による弁済禁止

 ⑨ 支払禁止の仮処分

 ④ 外国倒産処理手続に対する援助の処分中

③ 依頼返却等による事由

依頼返却、案内未着、二重持出、該当店舗なし、レート相違・換算相違、振出人等の死亡、再交換禁止、イメージ不鮮明

④ その他による事由

上記①②③に準ずる事由

(2) 第1号不渡事由

次の不渡事由であり、これに該当する場合には、不渡情報登録

を要する。ただし，取引停止処分中の者にかかる不渡り（取引なし）については，不渡情報登録を要しない。

① 資金不足（手形が呈示されたときにおいて，当座勘定取引はあるが，その支払資金が不足する場合）

② 取引なし（手形が呈示されたときにおいて，当座勘定取引がない場合）

(3) 第2号不渡事由

0号不渡事由および第1号不渡事由以外のすべての不渡事由であって，例示すると，次のとおりである。これに該当する場合には，不渡情報登録を要する。

なお，第2号による不渡情報登録に対しては，異議申立をすることができる。

> [!注意]
> 第2号不渡情報登録に対しては，異議申立をすることができる。

> 契約不履行，詐取，紛失，盗難，印鑑（署名鑑）相違，偽造，変造，取締役会承認等不存在，金額欄記載方法相違（金額欄にアラビア数字をチェック・ライター以外のもので記入等），約定用紙相違

4 不渡事由重複時の取扱い

> [!補足]
> 0号と第1号，0号と第2号が重複するときは0号不渡事由が優先し，第1号と第2号が重複するときは，第1号不渡事由が優先する（第1号と偽造・変造は例外で第2号による）。

手形・小切手が交換呈示されてきた場合に，決済資金が不足すると同時に，取引先から契約不履行によって返還してほしい旨申出があったときは，資金不足かつ契約不履行ということになる。この場合，どちらの不渡事由が優先するのかが問題となるが，手形交換所規則は，不渡事由が重複した場合の取扱いについては，次のとおりとしている（電子交換所規則施行細則33条2項）。

① 0号不渡事由と第1号不渡事由または第2号不渡事由とが重複する場合は，0号不渡事由が優先し，不渡情報登録を要し

ない。

② 第1号不渡事由と第2号不渡事由とが重複する場合は，第1号不渡事由が優先し，第1号不渡情報登録による。ただし，第1号不渡事由と偽造または変造とが重複する場合は，第2号不渡情報登録による。

27 取引停止処分

直近5回試験の出題頻度 ★★★★☆

関連過去問題
- 2022年6月 問37
- 2021年10月 問37
- 2021年6月 問38
- 2021年3月 問38

重要用語
取引停止処分

1 意　義

　取引停止処分は，電子交換所規則にもとづく処分で，不渡処分ともいう。取引停止処分は，手形・小切手を不渡りにした振出人等との当座勘定取引および貸出取引（債権保全のための貸出を除く）を2年間禁止するものである。

　取引停止処分制度は，正当な理由がないのに手形・小切手の支払をしない者との当座勘定および貸出の取引を一定期間排除することによって，手形・小切手の決済を促進し，ひいては手形・小切手の信用秩序の向上を図るものである。

2 不渡報告・取引停止報告掲載

　第1回目の不渡情報登録があると，交換所は，異議申立があった場合等を除き，交換日から起算して4営業日目に振出人等を不渡報告に掲載し，参加銀行に通知する。

　第1回の不渡情報登録にかかる手形の交換日から起算して，6か月以内に2回目の不渡情報登録があると，交換所は，振出人等を取引停止処分に付するものとし，交換日から起算して4営業日目に取引停止報告に掲載して参加銀行に通知する。この通知を発した日が取引停止処分日となる。

3 取引停止処分の内容

　参加銀行は，取引停止処分を受けた者との間で，取引停止処分

補足
取引停止処分者との当座勘定取引は自動的に解約となるわけではなく，銀行の解約通知により解約となる。また，当座勘定取引，貸出取引以外の預金取引などは継続してさしつかえない。

日から起算して2年間，当座勘定および貸出の取引をすることができない（電子交換所規則39条2項）。

取引停止処分があっても，当座勘定取引は自動的には終了しない。銀行からの解約の意思表示によって終了することになる（民法540条参照）。当座勘定規定により，解約の効力が生じるのは，解約通知の到達のいかんにかかわらず，その通知を発信した時とされている。

取引停止処分を受けた者が銀行から与信を受けている場合には，銀行取引約定書により，借入れについては期限の利益を喪失し，手形割引については手形の買戻義務を負担することになる。

取引停止処分は，手形・小切手を不渡りにした振出人等との当座勘定取引等を2年間禁止するものです。

● 取引停止処分制度

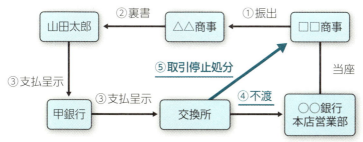

- 第1回の不渡情報登録にかかる手形の交換日から起算して，6か月以内に2回目の不渡情報登録がある場合，振出人等は，取引停止処分日から起算して2年間にわたって当座勘定取引および貸出取引（債権保全のための貸出を除く）ができない。（電子交換所規則）
- 取引停止処分を受けた者が著しく信用を回復した場合，参加銀行は交換所に対し，取引停止処分の解除を請求することができる。

4 取引停止処分等の解除

不渡報告掲載者・取引停止処分者の信用が著しく回復したとき，その他相当の理由があるときは，参加銀行は，証明資料を添付して，不渡報告への掲載または取引停止処分の解除を請求することができる。この請求があった場合には，交換所は，不渡手形審査専門委員会の審議に付し，理由ありと認めるときは，不渡報告への掲載または取引停止処分を解除する（電子交換所規則50条）。

理解度チェック

❶ 取引停止処分制度において，参加銀行は，取引停止処分に付された取引先と普通預金取引を継続することができない。

❷ 取引停止処分制度において，取引停止処分の期間は，取引停止処分日から起算して2年間である。

解答 ❶ ×　取引停止処分は，普通預金取引の解約事由とはされていない。
　　　 ❷ ○

直近5回試験の出題頻度 ★★★☆☆

28 公示催告・除権決定

1 手形・小切手の喪失者の救済

手形・小切手の権利者が盗難，紛失等により手形・小切手を喪失すると，権利行使が不可能になる。この場合であっても，それを善意取得した者がいない限り，喪失者の権利行使が認められるべきである。

これを可能とするため，公示催告・除権決定の制度が設けられている。**公示催告**とは，手形・小切手の喪失の事実を公示して，手形・小切手上の権利者に権利を届け出る機会を与えるものである。それを経て除権決定がされるが，**除権決定**とは，手形・小切手は紙と権利が結合しているのであるが，その結合を解いて，手形・小切手をたんなる紙片としてしまう裁判所の決定である。

2 公示催告手続とその効果

公示催告の申立は，手形・小切手の喪失者がその支払地の簡易裁判所に対して行う（非訟事件手続法115条1項）。その申立人は，手形・小切手の写しを提出するなどをして手形・小切手を特定するほか，手形の盗難，紛失等の事実，自分が最終所持人であったことを疎明しなければならない（同法116条）。

申立が適法で，理由があると認められると，裁判所は，公示催告手続開始の決定をする（非訟事件手続法101条1項）。公示催告についての公告は，裁判所の掲示場に掲示し，かつ，官報に掲載する方法によって行われる（同法102条1項）。この公告には，一

関連過去問題
- 2022年10月 問37
- 2021年10月 問36
- 2021年3月 問37

📖 **重要用語**
公示催告

📖 **重要用語**
除権決定

第3編

28 公示催告・除権決定　303

定の期間内に手形・小切手を提出し，権利を争う旨の申述をしないと，手形・小切手を無効とする旨が表示される（同法117条1項）。この公示催告期間，すなわち，官報掲載日と申述の終期までの期間は，2か月を下ってはならないとされている（同法103条）。

公示催告がされたからといって，それだけでは，手形の善意取得が妨げられることはないと解されている。また，手形の支払人は，裏書の連続する手形の支払呈示を受けた場合には，所持人の無権利を容易に立証する証拠がない限り，公示催告期間内であっても，その者に支払えば，免責されると解されている。

> 補足
> 公示催告中であっても当該手形・小切手の善意取得は妨げられないが，除権決定後は手形・小切手が無効となり，善意取得も認められなくなる。

3 除権決定とその効果

申述の終期までに，権利を届け出る者がいなければ，除権決定がされ，手形を無効とする旨の宣言がされる（非訟事件手続法118条1項）。除権決定がされたときは，公示催告の申立人は，手形・小切手上の権利を主張することができるようになる（同条2項）。

除権決定により，手形・小切手が無効になった後は，善意取得

● 公示催告・除権決定・善意取得

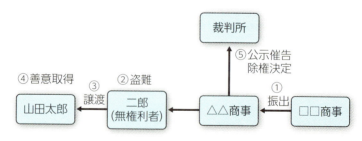

● 善意取得
・裏書の連続する手形を善意でかつ重大な過失なく譲り受けた者は，たとえ，譲渡人が無権利者であった場合でも，有効に手形上の権利を取得することができる。
・除権決定前には手形の善意取得が認められるが，除権決定の言渡しがあった後は，善意取得することができない。

は認められない。除権決定前に，手形・小切手を善意取得した場合，善意取得者は手形上の権利を失わないとするのが判例である（最判平成13・1・25金融・商事判例1114号6頁）。

29 電子記録債権

直近5回試験の出題頻度 ★★★★★

関連過去問題
- 2022年10月 問39・問40
- 2022年6月 問39・問40
- 2021年10月 問39・問40
- 2021年6月 問39・問40
- 2021年3月 問39・問40

重要用語
電子記録債権

1 意 義

　電子記録債権とは，その発生・譲渡について，電子記録債権法（以下，「電債法」という）の規定による電子記録を要件とする金銭債権をいう（電債法2条1項）。

　電子記録は，電子債権記録機関が記録原簿に記録事項を記録することによって行われる（電債法3条）。

　通常は，当事者双方（電子記録権利者・同義務者）の請求によって電子記録が行われる（電債法4条1項，5条1項）。この請求があると，電子債権記録機関は，遅滞なく電子記録をする（同法7条1項）。電子債権記録機関は，同一の電子記録債権に関し二以上の電子記録の請求があったときは，請求の順序に従って電子記録をする（同法8条1項）。電子記録債権の内容は，電子記録の記録により定まるものとされ，その名義人は，電子記録債権につき適

● 発生・譲渡の電子記録
　電子記録債権は、電子債権記録機関の調製する磁気ディスク等の記録原簿に発生記録をすることによって成立し、譲渡記録をすることによって譲渡の効力が発生する。

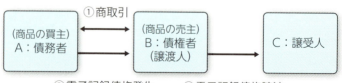

法な権利者と推定される（同法9条）。

2 電子記録債権の発生

電子記録債権は，電子記録保証人が取得する特別求償権を除き，発生記録をすることによって生じる（電債法15条）。記録事項は，①債務者が一定の金額を支払う旨，②支払期日，③債権者および債務者の氏名・名称および住所，④記録番号・電子記録の年月日などである（同法16条1項）。

3 電子記録債権の譲渡

電子記録債権の譲渡は，譲渡記録をすることでその効力が生じる（電債法17条）。譲渡記録においては，①電子記録債権を譲渡する旨，②譲受人の氏名・名称および住所，③電子記録の年月日などが記録される（同法18条）。

> **補足**
> 電子記録債権の譲渡は，譲渡記録をしなければその効力を生じないとされ，譲渡記録が譲渡の効力要件である。

4 電子記録債権の支払

手形法は，満期に支払をする者は悪意・重過失がないかぎりその責めを免れるとしている（同法40法3項）。これと同趣旨の規定が電債法にも置かれ，電子記録名義人に対してした支払は，名義人が支払を受ける権利を有しない場合であっても，支払人に悪意・重過失がないかぎり，その効力を有するとされている（電債法21条）。

電子記録債権が支払われたときは，①消滅する電子記録名義人に対する債務を特定するために必要な事項，②支払をした金額，③支払をした者の氏名・名称および住所，④電子記録の年月日などが記録される（電債法24条）。

> **補足**
> 電子記録名義人に対してした支払は，名義人が支払を受ける権利を有しない場合であっても，支払人に悪意・重過失がないかぎり，その効力を有するとされている。

5 電子記録債権の分割

電子記録債権は，分割することができる（電債法43条1項）。手

形では，一部裏書は無効とされているが（手形法12条2項），電子記録債権では，それが可能とされているのである。

電子記録債権の分割は，原債権記録および新たに作成される分割債権記録に分割記録をすると同時に，原債権記録事項の一部を分割債権記録に記録する方法で行われる（電債法43条2項）。

6　電子記録債権の消滅時効

電子記録債権は，3年間行使しないときは，時効によって消滅する（電債法23条）。

7　口座間送金決済

電子債権記録機関は，債務者および銀行等と口座間送金決済に関する契約を締結することができる（電債法62条1項）。ここでいう口座間送金決済とは，支払期日において電子記録債権が銀行間送金で決済することができるように，あらかじめ電子債権記録機関が，銀行等に対し，債権記録に記録されている支払期日，支払うべき金額，債務者口座および債権者口座に係る情報を提供し，支払期日に銀行等が債務者口座から債権者口座に対する払込みの取扱いをすることによって行われる支払をいう（同法62条2項）。

理解度チェック

❶ 電子記録債権は，その発生等について，商業登記簿に電子記録することを要件とする金銭債権である。
❷ 電子記録の請求は，法令に別段の定めがある場合を除き，電子記録権利者と電子記録義務者双方がしなければならない。
❸ 電子記録債権は，分割をすることができない。

解答　❶ ×　記録原簿に記録することによって行われる。
　　　❷ ○
　　　❸ ×　分割することができる。

銀行取引関連法

直近5回試験の出題頻度 ★★★★★

1 | 付随業務

関連過去問題
- 2022年10月 問41
- 2022年6月 問41
- 2021年10月 問41
- 2021年6月 問41
- 2021年3月 問41

　銀行は，預金の受入れ，資金の貸付，為替取引を固有業務として営むことができる（銀行法10条1項）。

　そして，銀行法10条2項には，銀行がその固有業務に付随して営むことができる業務が例示列挙されている。この付随業務は銀行に業務として営ませることが社会・経済的にみて相応しいとされる業務であり，以下のとおり例示的に定められている。

① 債務の保証または手形の引受け（1号）

② 有価証券売買・有価証券関連デリバティブ取引（2号）

③ 有価証券の貸付（3号）

④ 国債等の引受け・募集の取扱い（売出し目的のものを除く）（4号）

⑤ 金銭債権の取得または譲渡（5号），特定社債等の引受け，募集の取扱い（5号の2），短期社債等の取得または譲渡（5号の3）

⑥ 有価証券の私募の取扱い（6号）

⑦ 地方債・社債等の募集・管理の受託（7号）

⑧ 金融業者の業務の代理または媒介（8号），外国銀行の業務の代理または媒介（8号の2）

⑨ 国・地方公共団体・会社等の金銭事務の取扱い（9号）

⑩ 有価証券・貴金属等の保護預り（10号），振替業（10号の2）

⑪ 両替（11号）

⑫ デリバティブ取引（12号）

第4編　銀行取引関連法

⑬　デリバティブ取引の媒介，取次・代理（13号）
⑭　金融等デリバティブ取引（14号）
⑮　金融等デリバティブ取引の媒介，取次・代理（15号）
⑯　有価証券関連店頭デリバティブ取引（②以外のもの）（16号）
⑰　有価証券関連店頭デリバティブ取引の媒介，取次・代理（17号）
⑱　機械類その他の物件のリース業務（一定のものに限る）（18号）
⑲　機械類その他の物件のリース業務の代理または媒介（19号）
⑳　顧客情報提供業務（20号）
㉑　地域活性化等業務（21号）

銀行法10条2項において，銀行が固有業務に付随して営むことができる業務を例示列挙しています。

理解度チェック

銀行法上，銀行の付随業務とされているものはどれですか。
❶　有価証券の貸付
❷　両替
❸　デリバティブ取引

解答　❶　○
　　　❷　○
　　　❸　○

直近5回試験の出題頻度 ★★★★★

2 | 貸金庫

関連過去問題
- 2022年10月 問42
- 2022年6月 問42
- 2021年10月 問42
- 2021年6月 問42
- 2021年3月 問42

📖 **重要用語**

貸金庫

1 貸金庫の意義

貸金庫は，銀行が，取引先の有する有価証券や宝石，貴金属などの貴重品の保管用に取引先に貸与するために，金庫室内に固定設置した金庫をいう。銀行と取引先の間の貸金庫の利用に関する契約内容は，貸金庫規定に定められている。貸金庫規定によれば，貸金庫への格納品は次のとおりとなっている。

① 公社債券，株券その他の有価証券
② 預金通帳・証書，契約証書，権利書その他の重要書類
③ 貴金属，宝石その他の貴重品
④ 前各号に掲げるものに準じると認められるもの

2 貸金庫取引の法的性質

貸金庫規定によれば，金庫の開閉は借主または借主があらかじめ銀行に届け出た代理人が鍵を使用して行うことになっている。この鍵は正副2個があり，1個は借主が保管するもので，正鍵と呼ばれている。他の1個は副鍵と呼ばれ，銀行が立会いのうえ借主が届出の印章（または署名）により封印し，銀行が保管することになっている。したがって，格納品の出入れは借主自らが行い，個々の格納品についても銀行は関知しない立場にある。このため，銀行は貸金庫そのものを取引先に有料で貸与しているのみで，貸金庫内の格納品に対する占有は借主が有している。このことから，

312 第4編 銀行取引関連法

貸金庫取引の法的性質は，貸金庫として設定した金庫の貸与を目的とした賃貸借契約であると解されている。したがって，借主が使用料を支払わないときは，銀行は貸金庫契約を解約することができる。一方，借主のほうは貸金庫契約をいつでも解約することができる。

　格納品に対する占有は借主にあり銀行にはないとすると，銀行が借主に対して貸出金債権を有している場合に，その弁済を怠ることがあっても，銀行取引約定書4条4項にもとづき，格納品を処分して弁済に充当することはできない。ただし，下記3に述べる判例の立場からは，銀行にも占有があることとなり，同条4項の対象に含まれることになる。なお，貸金庫規定により，契約が解除され，明渡しが3か月以上遅延したときには，銀行が格納品を処分することができる。

貸金庫内の格納物は借主の占有が認められていることを押さえておきましょう。

3　格納物の差押え

　貸金庫の法的性質を賃貸借契約とする立場からは，借主が貸金庫内の格納品について差押えを受けた場合，銀行は貸金庫そのものを金庫室内に設置しており，貸金庫全体について借主とともに占有していると考えられること，および借主に対して善管注意義務を有していることから，執行官の金庫内への立入りを拒否できる立場にあるので，借主の承諾を得ることなく執行官の差押執行に協力して，貸金庫箱を提出してはならないことになる。しかし，これでは，銀行の協力が得られない場合には貸金庫の内容物について強制執行ができなくなる。

　このようなこともあり，平成11年11月29日の最高裁判決（金

補足
貸金庫の内容物については，借主の銀行に対する貸金庫契約上の内容物引渡請求権を差し押える方法によって強制執行することができるとの最高裁判決がある。

融・商事判例1081号29項）は，貸金庫の内容物については銀行にも格納物件全体に対する包括的な占有があるとして，利用者の銀行に対する貸金庫契約上の内容物引渡請求権を差し押さえる方法により強制執行をすることができる旨を判示した。

4 相　続

賃貸借契約では借主の死亡を契約の終了事由としていないため，借主につき相続が開始したときは，借主の地位は相続人に承継される。しかし，貸金庫取引では，借主について相続の開始があったときを銀行からの解約事由としている。このため，借主が死亡したときには，解約通知を出し，相続を確認のうえ，相続人全員が連署した依頼書により貸金庫を開庫し，相続人立会いのもとに格納品の取り出しを認めることになる。

借主について相続の開始があったときは、銀行は貸金庫契約を解約できることを押さえておきましょう。

5 損害の負担等

貸金庫規定では，災害，事変その他の不可抗力の事由または銀行の責によらない事由により，貸金庫設備の故障等が発生した場合には，貸金庫の開庫に応じられないことがあり，このために生じた損害については銀行は責任を負わないことを定めている。

6 緊急措置，譲渡・転貸等の禁止

貸金庫規定では，「法令の定めるところにより貸金庫の開庫を求められたとき，または店舗の火災，格納品の異変等緊急を要するときは，貸金庫を開庫し臨機の処置をすることができる」旨を定

めるとともに、このために生じた損害は銀行は責任を負わないことも定めている。また、貸金庫の使用権は譲渡、転貸または質入することができないことを定めている。

理解度チェック

❶ 貸金庫規定上、貸金庫を代理人が開閉することは認められていない。
❷ 貸金庫の内容物については、貸金庫の契約者の銀行に対する内容物引渡請求権を差し押さえることにより、強制執行をすることができる。
❸ 貸金庫の法的性質は、格納品である動産の寄託契約であると解するのが通説である。

解答　❶ ×　あらかじめ届け出た代理人による開閉も可能である。
　　　❷ ○
　　　❸ ×　金庫の賃貸借契約であると解される。

直近5回試験の出題頻度 ★★★★★

3 | 株式関係事務

関連過去問題
- 2022年10月
  問43
- 2022年6月
  問43
- 2021年10月
  問43
- 2021年6月
  問43
- 2021年3月
  問43

1 株式払込金受入事務

(1) 株式払込金の受入れ

　株式会社を設立するには，発起設立と募集設立の2つの方法がある（会社法25条）。発起設立とは，発起人が設立時発行株式の全部を引き受ける方法であり，募集設立とは，発起人が設立時発行株式の一部を引き受け，残りについて引受人を募集する方法である。いずれの場合も，株式払込金受入事務は，銀行等の金融機関のみ取り扱うことができる（同法34条2項）。

(2) 株式払込金保管証明書等の発行

　募集設立の場合，発起人は株式払込取扱機関に対し，払込金の保管に関する証明書（株式払込金保管証明書）の交付を請求することができる（会社法64条1項）。この証明書は設立登記申請の添付書類となる（商業登記法47条2項5号カッコ書）。そして，この証明書を発行した株式払込取扱機関は，当該証明書の記載が事実と異なること，出資のために払い込まれた金銭の返還に関する制限があることをもって成立後の会社に対抗することができない（同法64条2項）。

　発起設立の場合，設立登記申請に株式払込金保管証明書は必要とされず，「払込みがあったことを証する書面」（預金通帳の写し等）の添付で足りる（商業登記法47条2項5号）。

(3) 払込仮装行為

　払込仮装行為とは，外観上の株式の払込みはあるが，実質的に

補足
株式払込金保管証明書を発行した銀行は，それが詐欺，強迫，錯誤によるものであっても，また払込みがなかったとしても，それを会社に対抗することはできない。

補足
株式払込みは，銀行と株式会社との株式申込事務取扱委託契約にもとづいて行うものであり，取引のない者から取扱依頼を受けても，これに応じる義務はない。

316　第4編　銀行取引関連法

は会社の資本が増加しないような方法で払込みを行う行為をいう。この払込仮装行為には，「預合い」と呼ばれるものと，「見せ金」と呼ばれるものがある。

① 預合い

預合いは，株式会社における株式の払込みに際して，会社の発起人や取締役が払込取扱機関の役職員と通謀して，出資にかかる金銭の仮装の払込みをする行為をいう。この場合の通謀とは，払込取扱機関の役職員が事情を知っていることであるが，積極的に仮装払込に参加することも当然含まれる。いかなる場合に仮装行為になるか，通謀が行われたかは，諸般の状況をもとに判断される。

発起人，取締役等が払込取扱機関から金銭を借り入れ，株式の払込みにあて，これを返済するまで払込金を会社に返還しないことを約する行為がその典型であり，発起人，取締役等が預合いをすると，刑事責任を問われることになる。預合いに応じた者も同様である（会社法965条）。

なお，預合いが行われた場合には，当然のことながら，法律上有効な払込みがなされたと認められず，払込取扱機関が保管証明書を発行しているときには，前記のとおり，当該銀行は，証明金額を会社に支払うことになる（会社法64条2項）。

② 見せ金

見せ金は，払込取扱機関以外の第三者から出資にかかる金銭の借入金によって払込みを行い，会社の設立または新株発行の手続が終了した後で，会社の資金をもってその借入金の返済をすることをいう。この見せ金による払込みの場合も，会社の発起人や取締役等と払込取扱機関の役職員との間に通謀の事実があれば預合いとなり，預合い罪の適用を受ける。そして，この場合には，会社の資本充実が害されるか否かを問わない。

> **補足**
> 払込仮装行為である「預合い」，「見せ金」は，会社資本を確保する意図がなく，資本充実の責任に違反するもので，会社法等により処罰される行為である。

3 株式関係事務 **317**

なお，通謀が行われなければ，会社の資本充実が害されても預合い罪は成立しない。これに対して，見せ金による払込みが行われた場合の払込取扱機関の保管証明責任は，払込取扱機関が見せ金であることについて悪意または過失がある場合には，免れることができないと解されている。そして，この場合には，預合い罪と異なり，会社の資本充実が害されたことが必要である。

⑷ 株式払込金の払出し

募集設立の場合には，株式払込取扱機関は会社設立時まで払込金を保管する義務があるため，払込金を会社に引き渡すのは，登記事項証明書によって会社設立登記が完了したことを確認した後となる。

一方，発起設立の場合にも，発起人は株式払込取扱機関へ払い込むことになるが，株式払込取扱機関は，預金口座に振り込まれた金員について会社設立までの保管責任を負うことはなく，会社が設立されるまでに当該預金が引き出されてもなんら責任を負うこともない。

補足

株式払込金の払出しは，募設立の場合は，会社設立登記の完了を確認のうえ，会社設立後に行う，発起設立および募集株式の場合には，会社設立まで払込金の保管責任を負うことはないので，いつ払出請求に応じても責任はない。

4 法律行為

1 意思表示の無効・取消

(1) 心裡留保

表意者がその真意でないことを知りながらする単独の意思表示（自分が一人で行うその気のない意思表示）を**心裡留保**という。心裡留保であっても，取引の安全のため，その効力を妨げられることはないというのが原則である。例外は，相手方が表意者の真意を知り，または知ることができたときで，この場合には，その意思表示は無効である（民法93条1項）。この無効は，善意の第三者に対抗することができない（同条2項）。

(2) 虚偽表示

相手方と通じてした虚偽の意思表示（たとえば，差押えを免れるために売買を仮装して財産を他人に移転する）は，無効である。ただし，虚偽の意思表示の無効は，善意の第三者に対抗することができない（民法94条）。意思表示の外形を信じて取引関係に入った者を保護する必要があるからである。

(3) 錯　誤

意思表示は，①意思表示に対応する意思を欠く錯誤，②表意者が法律行為の基礎とした事情についてのその認識が真実に反する錯誤にもとづくものであって，その錯誤が法律行為の目的および取引上の社会通念に照らして重要なものであるときは，取り消すことができる（民法95条1項）。もっとも，表意者に重大な過失があったときは，表意者は錯誤を主張することができない（同条3

関連過去問題
- 2022年6月 問44
- 2021年6月 問45
- 2021年3月 問45

 重要用語

心裡留保

項）。ただし，相手方が表意者に錯誤があることを知り，または重大な過失により知らなかったとき，相手方が表意者と同一の錯誤に陥っていたときは，錯誤の主張をすることができる（同条3項1号・2号）。

(4) 詐欺・強迫

詐欺・強迫による意思表示は，取り消すことができる（民法96条1項）。そして，詐欺に関しては，相手方に対する意思表示について第三者が詐欺を行った場合，たとえば，主債務者の詐欺によって銀行と保証契約を締結した場合においては，相手方（銀行）がその事実を知り，または知ることができたときにかぎり，その意思表示を取り消すことができる。もっとも，詐欺による意思表示の取消しは，善意でかつ過失がない第三者に対抗することができない（民法96条2項・3項）。これに対し，強迫に関しては，第三者が強迫を行った場合，相手方の知・不知にかかわらず，表意者は，つねに取消ができるし，取消の効果を善意無過失の第三者に対しても対抗することができる。表意者の保護の程度は，強迫のほうが詐欺より厚い。

詐欺による意思表示の取消は、善意・無過失の第三者に対抗することはできないことを押さえておきましょう。

2 隔地者間の意思表示

隔地者間の意思表示については，民法は，大多数の単独行為（解約の申入れなど）や契約の申込みを念頭に，到達主義を採り，隔地者間の意思表示は，その通知が相手方に到達した時からその効力を生じるとした（民法97条1項）。また，相手方が正当な理由なく意思表示の通知が到達することを妨げたときは，その通知は，

通常到達すべきであった時に到達したものとみなされる（同条2項）。

　なお，意思表示は，表意者が通知を発した後に死亡し，意思能力を喪失し，または行為能力の制限を受けたときであっても，そのためにその効力を妨げられない（同条3項）。ただし，申込者がその事実が生じたとすればその申込みは効力を有しない旨の意思を表示していたとき，またはその相手方が承諾の通知を発するまでにその事実が生じたことを知ったときは，その申込みは，その効力を有しない（同法526条）。

隔地者間の意思表示は、その通知が相手方に到達した時から効力が生じることを押さえておきましょう。

3　公示による意思表示

　到達主義によると，表意者が相手方またはその存在を知ることができないときは，意思表示の効力を生じさせることができない。この不便を除くため，民法は，公示の方法によって，それができるものとした（民法98条1項）。

4　意思表示の受領能力

　意思表示が効力を生じるためには，相手方に受領能力があることが必要である。そうでないと，実質的に了知しうる状態が生じたといえないからである。意思能力を有しない者や未成年者（婚姻をした者を除く），および成年被後見人には受領能力がないが，その法定代理人または意思能力を回復した相手方や行為能力者となった相手方がその意思表示を知った後は，表意者は，意思表示があったことを主張することができる（民法98条の2）。

直近5回試験の出題頻度 ★★★★★

5 | 条件・期限・期間

関連過去問題
- 2022年10月 問44
- 2022年6月 問46
- 2021年10月 問45
- 2021年6月 問46
- 2021年3月 問45

1 条件

⑴ 条件とは

条件とは，法律行為の効力の発生または消滅を将来の不確定な事実の成否にかからせるという内容の意思表示である。

条件となる事実は，将来その成否が不確定なものでなければならない。この点で，到来確実な事実に関する期限と異なる。人の死などは時期は不明だが発生することが確実であるから，条件ではなく期限（不確定期限）である。

⑵ 停止条件と解除条件

条件には，試験に合格したら時計を与えるというように法律行為の効力の発生に関するもの（停止条件）と，試験に落ちたらそれまで続けてきた奨学金の給付を中止するというように法律行為の効力の消滅に関するもの（解除条件）との2種類がある。

⑶ 条件に親しまない行為

条件を付けることが行為の性質上許されない法律行為として，取消・追認・解除などの単独行為，婚姻・縁組・認知・相続の承認または放棄などの身分行為，画一的な取引が行われる手形行為がある。

⑷ 条件付き法律行為の効力

不法の条件を付した法律行為は，無効である。不法な行為をしないことを条件とするものも同様である（民法132条）。

不能の停止条件を付した法律行為は無効で，不能の解除条件を

> **補足**
> 条件には停止条件と解除条件があり，前者は法律行為の効力の発生に関するものであり，後者は効力の消滅に関するものである。

322 第4編 銀行取引関連法

付した法律行為は，無条件とするとされている（民法133条）。

⑸ 条件の成就

条件とされている事実が発生することを条件の成就といい，その事実が発生しないことが確定することを条件の不成就という。

① 条件成就とみなされる場合

条件の成就によって不利益を受ける者が，信義側に反して，故意に条件の成就を妨げたときは，相手方はその条件が成就したものとみなすことができる（民法130条）。

② 条件不成就とみなされる場合

条件の成就によって利益を受ける者が，信義側に反して，故意に条件を成就させたときは，相手方は条件が成就しなかったものとみなすことができる（民法130条の類推適用。最判平成6・5・31民集48巻4号1029頁）。

2 期 限

⑴ 期限の意義

「来年4月1日から行員として採用する」，「今月末に支払う」というように，法律行為の発生・消滅または債務の履行を将来発生することの確実な事実にかけることを期限という。

⑵ 期限の種類

① 始期と終期

法律行為の効力の発生と債務の履行に関する期限を始期といい，法律行為の効力の消滅に関する期限を終期という。

② 確定期限と不確定期限

確定期限とは，「来年の4月1日」というように，到来する時期が確定しているものをいい（民法412条1項参照），不確定期限とは，「私が死んだ時」というように，到来することは確実であるがその時期が不確定なものをいう（同条2項参照）。

> **補足**
> 期限には確定期限と不確定期限があり，前者は到来する時期が確定しているものをいい，後者は到来することは確実であるが，その時期が不確実なものをいう。

5 条件・期限・期間　**323**

⑶ 期限に親しまない行為

条件の場合と同様，単独行為や身分行為には期限を付けることができないのが原則であるが，手形行為には期限を付けることが認められる。

⑷ 期限の到来

期限は，その内容である事実が発生した時に到来する。

債務の履行に付けられた始期が到来すれば，履行を請求することができるようになり（民法135条1項），法律行為の効力に付けられた始期が到来すれば効力が発生する。また，法律行為の効力に付けられた終期が到来すれば効力が消滅する（同条2項）。

⑸ 期限の利益とその喪失

期限の利益とは，ある法律行為に付けられた期限が到来しないことによって当事者が受ける利益（たとえば，債務の履行を請求されないなど）をいい，期限は債務者のために存在するものと推定される（民法136条1項）。

期限の利益を有する者は，原則として，これを放棄することができるが，それによって相手方の利益を害してはならない（民法136条2項）。

債務者は，次の場合においては，期限の利益を主張することができない（民法137条）。

> ① 債務者が破産手続開始の決定を受けたとき（1号）
> ② 債務者が担保を滅失させ，損傷させ，またはこれを減少させたとき（2号）
> ③ 債務者が担保を供する義務を負う場合にこれを供しないとき（3号）

これらの事由以外にも，取引先の信用が失われたとみるべき場合が少なくないため，銀行取引約定書では，一定の事由が生じた

補足

期限の利益は債務者のためにあるが，民法137条所定の事由に該当する場合は期限の利益を喪失するとともに，銀行取引約定書にも期限の利益喪失条項が特約されている。

ときには，債務者は当然にまたは銀行の請求により，期限の利益
を喪失する旨の特約をして債権の保全を図っている（銀行取引約
定書5条）。

3 期 間

期間の計算方法には，瞬間から瞬間までを計算する自然的計算
法と，暦に従って計算する暦法的計算法の2つがある。民法は，
短い期間の計算には前者を，長い期間の計算には後者を用いてい
る。

⑴ 時・分・秒を単位とする期間の計算方法

自然的計算法に従って，即時から起算して（民法139条），定め
られた時・分・秒が経過した時に期間は満了する。

⑵ 日・週・月・年を単位とする期間の計算方法

① 起算点

期間が午前零時から始まる場合を除いて，初日は算入せずに，
翌日から起算するのを原則とする（**初日不算入の原則**＝民法140
条）。

「本書到着後3日以内にお支払ください」という催告書が4月1日
に債務者に到達した場合，4月1日という日はまるまる1日ではな
いから翌2日から計算するが，来る7月11日から1週間夏期休暇と
するという場合には，7月11日から計算することとなる。

② 満了点

末日の終了によって満了する（民法141条）。

期間が月または年をもって定められたときは，暦に従って計算
する。

月または年の最初から期間を計算しない場合には，起算日に応
当する日の前日を末日とする（民法143条2項）。ただし，最後の
月に応当する日がないときは，その月の末日が期間の末日となる

> 💡 補 足
>
> 暦に従って月・年の途中から期間を計算する場合は，期間の応当日の前日をもって期間が満了する。

> 📖 重要用語
>
> 初日不算入の原則

第4編

5 条件・期限・期間　**325**

（民法143条2項ただし書）。1月31日午前零時から1か月間という場合の満了日は，平年では2月28日，閏年では2月29日となる。

末日が祝日，日曜日その他の休日にあたり，かつ，その日に取引をしない慣習がある場合には，その翌日が末日になる（民法142条）。

起算点や満了点について，確実に押さえておきましょう。

理解度チェック

❶ 民法上の期限等において，債務者が破産手続開始の決定を受けた場合，債務者は期限の利益を主張することはできない。
❷ 民法上の期限等において，債務者は，担保を滅失させ，損傷させ，または減少させたときは，期限の利益を主張することはできない。

解答　❶ ○
　　　❷ ○

直近5回試験の出題頻度 ★★★★☆

6 | 成年後見制度

1 成年後見制度とは

関連過去問題
- 2022年10月
  問45
- 2021年10月
  問46
- 2021年6月
  問44

成年後見制度とは，精神上の障害により判断能力が不十分であるため契約等の法律行為における意思決定が困難な者について，後見人等がその判断能力を補う制度である。未成年者の判断能力を補う制度である未成年後見制度との対比において，成年後見制度と呼ばれている。

成年後見制度は，法定後見制度と任意後見制度の2つの制度によって成り立っている。法定後見制度は，法律による後見制度で，後見・保佐・補助の3つの制度がある。任意後見制度は契約による後見制度である。

重要用語
成年後見制度

第4編

```
成年後見制度 ┬─ 法定後見制度（後見・保佐・補助）
             └─ 任意後見制度
```

現在の後見制度は，旧来の戸籍への記載による公示に代えて，後見登記等ファイルへの記録による公示を採用している。

2 法定後見制度

(1) 後見

精神上の障害により事理を弁識する能力を欠く常況にある者については，家庭裁判所は，本人，配偶者，四親等内の親族，検察官などの請求により，後見開始の審判をすることができる。後見

補足
成年後見開始の審判を請求できる者は，本人，配偶者，四親等内の親族，検察官などである。

6 成年後見制度 **327**

> **補足**
>
> 保佐人の同意を得なければならない事項は，①元本を領収・利用すること，②借財・保証，③不動産などの重要財産に関する権利の得喪を目的とする行為などである。

開始の審判を受けた者には，成年後見人が付される（民法7条，8条）。後見人は，被後見人の財産を管理し，かつ，その財産に関する法律行為について被後見人を代表する（同法859条）。後見人には，法定代理人として権限が付与されているのである。

成年被後見人で重要なのは，その者の法律行為は，取り消すことができるとされていることである。もっとも，日用品の購入その他日常生活に関する行為については，その限りではない（民法9条）。

事理弁識能力を欠く常況が消滅したときは，家庭裁判所は，本人，配偶者，四親等内の親族，後見人，検察官などの請求により，後見開始の審判を取り消さなければならない（民法10条）。

⑵ 保佐

精神上の障害により事理を弁識する能力が著しく不十分である者については，家庭裁判所は，本人，配偶者，四親等内の親族，検察官などの請求により，保佐開始の審判をすることができる。保佐開始の審判を受けた者には，保佐人が付される（民法11条・12条）。

被保佐人で重要なのは，その者が一定の行為をするには，保佐人の同意を得なければならないとされていることである。同意を要する行為等は，①元本の領収・利用，②借財・保証，③不動産などの重要財産に関する権利の得喪を目的とする行為，④訴訟行為，⑤贈与・和解・仲裁合意，⑥相続承認・相続放棄・遺産分割，⑦贈与申込み拒絶・遺贈放棄・負担付贈与承認，⑧新築・改築・増築・大修繕，⑨民法602条が定める期間を超える賃貸借である。もっとも，日用品の購入その他日常生活に関する行為は，保佐人の同意を要しない（民法13条1項）。

前述の行為以外の行為であっても，家庭裁判所は，本人，配偶者，四親等内の親族，保佐人，保佐監督人，検察官などの請求に

より，一定の行為を保佐人の同意を要する行為とする旨の審判をすることができる（民法13条2項）。

保佐人の同意を要する行為について，保佐人が被保佐人の利益を害するおそれがないにもかかわらず同意をしないときは，家庭裁判所は，被保佐人の請求により，保佐人の同意に代わる許可を与えることができる（民法13条3項）。

保佐人の同意を要する行為であって，その同意またはこれに代わる家庭裁判所の許可を得ないでしたものは，取り消すことができる（民法13条4項）。

家庭裁判所は，保佐人・保佐監督人などの請求によって，被保佐人のために特定の法律行為について保佐人に代理権を付与する旨の審判をすることができる（民法876条の4第1項）。

事理弁識能力が著しく不十分な状態が消滅したときは，家庭裁判所は，本人，配偶者，四親等内の親族，保佐人，保佐監督人，検察官などの請求により，保佐開始の審判を取り消さなければならない（民法14条）。

⑶ **補助**

精神上の障害により事理を弁識する能力が不十分である者については，家庭裁判所は，本人，配偶者，四親等内の親族，検察官などの請求により，補助開始の審判をすることができる。本人以外の者の請求により補助開始の審判をするには，本人の同意を要する。補助開始の審判を受けた者には補助人が付される（民法15条・16条）。

家庭裁判所は，本人，配偶者，四親等内の親族，検察官，補助人，補助監督人などの請求により，被補助人が特定の法律行為をするにはその補助人の同意を得なければならない旨の審判をすることができる。本人以外の者の請求により，この審判をするには，本人の同意を要する（民法17条1項・2項・876条の9）。

> **補足**
> 家庭裁判所は，本人等の請求により，被補助人のために，特定の法律行為について補助人に代理権を付与する旨の審判をすることができる。

6 成年後見制度　**329**

補助人の同意を要する行為について，補助人が被補助人の利益を害するおそれがないにもかかわらず同意をしないときは，家庭裁判所は，被補助人の請求により，補助人の同意に代わる許可を与えることができる（民法17条3項）。

　補助人の同意を要する行為であって，その同意またはこれに代わる家庭裁判所の許可を得ないでしたものは，取り消すことができる（民法17条4項）。

　家庭裁判所は，補助人・補助監督人などの請求によって，被補助人のために特定の法律行為について補助人に代理権を付与する旨の審判をすることができる（民法876条の9第1項）。

　事理弁識能力が不十分な状態が消滅したときは，家庭裁判所は，本人，配偶者，四親等内の親族，補助人，補助監督人，検察官などの請求により，補助開始の審判を取り消さなければならない（民法18条）。

⑷　制限行為能力者の相手方の催告権

　成年被後見人・被保佐人・被補助人および未成年者を制限行為能力者というが，これらの相手方は，これらの者が行為能力者となった後においては，その者に対し，1か月以上の期間を定めて，その期間内に追認するか否かを確答すべき旨を催告することができる。この場合において，その期間内に確答を発しないときは，その行為は追認したものとみなされる（民法20条1項）。

　制限行為能力者が行為能力者とならない間においては，相手方は，後見人・親権者・保佐人・補助人に対して同様の催告をすることができ，その回答期間内にこれらの者が確答を発しないときは，その行為は追認したものとみなされる（民法20条2項）。

　被保佐人・被補助人に対しては，相手方は，1か月以上の期間を定めて，その保佐人・補助人の追認を得るべき旨の催告することができる。この場合において，被保佐人・被補助人が追認を得

た旨の通知を発しないときは，その行為は取り消したものとみなされる（民法20条4項）。

(5) **制限行為能力者の詐術**

制限行為能力者が行為能力者であることを信じさせるために詐術を用いたときは，その行為を取り消すことができない（民法21条）。

3 任意後見制度

(1) **任意後見契約の締結・登記**

任意後見は，任意後見契約を締結することでその手続が開始する。**任意後見契約**とは，本人が，精神上の障害により判断能力が不十分な状況に陥ることに備え，その対策として，任意後見人に対し，自己の生活，療養看護および財産の管理に関する事務の全部・一部について，代理権を付与する契約である。この契約は，任意後見監督人が選任された時から効力が生ずる旨の特約が付されることが必要とされている（任意後見契約法2条1号）。

重要用語
任意後見契約

任意後見契約は，契約方式にも制限があり，公証人の作成する公正証書によることが必要とされている（任意後見契約法3条）。これが作成されると，公証人から登記所への嘱託により，任意後見契約が登記される。

(2) **任意後見監督人の選任申立**

精神上の障害により判断能力が不十分な状況に陥ったときは，本人，配偶者，四親等内の親族または任意後見受任者は，家庭裁判所に対し，任意後見人を監督する役割を担う任意後見監督人の選任の申立てをすることができる。家庭裁判所は，そのような状況にあると認めるときは，不適任な事由がある場合等を除き，任意後見監督人を選任し，任意後見契約の効力を発生させる（任意後見契約法4条1項）。この選任は本人の申立て・同意を要する（同

条3項）。

(3) 任意後見監督人による監督

任意後見監督人は，任意後見人の事務を監督し，その事務の遂行状況を家庭裁判所に定期的に報告を行う。家庭裁判所は，必要があると認めるときは，任意後見監督人に対し，報告を求め，調査を命ずるなどの処分をすることができる（任意後見契約法7条1項〜3項）。任意後見人に不正行為があるなどその任務に適しない事由があるときは，家庭裁判所は，任意後見監督人等の申立てにより，任意後見人を解任することができる（同法8条）。

成年後見制度は，法定後見制度と任意後見制度の2つの制度によって成り立っています。

理解度チェック

❶ 成年被後見人の法律行為であっても，日用品の購入その他日常生活に関する行為は，取り消すことができない。
❷ 被保佐人の日常生活に関する行為以外の法律行為は，原則としてすべて保佐人が本人を代理して行う。
❸ 制限行為能力者が，相手方を欺いて行為能力者であると誤信させて法律行為を行った場合でも，制限行為能力者はその行為を取り消すことができる。

解答　❶ ○
　　　❷ ×　代理権はない。
　　　❸ ×　その行為を取り消すことはできない。

直近5回試験の出題頻度 ★★★★★

7 | 株式会社の機関

1 株主総会

⑴ 意 義

株主総会は，株主の総意によって会社の意思を決定する必要的機関である。本来からいえばすべての事項を決定できるはずであるが，会社の合理的運営を確保するため，取締役会設置会社においては基本的事項のみを決定する機関とされている。

⑵ 権 限

株主総会の権限は，会社の意思決定に限られ，執行行為をすることはできない（執行行為には取締役または執行役があたる）。そして，その意思決定の権限も，原則として法律の定めた事項に限られている（会社法295条2項・3項）。なお，取締役会設置会社においても，定款で定めれば，法定事項以外の事項を株主総会の権限とすることができる（同法295条2項）。

株主総会の法定権限は，以下のとおりであり，それ以外の事項の決定は，取締役会に委ねられている（会社法362条2項・4項・5項参照）。

① 取締役・監査役などの機関の選任・解任に関する事項
② 会社の基礎的変更に関する事項（定款変更，合併・会社分割等，解散等）
③ 株主の重要な利益に関する事項（剰余金配当）
④ 取締役に委ねたのでは株主の利益が害されるおそれが高いと考えられる事項（取締役の報酬の決定等）

関連過去問題
- 2022年10月 問47
- 2022年6月 問47
- 2021年10月 問47
- 2021年6月 問47
- 2021年3月 問47

重要用語
株主総会

補 足
株主総会は，法定事項にかかる会社の意思決定権限をもつにとどまり，執行行為をすることはできない。

第4編

7 株式会社の機関 **333**

2 取締役

⑴ 資　格

法定の欠格者は取締役になることができず（会社法331条1項），またその職務からして自然人に限られる。定款をもって資格を制限すること（たとえば日本人に限る）はできるが，公開会社においては取締役が株主でなければならない旨を定款で定めることができない（同法331条2項）。

⑵ 員　数

取締役は，取締役会非設置会社では1人でもよいが，取締役会設置会社では3人以上必要である（会社法331条5項）。なお，定款で最低数を高め，また，最高数を定めることもできる。

⑶ 任　期

取締役の任期は，原則として，2年（選任後2年以内に終了する事業年度のうち最終のものに関する定時株主総会の終結の時まで）であるが，定款または株主総会の決議によって，その任期を短縮することが可能である（会社法332条1項）。

3 取締役会

⑴ 意　義

取締役会は，取締役全員によって構成される合議体であり，株式会社の業務執行に関する意思決定と業務の監査を行う機関である。

会社法においては，すべての株式会社に取締役会の設置を義務づけておらず，取締役の員数についても，原則として1人で足り（会社法326条1項），取締役会を設置した会社においては3人以上を要するものとしている（同法331条5項）。

公開会社（発行する株式の全部または一部が譲渡制限株式では

ない会社），監査役会設置会社，監査等委員会設置会社および指名委員会等設置会社は，取締役会を設置しなければならないが（会社法327条1項），株式譲渡制限会社（発行する株式の全部が譲渡制限株式である会社）は，取締役会の設置は義務づけられていない。

> 🔍 **補足**
> 取締役会の専決事項として，会社法362条所定の重要な業務執行についての決議がある。

⑵ 権　限

取締役会は，すべての取締役で組織し（会社法362条1項），次に掲げる職務を行う（同条2項）。

① 　取締役会設置会社の業務執行の決定

取締役会設置会社の業務執行は取締役会が決定するのが原則であるが（会社法362条2項1号），次に掲げる事項その他の重要な業務執行については，定款によってもその決定を取締役に委任することができない（同条4項）。

> ⑦ 　重要な財産の処分および譲受け（1号）
> ④ 　多額の借財（2号）
> 「重要」あるいは「多額」にあたるかどうかは，会社の規模や業種によって判断される。
> ⑦ 　支配人その他の重要な使用人の選任および解任（3号）
> ⑤ 　支店その他の重要な組織の設置・変更および廃止（4号）
> ⑥ 　社債の募集（5号）
> ⑦ 　取締役の職務の執行が法令および定款に適合することを確保するための体制その他株式会社の業務の適正を確保するために必要なものとして法務省令で定める体制の整備（6号）
> ⑦ 　定款の定めにもとづく取締役等の責任の免除

② 　取締役の職務の監督

取締役会は取締役の職務の執行を監督する（会社法362条2項2号）。

7　株式会社の機関　**335**

> **補足**
>
> 取締役会の招集通知は各取締役・監査役に対し会日の1週間前に発信することを要する。また，その決議は過半数の取締役が出席し，出席取締役の過半数で決する。

取締役会で意思決定した事項は，代表取締役や代表取締役以外の取締役であって，取締役会の決議によって取締役会設置会社の業務を執行する取締役として選定されたもの等の業務執行取締役が執行する（会社法363条1項）。

その業務執行は取締役会の決定に反することはできないので，取締役会は業務執行取締役の業務執行を監督する権限を有する。そのため，取締役会は代表取締役の解職をする権限を有するほか（会社法362条2項3号），業務執行取締役は，3か月に1回以上，自己の職務の執行の状況を取締役会に報告しなければならないとされている（同法363条2項）。

⑶ 取締役会の決議

① 招　集

取締役会は常設の機関ではなく，必要に応じて開催される。取締役会を招集する者は，各取締役および各監査役に対して通知をして招集するが（会社法368条1項），取締役および監査役の全員の同意があれば，招集の手続を経ることなく開催することができる（同条2項）。

取締役会は，各取締役が招集するのが原則である（会社法366条1項本文）。定款または取締役会の決議で取締役を招集する取締役を定めたときは，その取締役が招集することとなるが（同項ただし書），実務では取締役会規則等で社長または会長を招集権者と定めている例が多い。招集権者が特定の取締役に限定されている場合でも，招集権者以外の取締役は，招集権者に対して，取締役会の目的である事項を示して，取締役会の招集を請求することができる（同条2項）。

取締役会を招集するには，取締役会の日の1週間前までに各取締役および各監査役に対して招集通知を発しなければならないが（取締役会の日と発信日との間に1週間あることを要する），定款

をもってこの期間を短縮することもできる（会社法368条1項）。

② 決議の方法

取締役会の決議は，どのような議題であっても，議決に加わることができる取締役の過半数（定款でこの要件を加重することができるが軽減することはできない）が出席し，その過半数をもってなされる（会社法369条1項）。株主総会の決議と異なり，普通決議と特別決議等の区別は存在しない（同法309条参照）。

取締役会の決議については，各取締役が平等に1個の議決権を有しており，株主総会と異なり，持株数に応じる多数決の原理は該当しない。

なお，取締役会の決議について特別の利害関係を有する取締役は，取締役会への出席権は認められるが，出席したとしても，その数は取締役の現在員数にも定定数にも算入されず（会社法369条2項），また議長を務めることもできない。

定款で定めれば，議決に加わることができる取締役の全員が書面により同意の意思表示をしたときときは，その提案を可決する旨の取締役会の決議があったものとみなすこととし，取締役会の決議を省略することができる（会社法370条）。

また，取締役・監査役の全員に対して取締役会に報告すべき事項を通知したときは，取締役会への報告を省略することができる（会社法372条1項）。

4　会社の業務執行と代表

取締役会設置会社では，取締役会は，代表取締役の選定・解職を行う（会社法362条2項・3項）。代表取締役は，業務の執行を行い，対外的に会社を代表する。代表取締役が欠けた場合または定款で定めた員数が欠けた場合には，任期満了・辞任により退任した代表取締役は，新代表取締役の就任まで，なお代表取締役と

しての権利・義務を有する（同法351条2項）。代表取締役は，会社の業務に関するいっさいの裁判上・裁判外の行為をする権限を有し，この権限に加えた制限は，善意の第三者に対抗することができない（同法349条4項・5項）。代表取締役が複数の場合には，各自，会社を代表する（同条2項）。

指名委員会等設置会社では，取締役は，法令に別段の定めがある場合を除き，業務執行ができない（会社法415条）。業務執行は執行役が行い，代表執行役が対外的に会社を代表する（同法418条以下）。

取締役会非設置会社では，各取締役が単独で会社を代表するのが原則であるが，代表取締役その他会社を代表する者を定めることができ，その場合には，その者が会社を代表する（会社法349条1項・2項）。代表取締役の選定は，定款・定款の定めにもとづく取締役の互選または株主総会の決議による（同条3項）。

株主総会は，株主の総意によって会社の意思を決定する必要的機関です。

理解度チェック

❶ 取締役会設置会社においても，定款で定めれば，会社法で定めた事項以外の事項を株主総会の権限とすることができる。
❷ 取締役会設置会社においては，取締役は5人以上でなければならない。
❸ 会社法上，取締役の任期については規定がなく，定款または株主総会の決議によって自由に定めることができる。

解答　❶ ○
　　　❷ ×　3人以上でなければならない。
　　　❸ ×　選任後2年以内に終了する事業年度のうち，最終のものに関する定時株主総会の終結の時までである。

直近5回試験の出題頻度 ★★☆☆☆

8 | 金融商品取引法と銀行取引

1 意 義

金融商品取引法は，有価証券発行・金融商品取引等の公正化，有価証券の流通円滑化，資本市場の機能充実による金融商品の公正な価格形成をはかり，もって国民経済の健全発展・投資者保護に資することをその目的とする（金融商品取引法1条）。

本書では，とくに銀行取引の関係で重要と思われる業務規制とインサイダー取引規制について概説する。

関連過去問題
- 2022年6月 問48
- 2021年6月 問50

2 業務規制

(1) 金融商品取引業者等

金融商品取引法は，「金融商品取引業者等」に対して，種々の規制を課している。ここで，「金融商品取引業者等」とは，「金融商品取引業者」と「登録金融機関」の両方を含めた概念であるが，「金融商品取引業者」を証券会社，「登録金融機関」を銀行，「金融商品取引業者等」を証券会社・銀行と置き換えてしまうと，正確ではないが，法律の内容が理解しやすい（金融商品取引法29条・33条の2参照）。

(2) 業務規制の主なもの

① 顧客に対する誠実義務

金融商品取引業者等・その役員・使用人は，顧客に対して誠実かつ公正に，その業務を遂行しなければならない（金融商品取引法36条1項）。

8 金融商品取引法と銀行取引 **339**

② 標識の掲示

金融商品取引業者等は，営業所・事務所ごとに公衆の見やすい場所に，内閣府令で定める様式の標識を掲示しなければならない（金融商品取引法36条の2第1項）。

③ 広告等の規制

金融商品取引業者等が広告・これに類似するものをするに際しては，①商号等，②金融商品取引業者等である旨・登録番号，③顧客の判断に影響を及ぼす重要事項を表示しなければならない。また，それに際しては，金融商品取引行為を行うことによる利益の見込み等について，著しく事実に相違する表示をし，または著しく人を誤認させるような表示をしてはならない。その規制の細目は，政令・内閣府令に委ねられている（金融商品取引法37条）。

④ 取引態様の事前明示義務

金融商品取引業者等は，顧客から有価証券の売買等の注文を受けたときは，あらかじめ，自己がその相手方となって売買等を成立させるか，または媒介・取次・代理してそれを成立させるかを明らかにしなければならない（金融商品取引法37条の2）。

⑤ 契約締結前の書面交付

金融商品取引業者等は，金融商品取引契約を締結しようとするときは，あらかじめ，顧客に対して，次に掲げる事項を記載した書面を交付しなければならない。この規制の細目は，内閣府令に委ねられている。

ⓘ 商号等および住所
ⓘⓘ 金融商品取引業者等である旨および登録番号
ⓘⓘⓘ 契約の概要
ⓘⓥ 手数料，報酬等の顧客が支払うべき対価
ⓥ 金利・通貨の価格・相場等の指標により損失が生じるおそれがあるときは，その旨

340　第4編　銀行取引関連法

ⅶ 前ⅴの損害額が委託証拠金等の保証金の額を超過するおそれがあるときは，その旨

ⅷ 以上のほか顧客の判断に影響を及ぼす重要事項

　もっとも，投資者の保護に支障がない場合として内閣府令で定める場合は，交付義務は免除される（金融商品取引法37条の3）。

　上記の契約前の書面交付義務の対象となる「金融商品取引契約」は，「金融商品取引行為」を行うことを内容とする契約で（金融商品取引法34条），具体的には，①有価証券の売買・（外国）市場デリバティブ取引，②有価証券の引受，③有価証券の募集・私募，④有価証券の売出しなどを行うことを内容とする契約がこれに該当する。

　銀行が行っている国債や投資信託の販売契約も，この「金融商品取引契約」に含まれる。ここで，注意すべきは，銀行が行う預金契約は，この「金融商品取引契約」に該当しないということである。預金契約は，直接的には，金融商品取引法の規制に服さないのである。もっとも，預金であっても，デリバティブ預金，外貨預金，通貨オプション組入型の預金等については，元本欠損が生じることがある。これらの預金等については，別途銀行法が，これらを特定預金等と位置付けて，金融商品取引法と同様の規制を課している（銀行法13条の4による金融商品取引法の準用，銀行法施行規則14条の11の4）。したがって，預金契約のうち，特定預金等に関する契約については，金融商品取引法の規制を間接的に受けているのである。

⑥　契約締結時等の書面の交付

　金融商品取引業者等は，金融商品取引契約が成立した場合等においては，遅滞なく所定事項を記載した書面を顧客に交付しなければならない。ただし，契約内容等の事情を勘案し，それを交付

8　金融商品取引法と銀行取引　341

しなくても公益・投資者保護に支障がない場合には，この限りでない。この規制の細目も，内閣府令に委ねられている（金融商品取引法37条の4）。

銀行の行う特定預金等契約の場合も，前記のとおり金融商品取引法が準用されるため，契約締結時の書面交付を要する。

⑦　禁止行為

金融商品取引業者等・その役員・使用人は，顧客に虚偽のことを告げる行為，不確実な事項について断定的な判断を提供して勧誘する行為など，投資家保護に欠け，取引の公正を害し，または金融商品取引業の信用を失墜させる行為をしてはならない（金融商品取引法38条）。

⑧　損失補てん等の禁止

金融商品取引業者等が，有価証券売買等で顧客に生じた損失を何らかの形で穴埋めすることは禁止されている。

損失補てん等については，①事前に，その申込み・約束することも，②損失発生後に，その申込み・約束することも，③実際にそれを行うこともしてはならない。第三者にそれらをさせる行為も禁止である。

他方，顧客のほうも，損失補てん等を約束する行為・要求する行為が禁止されている。

もっとも，損失補てん等の申込み・約束・提供が事故にもとづく場合（金融商品取引業者等・その役員・使用人の違法・不当行為で，そのことにつき，当局によっていわゆる事故確認を受けた場合等の所定の場合に限る）には，損失補てん等をすることができる（金融商品取引法39条）。

⑨　適合性の原則等

金融商品取引業者等は，投資家保護の観点から，適合性の原則を尊重して，業務を遂行しなければならない。金融商品取引法は，

金融商品取引業者に対して，金融商品取引行為について，顧客の知識，経験，財産の状況および契約締結目的に照らして，不適当と認められる勧誘をしないように求めるとともに，取得した顧客情報の適正な取扱いの確保措置を講じること，ならびに業務運営が公益に反し，または投資家保護に支障が生じるおそれがあると認められる所定の状況に陥ることのないことを求めている（金融商品取引法40条）。

⑩ 罰 則

金融商品取引法は，金融商品取引業者等・その役員・使用人に各種の義務を課し，その違反者に対して，刑事罰を用意している（同法197条以下）。そのほか，業務改善命令等の行政処分および課徴金の制度も用意されている（同法51条以下・172条以下）。

3 外務員制度

金融商品取引業者等は，その役員・使用人のうち，有価証券の売買・媒介・取次ぎ等を行う者を外務員登録原簿に登録しなければならない（金融商品取引法64条）。そこに登録された者を外務員という。外務員は，その所属する金融商品取引業者等に代わって，有価証券の売買・媒介・取次ぎ等の行為に関し，いっさいの裁判外の行為を行う権限を有するものとみなされる（金融商品取引法64条の3）。

4 インサイダー取引規制

金融商品取引法は，上場会社の株式等の取引につき，重要事実を知った会社関係者・情報受領者が，当該事実の公表前に，関係する有価証券等の売買をすること，すなわち，いわゆるインサイダー取引をすることを禁止している。同法166条等に詳細な規定があるが，ポイントとなる事項につき概要を示せば，以下のとお

8 金融商品取引法と銀行取引 343

りである。

(1) 重要事実

重要事実については，金融商品取引法は，①業務執行の決定，②一定の事実の発生，③決算予想の変動，④投資判断影響事実，⑤子会社に関する重要事実に区分して定義している。およそ，投資家の投資判断に影響があると思われる情報のすべてが重要事実とされている。

(2) 会社関係者

会社関係者については，当該上場会社等の役員，代理人，使用人その他の従業者だけでなく，大株主や当該上場会社との契約締結者・締結交渉者等もこれに含まれる。

(3) 情報受領者

情報受領者とは，会社関係者から重要事実の伝達を受けた者をいう。

(4) 公　表

どのような状態になれば，重要事実が公表されたといえるかについて，次の状態のうち一番早い時期とされている。

① 有価証券報告書等に記載されて公開された時

② 2つ以上の報道機関に公開されてから12時間が経過した時

③ 取引所に通知され内閣府令で定める電磁的方法により公開された時

(5) 禁止行為

禁止行為については，特定有価証券等にかかる売買その他の有償の譲渡・譲受け，またはデリバティブ取引を行うことがこれに該当する（金融商品取引法166条参照）。

インサイダー取引罪は，形式犯として構成されており，現実に利益を得たことは，その成立要件とされていない。また，市場外での取引も禁止の対象である。

344　第4編　銀行取引関連法

直近5回試験の出題頻度 ★☆☆☆☆

9 │ 金融サービス提供法

1 制定の経緯と趣旨

関連過去問題
✎ 2021年3月
問48

　従前，金融サービスの仲介業を行うには，銀行分野は銀行法，証券分野は金融商品取引法，保険分野は保険業法と，それぞれの分野ごとの法令に対応し，許可ないし登録を行う必要があった。また，特定の金融機関への所属制がとられ，所属金融機関からの指導等を受ける必要もあり，負担が大きかったことから，銀行・証券・保険等の仲介サービスをワンストップで提供する業者は多くなかった。

　しかしながら，近年，オンラインでの金融サービスの提供が活発化し，銀行・証券・保険すべてのサービスをワンストップで，というニーズはますます高まっていた。

　そこで，「金融商品の販売等に関する法律（金融商品販売法）」が改正され，「金融サービス仲介業」が創設された。これにより，1つの登録で銀行・証券・保険・貸金業すべての分野のサービスを仲介することが可能となり，所属制も必須ではなくなった。法の名称も「金融サービスの提供に関する法律」（金融サービス提供法）と変更され，2021年11月に施行された。

　なお，（旧）金融商品販売法は，元本割れが生じるおそれがある金融商品について，販売業者の説明義務，損害賠償責任等，民法とは異なる特別ルールを定め，顧客保護を図ることを目的とする法律であるが，金融サービス提供法でもその内容は維持されている。

第4編

9　金融サービス提供法　**345**

以下では，新設の金融サービス仲介業と，従前からの金融商品販売に関するルールについて概説する。

2 金融サービス仲介業

(1) 定 義

金融サービス仲介業とは，預金等媒介業務，保険媒介業務，有価証券等仲介業務または貸金業貸付媒介業務のいずれかを業として行うことをいう（金融サービス提供法11条1項）。金融サービス仲介業者は，銀行代理業者等と異なり，金融機関を「代理」して契約締結することはできない。

(2) 取扱いできない金融サービス

金融サービス仲介業者は，高度に専門的な説明を必要とする金融サービスを仲介することはできない（金融サービス提供法11条2項ないし5項）。たとえば，銀行分野では，特定預金等契約（外貨預金，仕組み預金等），譲渡性預金，個人顧客に対する極度貸付を取り扱うことはできない。

(3) 電子決済等代行業の兼営

金融サービス仲介業者は，一定の要件を充足する場合には，銀行法の規定にかかわらず届出を行うことで電子決済等代行業を営むことができる。その場合，当該金融サービス仲介業者は，銀行法上の電子決済等代行業者とみなされ，銀行法の規定の適用を受けることになる（金融サービス提供法18条）。

(4) 利用者保護

① 保証金の供託

金融サービス仲介業においては，特定の金融機関への所属制は採用されておらず，金融機関ではなく金融サービス仲介業者自らがサービスの提供に関して顧客に対する賠償責任を負うことが想定されている。そのため，顧客保護の観点から賠償資力の確保に

資するよう，金融サービス仲介業者には保証金の供託義務が課せられている（金融サービス提供法22条1項）。

② 利用者財産の受入禁止

金融サービス仲介業者は，その行う金融サービス仲介業に関して，顧客から金銭その他の財産の預託を受けることは原則として禁止される（金融サービス提供法27条）。

③ 金融機関から受け取る手数料の開示

金融サービス仲介業者が金融機関から受け取る仲介手数料等については，制限は課されていない。もっとも，利用者が金融サービス仲介業者の中立性を評価することを可能とするため，金融サービス仲介業者は顧客から求められたときは，金融サービス仲介業務に関して受ける手数料，報酬の額等を明らかにしなければならないとされる（金融サービス提供法25条2項）。

④ 顧客情報の適切な取扱い等

金融サービス仲介業者は，その金融サービス仲介業務に係る重要な事項の顧客への説明，その金融サービス仲介業務に関して取得した顧客に関する情報の適正な取扱いその他の健全かつ適切な運営を確保するための措置を講じなければならない（金融サービス提供法26条）。

3 金融商品販売等に関するルール

⑴ 対 象

「金融商品の販売等」とは，金融商品の販売（契約締結）またはその代理もしくは媒介をいう。対象となる金融商品は，預貯金，信託，保険，有価証券，デリバティブ等，幅広い（金融サービス提供法3条）。

⑵ 説明義務

金融商品販売業者等は，金融商品の販売が行われるまでの間に，

9 金融サービス提供法

顧客に対し，重要事項の説明をしなければならない。重要事項とは，元本欠損・元本超過損が生じるおそれがある場合の①当該おそれがある旨，②その原因となる指標，事由等，③取引の仕組みのうち重要な部分である。また，権利行使期間の制限，契約解除可能期間の制限も重要事項に含まれる。

重要事項の説明は，顧客の知識，経験，財産の状況および当該金融商品の販売に係る契約を締結する目的に照らして，当該顧客に理解されるために必要な方法および程度によるものでなければならない。

顧客が金融商品の販売等に関する専門的知識・経験を有する者，いわゆるプロである場合や重要事項について説明を要しない旨の顧客の意思表明があった場合は，説明義務は免除される（以上，金融サービス提供法4条）。

金融商品販売業者等は，顧客に対し，金融商品の販売にあたり，不確実な事項について断定的判断を提供し，または確実であると誤認させるおそれのあることを告げる行為（断定的判断の提供等）を行ってはならない（金融サービス提供法5条）。

⑶　説明義務違反の効果

金融商品販売業者等が重要事項の説明を怠ったり断定的判断の提供等を行ったりした場合，これにより顧客に生じた損害の賠償責任を負う（金融サービス提供法6条）。この場合，元本欠損額が顧客に生じた損害の額と推定される（金融サービス提供法7条）。

民法の不法行為の規定によって，被害者が加害者に損害賠償請求を行う場合，被害者は加害者の故意・過失，損害発生の事実，故意過失と損害発生の間の因果関係等を立証しなければならない。この点，金融サービス提供法に基づく損害賠償請求では，顧客は，金融商品販売業者等の故意・過失に関わらず説明義務違反があったことのみを立証すればよいし，元本欠損額が損害額と推定され

348 ┃ 第4編　銀行取引関連法

ることで，具体的な損害額や因果関係も立証が不要となる（立証
責任の転換）。こうした特別ルールを定めることで，金融商品販売
等に関して顧客の保護を図っているのである。

⑷　勧誘方針の策定等

　金融商品販売業者等は，金融商品の販売・勧誘をする場合，あ
らかじめ，金融商品の勧誘に関する方針を定め，これを公表しな
ければならない。勧誘方針には，①勧誘対象者の知識，経験，財
産の状況および契約締結目的に照らし配慮すべき事項，②勧誘の
方法・時間帯に関し配慮すべき事項，③そのほか勧誘の適正の確
保に関する事項を定める（金融サービス提供法10条）。

直近5回試験の出題頻度 ★★★★☆

10 | 消費者契約法

関連過去問題
- 2022年10月
  問49
- 2022年6月
  問49
- 2021年10月
  問48
- 2021年6月
  問48

1 目 的

　この法律は，消費者・事業者間においては，保有情報の質・量および交渉力の格差があることにかんがみ，消費者契約において消費者の利益の保護を図るために制定された。以下，そのポイントを解説する。

2 定 義

　この法律において「消費者」とは，個人（事業として又は事業のために契約の当事者となる場合におけるものを除く。）をいう（消費者契約法2条1項）。

　この法律において「事業者」とは，法人その他の団体及び事業として又は事業のために契約の当事者となる場合における個人をいう（同条2項）。

　この法律において「消費者契約」とは，消費者と事業者との間で締結された契約をいう（同条3項）。

3 契約の取消し

　消費者は，以下のように民法の原則を超えてさまざまな場合に，契約の申込み・承諾の意思表示を取り消すことができる。ただし，善意無過失の第三者には対抗できない（消費者契約法4条）。また，これらの取消権は，追認することができる時から1年間行わないときは時効によって消滅する，契約締結時から5年を経過し

350 　第4編　銀行取引関連法

たときも同様である（消費者契約法7条）。

(1) 消費者は，事業者が勧誘の際に，重要事項について事実と
異なることを告げたり（不実告知），不確実な事項について断
定的判断を提供したりしたことで誤認をし，それによって契
約の申込み・承諾の意思表示をしたときは，これを取り消す
ことができる。

(2) 消費者は，事業者が勧誘の際に，重要事項等について消費
者の利益となる旨を告げながら不利益となる事実を故意・重
過失によって告げなかったことで誤認をし，それによって契
約の申込み・承諾の意志表示をしたときは，これを取り消す
ことができる（不利益事実の不告知）。

(3) 消費者は，事業者が勧誘の際に，消費者の意思に反して退
去しなかったり（不退去），消費者の意思に反して消費者を退
去させなかったり（退去妨害）したことで困惑し，それによ
って契約の申込み・承諾の意志表示をしたときは，これを取
り消すことができる。

(4) そのほか，過量契約の勧誘，デート商法，霊感商法，社会
経験の乏しい者・加齢等で判断力が低下した者の不安をあお
る商法など，多くのケースで，民法の原則を超えて，契約の
取消しができる。

> **補足**
> 消費者契約法の取消権は，追認することができる時から1年間行わないときは，時効によって消滅する。契約締結時から5年を経過したしたときも，同様である。

4 契約条項の無効

(1) 事業者の損害賠償責任を免除する条項の無効

次に掲げる消費者契約の条項は，無効となる（消費者契約法8
条）

① 事業者の債務不履行による損害賠償責任の全部を免除し，
または事業者に責任の有無を決定する権限を付与する条項

② 事業者の債務不履行（故意・重過失によるものに限る）に

10 消費者契約法 **351**

よる損害賠償責任の一部を免除し，または事業者にその責任の限度を決定する権限を付与する条項

③　消費者契約の履行に際してされた事業者の不法行為による損害賠償責任の全部を免除し，または事業者にその責任の有無を決定する権限を付与する条項

④　消費者契約の履行に際してされた事業者の不法行為（故意・重過失によるものに限る）による損害賠償責任の一部を免除し，または事業者にその責任の限度を決定する権限を付与する条項

⑵　消費者の解除権を放棄させる条項等の無効

事業者の債務不履行により生じた消費者の解除権を放棄させ，または事業者にその解除権の有無を決定する権限を付与する条項は無効となる（消費者契約法8条の2）。

⑶　事業者に対し後見開始の審判等による解除権を付与する条項の無効

消費者が後見開始，保佐開始，または補助開始の審判を受けたことのみを理由とする解除権を付与する条項は無効となる（消費者契約法8条の3）。

⑷　消費者が支払う損害賠償の額を予定する条項等の無効

①　解除に伴う損害賠償の額を予定し，または違約金を定める条項で，その額が同種の消費者契約の解除に伴う平均的な損害額を超える場合は，その超える部分につき無効となる（消費者契約法9条1項1号）。

②　支払うべき金銭を消費者が支払期日までに支払わない場合における遅延損害金を定める条項で，その額が年利14.6％を超える場合，その超える部分につき無効となる（消費者契約法9条1項2号）。

(5) 消費者の利益を一方的に害する条項の無効

消費者の不作為をもって新たな契約の申込み・承諾の意志表示をしたとみなす条項など，任意規定の適用による場合と比べ消費者の権利を制限しまたは義務を加重する条項であって，信義則に反して消費者の利益を一方的に害するものは無効となる（消費者契約法10条）。

5 適用除外

この法律の規定は，労働契約については，適用しないとされている（消費者契約法48条）。労働者の保護は，労働基準法等の労働法によって行われているからである。

消費者契約法は，消費者・事業者間においては，保有情報の質・量および交渉力の差があることをかんがみ，消費者の保護を図っているといえます。

理解度チェック

❶ 消費者契約法における「消費者契約」とは，消費者と事業者との間で締結される契約をいう。
❷ 消費者契約法における「消費者」には，事業のために契約の当事者となる個人も含まれる。
❸ 事業者の債務不履行により消費者に生じた損害を賠償する責任の全部を免除する消費者契約の条項は，無効である。

解答　❶ ○
　　　❷ ×　事業のために契約の当事者となる場合は含まれない。
　　　❸ ○

10　消費者契約法 | 353

直近5回試験の出題頻度 ★☆☆☆☆

11 | 個人情報保護法

関連過去問題
- 2021年6月
  問49

1 定義等

　個人情報とは，生存する個人に関する情報であって，①当該情報に含まれる氏名，生年月日その他の記述等により特定の個人を識別することができるもの（他の情報と容易に照合することができ，それにより特定の個人を識別することができることとなるものを含む。），または②個人識別符号（生体認証情報，旅券番号，基礎年金番号，マイナンバー等）が含まれるもの，のいずれかに該当するものをいう（個人情報保護法2条1項）。

　特定の個人情報を，コンピュータを用いて検索ができるように体系的に構成したもの等を個人情報データベース等といい，個人情報データベース等を事業の用に供している者を個人情報取扱事業者といい，銀行等もこれに当たる。個人情報取扱事業者には，個人情報の保護に関する義務が課せられている。

2 個人情報取扱事業者の義務，本人の請求権等

⑴ 利用目的による制限

　個人情報取扱事業者は，個人情報の利用目的をできる限り特定しなければならず，あらかじめ本人の同意を得ないで，利用目的の達成に必要な範囲を超えて，個人情報を取り扱ってはならない。ただし，法令に基づく場合や生命・身体・財産の保護のために必要で本人の同意を得ることが困難な場合等を除く（同法18条）。

354　第4編　銀行取引関連法

⑵　適正な取得

　個人情報取扱事業者は，偽りその他不正の手段により個人情報を取得してはならない。また，原則として，あらかじめ本人の同意を得ないで，要配慮個人情報を取得してはならない（同法20条）。要配慮個人情報とは，本人の人種，信条，社会的身分，病歴，犯罪の経歴，犯罪により害を被った事実等，その他本人に対する不当な差別，偏見その他の不利益が生じないようにその取扱いに特に配慮を要する個人情報をいう（同法2条3項）。

⑶　利用目的の通知等

　個人情報取扱事業者は，個人情報を取得した場合は，あらかじめその利用目的を公表している場合を除き，速やかに，その利用目的を，本人に通知し，または公表しなければならない。契約締結に伴って契約書その他の書面に記載された本人の個人情報を取得する場合等は，あらかじめ，本人に対し，その利用目的を明示しなければならない。また，利用目的を変更した場合は，本人に通知し，または公表しなければならない（同法21条）。

⑷　安全管理措置，委託先の監督等

　個人情報取扱事業者は，個人データの漏えい・滅失・き損の防止その他の個人データの安全管理のために必要かつ適切な措置を講じなければならず，個人データを取り扱う従業者を適切に監督しなければならない（同法23条，24条）。また，個人データの取扱いの全部又は一部を委託する場合は，その個人データの安全管理が図られるよう，委託先に対する必要かつ適切な監督を行わなければならない（同法25条）。

⑸　第三者提供の制限

　個人情報取扱事業者は，法令に基づく場合など一定の場合を除いて，あらかじめ本人の同意を得ないで，個人データを第三者に提供してはならない（同法27条1項）。もっとも，利用目的達成に

11　個人情報保護法　**355**

必要な範囲内で個人データの取扱いを委託する場合，合併等による事業の承継に伴う場合，個人データの共同利用について所定の項目についてあらかじめ本人に通知し，または容易に知り得る状態に置いている場合は，第三者提供には当たらないとされている（同法27条5項）。

⑹ 外国にある第三者への提供の制限

個人情報取扱事業者は，外国にある第三者に個人データを提供する場合には，原則として，あらかじめ本人の同意を得なければならない（同法28条）。この場合，外部委託や事業承継や共同利用の場合であっても，本人の同意が必要となる。

もっとも，①当該外国が，我が国と同等水準の個人情報保護制度を有する国である場合や，②当該第三者が，個人データの取扱いについて個人情報取扱事業者が講ずべき措置に相当する措置を継続的に講ずるために必要な体制を整備している者である場合には，この規制は適用されない。①の該当国や②の基準は個人情報保護委員会規則で定められる。

⑺ 第三者提供にかかる記録の作成等

個人情報取扱事業者は，個人データを第三者に提供したときは，その年月日，当該第三者の氏名（名称），その他の事項に関する記録を作成しなければならない（同法29条）。

また，第三者から個人データの提供を受けるに際しては，当該第三者の氏名（名称）・住所・代表者や，当該第三者による当該個人データ取得の経緯について確認しなければならず，提供を受けた年月日，当該確認に係る事項等に関する記録を作成しなければならない（同法30条）。

⑻ 開　　示

本人は，個人情報取扱事業者に対し，当該本人が識別される保有個人データの開示を請求することができる。請求を受けた個人

情報取扱事業者は，本人または第三者の生命，身体，財産等を害するおそれがある場合，業務の適正な実施に著しい支障を及ぼすおそれがある場合，または他の法令に違反する場合を除いて，遅滞なく，当該保有個人データを本人に開示しなければならない（同法33条）。

⑼ 訂正，利用停止等

本人は，個人情報取扱事業者に対し，当該本人が識別される保有個人データの内容が事実でないときは，その内容の訂正・追加・削除を請求することができる（同法34条）。また，保有個人データが目的外利用されているとき，または不適正に取得されたものであるときは，利用停止や消去を請求することができる（同法35条）。

⑽ 匿名加工情報

匿名加工情報（特定の個人を識別することができないように個人情報を加工し，当該個人情報を復元することができないようにしたもの）については，一定の規制がかけられているが（同法43条ないし46条），本人同意を得ることなく事業者間におけるデータ取引等に利用することが可能である。

3 個人情報保護法の改正

個人情報に対する意識の高まり，技術革新を踏まえた保護と利活用のバランス，越境データの流通増大に伴う新たなリスク等へ対応する個人情報保護法の改正法が，2022年4月1日施行された。当該改正により，「行政機関個人情報保護法」，「独立行政法人等個人情報保護法」は個人情報保護法に統合された。

改正による主な変更は以下の通りである。

⑴ 個人の権利保護の強化

・不正取得等の場合に加え，本人の権利または正当な利益が害

11　個人情報保護法　357

される恐れがある場合等にも，本人は，保有個人データの利用停止・消去等が請求できるものとされた（同法35条）。

・保有個人データの開示請求の際，書面だけでなく電磁的記録の提供による開示方法も求めることができるものとされた。また，第三者提供記録も開示請求の対象となった（同法33条）。

・6ヶ月以内に消去する個人データも保有個人データに当たることとなった。

⑵　事業者の責務

・個人の権利利益を害するおそれが大きい漏えい等について，個人情報保護委員会への報告および本人への通知が義務化された（同法26条）。

・違法または不当な行為を助長・誘発するおそれがある方法により個人情報を利用してはならない旨，明確化された（同法19条）。

⑶　データ利活用の促進等

・氏名等を削除・置き換えした「仮名加工情報」が導入され，仮名加工情報については開示・訂正・利用停止等の義務が免除された（同法41条）。

・提供元では個人情報等に該当しない「個人関連情報」であるが提供先では個人データとなることが想定される情報の第三者提供について，提供元事業者は，提供先が本人同意を得ているか，あらかじめ確認する必要があるとされた（同法31条）。

⑷　越境移転，法の域外適用

・本人同意を得て外国の第三者に個人データを提供する場合，あらかじめ，当該外国の個人情報保護制度，当該第三者が講ずる個人情報保護措置等の情報を本人に提供しなければなら

ないとされた。また，外国の第三者が相当措置を継続実施する体制整備をしているという根拠で個人データを提供する場合，当該第三者による相当措置の継続実施を確保するために必要な措置を講ずるとともに本人の求めに応じて当該必要な措置に関する情報を本人に提供しなければならないとされた（同法28条）。

・日本国内にある本人から個人情報を取得し取り扱う，外国にある事業者にも，個人情報保護法が全面適用されることとなった（同法166条）。

直近5回試験の出題頻度 ★★☆☆☆

12 | 独占禁止法

関連過去問題
- 2022年6月 問50
- 2021年3月 問50

1 目 的

📖 **重要用語**

独占禁止法

　私的独占の禁止及び公正取引の確保に関する法律（以下「独占禁止法」という）は，私的独占，不当な取引制限および不公正な取引方法を禁止し，事業支配力の過度の集中を防止して，結合，協定等の方法による生産，販売，価格，技術等の不当な制限その他一切の事業活動の不当な拘束を排除することにより，公正かつ自由な競争を促進し，事業者の創意を発揮させ，事業活動を盛んにし，雇用および国民実所得の水準を高め，もって，一般消費者の利益を確保するとともに，国民経済の民主的で健全な発達を促進することを目的とする（同法1条）。

2 私的独占および不当な取引制限

📖 **重要用語**

私的独占

📖 **重要用語**

不当な取引制限

　事業者は，私的独占および不当な取引制限をしてはならない（独占禁止法3条）。その違反に対しては，公正取引委員会は，排除措置を命じることができ，課徴金を課すこともできる（同法7条・7条の2）。

3 事業者団体

　事業者団体は，①一定の取引分野における競争を実質的に制限すること，②不当な取引制限・不公正な取引方法を内容とする国際的協定・契約をすること，③一定の事業分野における現在・将来の事業者の数を制限すること，④構成事業者の機能・活動を不

360 第4編 銀行取引関連法

当に制限すること，⑤事業者に不公正な取引方法に該当する行為をさせるようにすること，をしてはならない（独占禁止法8条）。その違反に対しては，排除措置・課徴金の制裁が課せられる（同法8条の2以下）。

4 持株会社の制限

他の国内の会社の株式を所有することにより事業支配力が過度に集中することになる会社は，これを設立してはならないし，既存の会社がそのような会社になることも許されない（独占禁止法9条）。

5 金融会社の株式保有制限

銀行業・保険業を営む会社は，他の国内の会社の議決権をその総株主の議決権の5％（保険業会社では10％）を超えて有することとなる場合には，その議決権を取得・保有してはならない。ただし，あらかじめ公正取引委員会の認可を受けた場合，担保権の行使などにより株式を取得・保有した場合などはこの限りでない（独占禁止法11条）。

6 合併の規制

合併によって，一定の取引分野における競争を実質的に制限することになる場合や，当該合併が不公正な取引方法によるものである場合には，会社は合併をしてはならない（独占禁止法15条）。

7 不公正な取引方法の禁止

事業者は，不公正な取引方法を用いてはならない（独占禁止法19条）。その違反に対しては，排除命令・課徴金の制裁が課せられる（同法20条以下）。

12 独占禁止法 **361**

8　罰　則

　独占禁止法の違反者に対しては，懲役・罰金の制裁も課せられる（同法89条以下）。

事業者は私的独占および不当な取引制限をしてはならない。その違反に対しては，公正取引委員会は，排除措置を命じることができ，課徴金を課すこともできます。

重要用語索引

あ

遺言執行者	53
遺贈	54
一覧後定期払い	265
一覧払い	265
一般線引小切手	283
依頼返却	278
印鑑照合	29
疑わしい取引の届出	12
大口取引	8

か

外国PEPs	7
確定日払い	265
確認記録	11
貸金庫	312
株主総会	333
過振り	83
為替取引	220
期近手形集中取立	243
偽造・盗難カード預貯金者保護法	33
給付契約金	93
給付補てん金	93
休眠預金等	100

（右段）

協議分割	55
強制解約	85
強制執行	61
極度額	165
拒絶証書不要	274
義務供託	68
銀行間の信用照会	126
銀行取引約定書	103
組戻し	238
限定承認	51・178
合意解約	85
行為能力	105
交換振込	227
公示催告	303
公正証書遺言	52
個人貸金等根保証契約	144
個別取立	243

さ

債務超過	211
債務名義	61
先日付振込	225
自己宛小切手	287
時効	43
時効の援用	43

重要用語索引 363

時効の完成猶予	44・184
時効の更新	44・184
指定分割	55
私的独占	360
自働債権	194
支払承諾	131
支払不能	211
自筆証書遺言	52
借地権	162
集中取立	242
従物	162
受働債権	194
受領権者としての外観を有するもの	28
譲渡性預金	79
消費寄託契約	2
初日不算入の原則	325
除権決定	303
白地手形・小切手	267
審判分割	55
心裡留保	319
成年後見制度	327
0号不渡事由	296
線引小切手	283
善良なる管理者としての注意	80
即時支払	91
相続の放棄	51・179

第1号不渡事由	296
代位弁済	190
代金取立	241
代襲相続	49
第2号不渡事由	297
滞納処分による差押え	66
諾成契約	2
担保不動産競売	205
担保不動産収益執行	207
貯蓄預金	77
通知預金	78
定期積金契約	93
定期預金	78
定型約款	5
手形・小切手の偽造	290
手形・小切手の変造	291
手形割引	123
テレ為替	225
電子記録債権	306
転抵当	168
転付命令	65
当座貸越	127
当座勘定	79
当座勘定取引契約	80
当座預金	79
独占禁止法	360

特定事業者	12	普通養子縁組	49
特定線引小切手	283	普通預金	77
特定取引	8	不当な取引制限	360
特別養子縁組	49	振込	225
取立委任裏書	274	振込規定	228
取引時確認	6	振込利用犯罪行為	40
取引停止処分	300	振り込め詐欺救済法	40

な

任意後見契約	331
根抵当権	164
根抵当権設定契約	164
根抵当権の一部譲渡	169
根抵当権の全部譲渡	168
根抵当権の分割譲渡	169

は

ハイリスク取引	8
発信主義	86
犯罪収益移転危険度調査書	13
犯罪収益移転防止法	6
必要的記載事項	261
被担保債権	164
日付後定期払い	265
秘密証書遺言	52
秘密保持義務(守秘義務)	21
付合契約	5
付合物	162

分別の利益	140
便宜払い	29
法定相続人	48
法務局による遺言書保管制度	52
本人特定事項	8

ま

マネー・ローンダリング	6
みなし到達	86・198
無益的記載事項	262
メール振込	226
免責約款	27
持分会社	112

や

有益的記載事項	261
有害的記載事項	263
優先弁済	163
預金契約の成立時期	16
預金保険制度	96

```
☆　本書の内容等に関する追加情報および訂正等について　☆
本書の内容等につき発行後に追加情報のお知らせおよび誤記の訂正等
の必要が生じた場合には，当社ホームページに掲載いたします。
（ホームページ 書籍・DVD・定期刊行誌 メニュー下部の 追補・正誤表 ）
```

銀行業務検定試験　公式テキスト　法務3級　2023年度受験用

2023年3月31日　第1刷発行	編　　者	経済法令研究会
	発 行 者	志 茂 満 仁
	発 行 所	㈱経済法令研究会

〒162-8421　東京都新宿区市谷本村町3-21
電話　代表03-3267-4811　制作03-3267-4897
https://www.khk.co.jp/

営業所／東京 03(3267)4812　大阪 06(6261)2911　名古屋 052(332)3511　福岡 092(411)0805

制作／経法ビジネス出版㈱・佐々木 健志　印刷・製本／富士リプロ㈱

Ⓒ Keizai-hourei kenkyukai 2023　　　　　　　　　ISBN 978-4-7668-4433-7

定価は表紙に表示してあります。無断複製・転用等を禁じます。落丁・乱丁本はお取替えします。